デジタルトランスフォーメーション
DXオフィサー認定試験
公式テキスト

Digital Transformation

全日本情報学習振興協会

DXオフィサー認定試験　試験概要

1. 受験資格　国籍、年齢等に制限はありません。
2. 受験会場（下記のほか、オンライン・CBT会場でも実施されます。）
   東京　名古屋　大阪
3. 試験日程　協会ホームページをご確認ください。
4. 試験時間　120分
5. 問題数　　100問
6. 試験形式　マークシート方式
7. 問題構成

第1課題　DXの現状	第1章　DX総論
	第2章　業種別DX
	第3章　DX企業の現状
第2課題　DXの技術	第1章　AI
	第2章　ビッグデータ
	第3章　IoT
	第4章　クラウド
	第5章　その他IT技術
	第6章　デジタルマーケティング
	第7章　情報セキュリティ
第3課題　DXの展開	第1章　DX人材
	第2章　DXの方法論
	第3章　DXの関連制度・政策

8. 合格基準　第1課題・第2課題・第3課題の合計で70%以上の正答
   （上記各情報は予告なく変更される場合があります。）
9. 受験料 … 13,200円（税込）
10. 申込方法
    インターネットでお申込みの場合は下記アドレスよりお申込みください。
    http://www.joho-gakushu.or.jp/web-entry/siken/
    郵送でお申込の場合は、下記までお問合せください。

お問合せ先
一般財団法人 全日本情報学習振興協会
東京都千代田区神田三崎町 3-7-12　　清話会ビル 5F
TEL：03-5276-0030　FAX：03-5276-0551　http://www.joho-gakushu.or.jp/

もくじ

3．DX企業の現状

第2課題　DXの技術

1．AI

第1章

DX用語集

Digital Transformation

第１課題　DXの現状

1．DX総論

【1　デジタルトランスフォーメーション（DX）】

　DX※（Digital Transformation / デジタルトランスフォーメーション）とは、進化したIT技術を浸透させることで、人々の生活をより良いものへと変革させるという概念のことである。スウェーデンのウメオ大学教授であるエリック・ストルターマン氏が2004年に提唱した概念で、氏は「ITの浸透が、人々の生活をあらゆる面でより良い方向に変化させる」ことと定義している。

　2018年に経済産業省が公表した「デジタルトランスフォーメーションを推進するためのガイドライン（DX 推進ガイドライン）」（現デジタルガバナンス・コード2.0）における定義では、「企業がビジネス環境の激しい変化に対応し、データとデジタル技術を活用して、顧客や社会のニーズを基に、製品やサービス、ビジネスモデルを変革するとともに、業務そのものや、組織、プロセス、企業文化・風土を変革し、競争上の優位性を確立すること」とされている。

　総務省の「令和元年版　情報通信白書」では、「従来の情報化／ICT利活用」とDXの違いを、「従来の情報化／ICT利活用」においては、ICT（情報通信技術）が、確立された産業の効率化や価値の向上を実現する補助ツールであるのに対し、DXにおいては、ICTが産業と一体化することで、ビジネスモデル自体を変革する事業のコアとなる、としている。

　製品・サービスやビジネスモデルの変革こそがDXの目的であるため、DXを進めるためには、単に最新のデジタル技術を導入すればよいということではなく、データとデジタル技術の活用によって、どの事業分野でどのような新たな価値を生み出すことを目指すか、そのために、どのようなビジネスモデルを構築すべきかについての経営戦略やビジョンが提示が求められる。

　※DXの「X」はTransformationの略。英語圏では「trans-」の略に「X」を使うことがある。

【2　デジタイゼーション】

　Digitization．アナログ・物理データの単純なデジタルデータ化のこと。既存の紙のプロセスを自動化するなど、物質的な情報をデジタル形式に変換すること、会社内の特定の工程における効率化のためにデジタルツールを導入することで、典型的な例として、紙文書の電子化が挙げられる。

【3　デジタライゼーション】

　Digitalization．個別業務・プロセスのデジタル化。組織のビジネスモデル全体を一新（個別の業務・製造プロセスのデジタル化）し、クライアントやパートナーに対してサービスを提供するより良い方法を構築すること。自社内だけでなく外部環境やビジネス戦略も含めたプロセス全体をデジタル化することである。
　DXは、デジタイゼーション→デジタライゼーションの段階を経て、単なるデジタル化を超えて、事業やビジネスモデルを変革することである。

【4　レガシーシステム】

　企業における、老朽化や複雑化、ブラックボックス化した既存の基幹システムのこと。
　「DXレポート」では、レガシーシステムについて、「技術面の老朽化、システムの肥大化・複雑化、ブラックボックス化等の問題があり、その結果として経営・事業戦略上の足かせ、高コスト構造の原因となっているシステム」と定義を示している。レガシーシステムに多くのコストや人的リソースが費やされることで、新しいデジタル技術などにIT予算などの資源を投資できなくなり、企業のグローバル競争力を低下させていると危惧されている。
　レガシーシステムに関連して、「レガシー化」と「再レガシー化」という言葉がある。「DXレポート」では、レガシー化とは「ユーザ企業において、自社システムの中身が不可視になり、自分の手で修正できない状況に陥ったこと」としている。また、「DX推進ガイドライン」では、刷新後のITシステムは継続してスピーディーに機能追加できるようなものにするとの明確な目的を設定したうえで、業務の簡略化や標準化を行い、標準パッケージのカスタマイズについては、経営者自らの承認事項とし、必要な場合には標準化したITシステムに合わせて、業務や製品自体の見直しを行う必要を説いている。これらが行われず、ITシステムの刷新自体が

自己目的化すると、刷新後のITシステムにおいてもブラックボックス状態を解消できなかったり、技術的負債を縮減できなかったりする状態である「再レガシー化」が起こるとしている。

【5　2025年の崖】

　経済産業省が2018年に発表した「DXレポート　〜ITシステム「2025年の崖」克服とDXの本格的な展開〜（DXレポート）」で初めて使用され、企業に対してDXの必要性を訴える言葉。

　企業は自社の将来の成長、競争力強化のために新たなデジタル技術を活用し、ビジネス変革や新たなビジネスモデルを創出、柔軟に改変する"DX"推進の必要性を理解しており、DXを推進しようという試みは見られるものの、実際は、多くはビジネス変革につながっていないというのが現状だと指摘している。その大きな要因の一つがレガシーシステムの存在で、レガシーシステムにコスト、人的リソースが費やされることが、企業のグローバル競争力を低下させているとしている。

　DXレポートでは、複雑化・老朽化・ブラックボックス化したレガシーシステムが残存した場合、2025年までに予想されるIT人材の引退やサポート終了等によるリスクの高まり等に伴う経済損失は、2025年以降、最大12兆円／年（現在の約3倍）にのぼる可能性があるとし、これを「2025年の崖」としている。

2．業種別DX

【6　フィンテック】

　FinTech．金融を意味する「ファイナンス（Finance）」と、技術を意味する「テクノロジー（Technology）」を組み合わせた造語。銀行・証券・保険などの金融分野のサービスと、情報技術を結びつけたさまざまな革新的な動きやサービス全般のことを指す。

　ICTの発展、普及により、長く変化のなかった金融商品・サービスをフィンテックによって変化させる動きが活発化している。

　フィンテックが用いられているサービスには以下のようなものがある。

・インターネットバンキング

　　パソコンやスマートフォンから、インターネットを介して銀行口座の残高確認や振り込みができるサービスで、今日では一般的なもの

となっている。

- キャッシュレス決済
- 暗号資産（仮想通貨）・ブロックチェーン
- クラウドファンディング
- ロボアドバイザー
    株式投資等において、人工知能(AI)を活用して投資、資産運用のアドバイスや実際の運用を行うサービス。
- ソーシャルレンディング
- 個人資産運用（PFM：Personal Financial Management）
    個人のお金に関わる情報を統合的に管理するサービス。銀行口座やクレジットカードなど、自身が利用する金融サービスと連携することで、個人の資産管理を行う。
- インシュアテック
- BaaS（バンキング・アズ・ア・サービス）

    ※説明文のないサービスについては、当該用語集の各用語の記述を参照。

【7　キャッシュレス決済】

　クレジットカード決済・コンタクトレス決済・QRコード決済などの、情報技術を活用し、現金のやり取りなしで決済を可能にするサービスのこと。「物理的な現金（紙幣・硬貨）を使用しなくても活動できる状態（＝キャッシュレス）」の支払手段としては、以下のようなものが挙げられる。

	プリペイド（前払い）	リアルタイムペイ（即時払い）		ポストペイ（後払い）
主なサービス例	電子マネー（交通系、流通系）	デビットカード（銀行系、国際ブランド系）	モバイルウォレット（QRコード、NFC等）※プリペイ,ポストペイ可能	クレジットカード（磁気カード、ICカード）
特徴	利用金額を事前にチャージ	リアルタイム取引	リアルタイム取引	後払い、与信機能
加盟店への支払いサイクル	月2回など	月2回など	即日、翌日、月2回など様々	月2回など
主な支払い方法	タッチ式（非接触）	スライド式（磁気）読み込み式(IC)	カメラ/スキャナ読込（QRコード、バーコード）タッチ式（非接触）	スライド式（磁気）読み込み式(IC)

経済産業省「キャッシュレス・ビジョン（2018年4月）」より

　2023年8月に一般社団法人キャッシュレス推進協議会が公表した「キャッシュレス・ロードマップ2023」には、「我が国のキャッシュレス決済

比率は、2022年に36.0％まで到達した。対前年比で3.5％ポイント増加し、これまでで最も大きな成長を遂げている。」とある。経済産業省の「キャッシュレス・ビジョン」（2018年）では、大阪・関西万博（2025年）に向けて、「未来投資戦略2017」で設定したキャッシュレス決済比率40％の目標を前倒しし、より高いキャッシュレス決済比率を実現するとしている。

【8　API（Application Programming Interface）】

　あるアプリケーションの機能や管理するデータ等を他のアプリケーションから呼び出して利用するための接続仕様・仕組み。

　プログラムの機能をその他のプログラムでも利用できるようにするためのインターフェイスであり、APIを公開することにより他社のアプリで特定の機能を利用することができるようになる。APIを他の企業等に公開することを「オープンAI」という。APIを公開する企業は増えていて、自社サービスのAPIを公開することによって、オープンイノベーションの促進や既存ビジネスの拡大、サービス開発効率化といった効果がある。

　例として、ある配車サービスの事業者が、配車アプリが提供する配車サービス自体をAPIとして公開したとする。この配車サービスを、例えば、ホテル事業者が自社のアプリに組み込むことで、ホテルのアプリが元々持っている予約機能や周辺の観光情報提供機能に配車サービスが加わることになる。その結果、ユーザーが予約後にホテルに向かう際や、ホテルから観光地に向かう際に、シームレスに配車サービスを利用することができるようになり、ユーザーの利便性が高まり、ホテルへの満足度も高まることが期待される。また、配車アプリを提供する事業者からしても、自社サービスの利用者が増えることになり収益の増加が見込めるうえ、自社で広告・営業努力をしなくても、APIの利用者が増えることにより、自社アプリ単体ではリーチできなかったユーザー層にリーチできるといった効果もある。

　このように、APIの公開により、さまざまな事業者が提供するサービスを連携させて活用して広がっていく仕組みや経済圏のことを「APIエコノミー」という。

【9　ブロックチェーン】

　ブロックチェーンは、一般に「取引履歴を暗号技術によって過去から1本の鎖のようにつなげ、正確な取引履歴を維持しようとする技術」とされている。データの破壊・改ざんは極めて困難であり、システムが障害に

よって停止してデータが失われる事故を未然に防ぐことができる等の特徴を持つこと、多大なコストと管理リソースの節減が期待できることから、金融システムに大変革をもたらす可能性を秘めているとされている。

　ブロックチェーンは、取引履歴（ブロック）が暗号技術により、過去から 1 本の鎖のようにつなげるかたちで記録され、1 つのブロックは、合意された取引記録の集合体と、各ブロックを接続させるための、前のブロックの情報などから構成されている。このブロックが複数連結されたものをブロックチェーンと呼ぶ。ある取引について改ざんを行うためには、それより新しい全ての取引について改ざんを行う必要があるため、事実上データの破壊・改ざんが極めて困難となる。

　ブロックチェーン化された取引記録は、管理主体が中央に存在する通常の集中管理型システムとは異なり、複数のシステムがそれぞれ情報を保有し、常に同期が取られる「分散型台帳」の技術で管理される。そのため、一部のシステムが停止・故障しても、システム全体の運行・稼働に与える影響を最小限に止めることができる。

　従来は、信頼できるサービス提供者の存在なしでは、インターネット上で安全な通貨取引を行うことはできなかった。例えば暗号資産（仮想通貨）では「なりすましや改ざんをどう防ぐか」「二重支払いをどう防ぐか」という問題があり、ブロックチェーンではこの問題が、「P2P ネットワーク」「ハッシュ」「電子署名」「コンセンサスアルゴリズム」の 4 つの技術によって解決されている。

　ただし、ブロックチェーンに問題がないわけではない。集中管理型システムと比較して運用・管理の当事者が増加するため運用・ガバナンスが複雑になること、改ざんが困難なことに起因して一度ブロックチェーン上に配置したプログラムは変更できないこと、高いセキュリティを維持しながら大量のデータを高速で処理することが困難なこと等は、現状では考慮が必要とされている。

【10　暗号資産（仮想通貨）】

　暗号資産は、インターネット上で決済ができるデジタル通貨であり、従来「仮想通貨」と呼ばれていたが、現在では法的には暗号資産とされている。2018 年 12 月、金融庁は「仮想通貨」を「暗号資産」という呼称へ変更すると発表し、2020 年 5 月 1 日の改正資金決済法施行に伴い、名称が国際標準である「暗号資産」に統一された。

暗号資産は、「資金決済に関する法律」において、次の性質を持つものと定義されている。

(1)　不特定の者に対して、代金の支払い等に使用でき、かつ、法定通貨（日本円や米国ドル等）と相互に交換できる

(2)　電子的に記録され、移転できる

(3)　法定通貨または法定通貨建ての資産（プリペイドカード等）ではない

　暗号資産は、暗号技術が使用されインターネット上で利用できる電子的な資産で、ブロックチェーンによる分散型台帳技術が使用されている。最初の暗号資産とも言える「ビットコイン」は、サトシ・ナカモトと名乗る人物によって発表された。P2P（Peer to Peer）方式（サーバーとクライアントのような関係ではなく、対等な関係で複数の機器が接続される方式）によってデータが交換・取引され、中央となる管理者はなく、特定の管理サーバーも存在しない。それでも発表以来10年以上にわたって、データが不正に書き換えられるなどの不具合は発生していない。ビットコインは、ブロックチェーンが現実に導入された例としてその優位性を確かな形として示している。

　暗号資産には「ビットコイン」の他にも、ビットコインからハードフォークした「ビットコイン・キャッシュ」や、「イーサリアム」などがあり、日本においては、金融庁の登録を受けた暗号資産交換業者29社（2023年12月31日現在）で、約30種類の暗号資産が取引可能となっている。

　暗号資産は、国家やその中央銀行によって発行された、法定通貨ではなく、裏付け資産を持っていないことなどから、利用者の需給関係などのさまざまな要因によって、その価格が大きく変動する傾向にある点には注意が必要である。

【11　クラウドファンディング】

　クラウドファンディングとは、インターネットを介して不特定多数の人々から少額ずつ資金を調達することであり、「クラウド：群衆」と「ファンディング：資金調達」を組み合わせた造語である。

　クラウドファンディングは、インターネットの普及に伴い2000年代のアメリカで始まり、日本では新たな資金調達の手段としてだけでなく、2011年の東日本大震災における寄付をする際の新たなチャネルとして急速に浸透した。これは、金融機関等からの一般的な資金調達にはない、「手軽さ」や「拡散性の高さ」などの魅力が注目されたからだといえる。

　クラウドファンディングの最大の特徴は、「世の中の問題をこう解決し

たい」「こんなサービスをしたい」「こんなモノを作りたい」といったアイデアや想いを持つ人が誰でも起案者として発信でき、その起案者に共感し、「応援したい」「試してみたい」と思った人は、誰でも支援者として支援できることである。

　また、クラウドファンディングには、起案者にとっては、従来の手段では資金調達が難しかったものを、クラウドファンディングによる調達で可能性が広がったり、市場に製品が出回る前にユーザーの反応も知ることができる等のメリットがある。

　クラウドファンディングは、資金と支援者へのリターンの形式により、以下の種類に分類される。

・購入型

　　プロジェクトに対してお金を出した支援者が、リターンとして金銭以外の商品、サービスを受け取る。目標金額が達成された場合に限りプロジェクトが成立して支援金を受け取る「All-or-Nothing型」と、目標金額が達成されなくても、支援者が 1 人でも出ればプロジェクトが成立して支援金を受け取る「All In型」がある。

・寄付型

　　プロジェクトに対してお金を出した支援者が、リターンを受け取らない「寄付」の仕組み。商品、サービス等のリターンはないが、記念品、活動報告など対価性のない返礼を受け取ることはある。公益的な活動を行う団体が利用でき、支援者は税制上の優遇を受けることができる場合がある。

・投資型・金融型

　　支援者は、株式やファンドを取得して、配当やファンドの運用益の分配を受ける。金融商品が取り扱われるため、金融商品取引法の規制対象となる。

【12　ソーシャルレンディング】

　インターネットを用いてファンドの募集を行い、投資者からの出資をファンド業者を通じて企業等に貸付ける仕組みのこと。「お金を借りたい企業や人」と「お金を貸したい企業や人」をネット上で結びつけるサービスであり、今まで金融機関等が行ってきた法人や個人への貸付の原資を、ソーシャルレンディングサービスを運営する企業が、ネット上において投資家から募り、その資金を用いて企業への融資を行うことである。

　例えば、ある投資家が投資するにあたって、ソーシャルレンディング

サービスを運営している会社を通して行い、その運営会社は預かったお金をある企業に13％の金利で融資し、そのうちの５％をその運営会社が取得すると仮定した場合、その投資家は８％の利益が得られる。

このようにソーシャルレンディングは、投資家等から資金を集めるという仕組みにより成り立っているため、「融資型（貸付型）クラウドファンディング」とも呼ばれている。

また、ソーシャルレンディングには、高利回りが期待できたり、少額投資が可能等といったメリットがある反面、一度資金運用してしまうと、その資金はロックされてしまい、別の事業者に投資するなどができない等といったデメリットもある。ソーシャルレンディングサービスを運営する企業は、金融商品取引法の規制対象となり第二種金融商品取引業の登録を受ける必要がある。

【13　BaaS（Banking as a Service）】

BaaS（バンキング・アズ・ア・サービス）は、APIの仕組みを使い、従来は銀行が提供していた決済などの機能を、クラウドサービスとして異業種企業のアプリやWebサイト上で連携して実現するものである。

銀行が、APIを公開することにより、非金融企業が金融ライセンスを取得せずに、本来銀行が取り扱うサービスであるウォレット（財布：お金の管理）機能、チャージ、送金、コード決済、少額・分割後払いなどのサービスを、自社のアプリで利用可能としてアプリの価値向上を図ることができる。

2017年５月に成立した「銀行法等の一部を改正する法律」により、銀行等にはオープンAPIの導入に係る体制の整備を行う旨の努力義務が課せられることとなった（改正銀行法附則11条）。例えば、銀行と電子決済等代行業者のシステムがAPIを通じて接続されると、電子決済等代行業者が提供するサービスの利用者は、IDやパスワードを電子決済等代行業者に提供することなく、銀行等の預金口座残高や取引履歴などの情報を取得して家計簿アプリと連携させたり、スマートフォンを用いて手軽に決済や送金を行ったりすること等が可能となり、利便性が高まることになる。

【14　インシュアテック】

InsurTech．保険分野におけるフィンテックのこと。

保険は、基本的にこれまでの産業構造や事業環境の変化に対応してきたことから、第４次産業革命は、保険のあり方に大きく二つの変化をもたらし

ている。一つは、IoTや自動運転等のこれまで想定してこなかった形態の
事業活動に伴う全く新しい形のリスクへの対応である。もう一つは、この
ような技術革新が保険業務や保険機能を大きく変えつつあることである。

　前者については、それぞれの産業におけるリスク・マネジメントの変革
と歩調を合わせて新たな形の保険が生まれている。例えばIoT、自動運転
等これまで想定してこなかったリスクに対応する保険として、サイバー保
険、自動運転保険等が提供されはじめている。

　後者については、ウェアラブル端末のセンサーなどから得られるさまざ
まな情報等、これまで得られなかったデータを分析し、AI等を活用して
保険を最適化、個別化（パーソナライズ）する動きが活発化しており、こ
れまでの保険とは発想が異なるサービスとして、以下のような保険サービ
スが現れている。

・テレマティクス保険（自動車等の移動体に通信システムを組み合わせて、
　リアルタイムに情報サービスを提供する技術であるテレマティクスを用
　いて、走行距離や運転特性といった運転者によって異なる運転情報を取
　得・分析し、保険料を算定する自動車保険）
・P2P保険（保険金が請求された時点ではその支払いを保険会社が負担し、
　支払われた保険金額を開示した上で均等に全員で「割り勘」した金額を、
　契約者から保険料として集める医療保険）
・マイクロ保険（公的な保険が発達していない、あるいは財政的に厳しい
　状況にある各国において、低廉な保険料で加入できる保険）
・健康増進型保険（アプリ等を利用して病気の予防、改善を促す健康増進
　型保険）

【15　インダストリー4.0】

　ドイツ政府が提唱した概念で、「第4次産業革命」という意味合いを持
つ名称である。第4次産業革命とは、1970年代初頭からの電子工学や情
報技術を用いた一層のオートメーション化である第3次産業革命に続く、
ビッグデータ、IoT、AI、ロボットなどによる技術革新である。

　インダストリー4.0の主眼は、スマート工場を中心としたエコシステム
の構築である。人間、機械、その他の企業資源が互いに通信することで、
各製品がいつ製造されたか、そしてどこに納品されるべきかといった情報
を共有し、製造プロセスをより円滑なものにすること、さらに既存のバリ
ューチェーンの変革や新たなビジネスモデルの構築をもたらすことを目的
としている。これらの仕組みの整備が進めば、大量生産の仕組みを活用し

ながらオーダーメードの製品作りを行う「マス・カスタマイゼーション」が実現する。

　例えば、ドイツのインダストリー4.0は、民間企業が主導する米国のインダストリアル・インターネット・コンソーシアム（IIC）とは対照的に、政府が旗振り役を務めているという特徴がある。ドイツ連邦政府は、2011年に「2020年に向けたハイテク戦略の実行計画」に示された10施策の一つとしてインダストリー4.0構想を公表し（翌2012年に承認）、2013年4月には、ドイツの大手ソフトウェア企業SAPの元社長でドイツ工学アカデミー会長のヘニング・カガーマン氏を中心とするワーキング・グループが「インダストリー4.0導入に向けた提言書」をまとめると同時に、「プラットフォームインダストリー4.0」が設立された。このプラットフォームを通じて、連邦経済エネルギー省、連邦教育研究省、連邦内務省といった政府機関に加えて、ドイツ機械工業連盟（VDMA）、ドイツIT・通信・ニューメディア産業連合会（BITKOM）、ドイツ電気・電子工業連盟（ZVEI）などの業界団体及びフラウンホーファー研究所といった研究機関やBoschを始めとする民間企業を含めた産官学連携体制が構築されている。

【16　コネクテッドインダストリーズ】

　Connected Industries. ドイツのインダストリー 4.0に該当する考え方で、我が国の産業が目指す姿として 2017年に発信されたコンセプトである。データを介して、機械、技術、人などさまざまなものがつながることで、新たな付加価値創出と社会課題の解決を目指す産業のあり方であり、経済産業省は、「第四次産業革命による技術の革新を踏まえて、将来的に目指すべき未来社会である「Society5.0」を実現していくため、さまざまな繋がりによって新たな付加価値の創出や社会課題の解決がもたらす、「Connected Industries」を実現していくため、今後官民で取組を進め」ていく、としている。

　経済産業省は、付加価値を創出する「さまざまな繋がり」の例として、下記を挙げている。
- ・モノとモノがつながる（IoT）
- ・人と機械・システムが協働・共創する
- ・人と技術がつながり、人の知恵・創意を更に引き出す
- ・国境を越えて企業と企業がつながる
- ・世代を超えて人と人がつながり、技能や知恵を継承する
- ・生産者と消費者がつながり、ものづくりだけでなく社会課題の解決

を図る

Connected Industriesにより我が国産業が目指す姿の3つの柱として、①人と機械・システムが対立するのではなく、協調する新しいデジタル社会の実現、②協力と協働を通じた課題解決、③人間中心の考えを貫き、デジタル技術の進展に即した人材育成の積極推進、が掲げられ、Connected Industriesの5つの重点取り組み分野として、「自動走行・モビリティサービス」「ものづくり・ロボティクス」「バイオ・素材」「プラント・インフラ保安」「スマート・ライフ」が挙げられている。

【17　デジタルツイン】

Digital Twin. IoT等を活用して現実空間の情報を取得し、サイバー空間（仮想空間）内に現実空間の環境を再現する技術。リアルタイムで取得した情報をもとにサイバー空間上で現実空間の状況を把握すること、また、サイバー空間上で現実空間の分析やシミュレーションを行い、その結果を現実空間にフィードバックすることなどが可能になる。

デジタルツインは、現実空間とサイバー空間、そして両者の情報連携の3要素によって構成され、現実世界の状態を継続的に感知するためのセンサー、通信のためのネットワーク、データを集約・管理・活用する情報基盤が技術要素となる。

街や自動車、人、製品・機器などをデジタルツインで再現することによって、渋滞予測や人々の行動シミュレーション、製造現場の監視、耐用テストなど現実空間では繰り返し実施しづらいテストを仮想空間上で何度もシミュレーションすることが可能となり、以下のようなメリットが期待できる。

　○生産の最適化や業務効率の向上：最適な機器や人員の配置、リードタイム短縮のためのプロセス改善などにより最適化できる。また、仮想空間でのシミュレーションによって視覚的に結果を確認することができるため、安全性の向上やリスク削減にも貢献する。

　○時間やコストの削減：物理的に試験をしたり試作品を作成したりするのに比べて、仮想空間上で容易にシミュレーションができるため、物理的な検証に費やしていた時間を大幅に削減することができる。

　○現実世界では不可能なシミュレーションが可能：現実世界では頻繁に発生しない現象を容易に発生させることができるため、大地震やイベントなど将来に備えた対策に役立てることができる。

【18　MES（Manufacturing Execution System）】

　製造工程の管理や、作業者への指示などを行うシステム。製造実行システム。機能は定義・リソース管理、スケジューリング、オペレーション、実績管理などの機能群に分類され、これら機能のすべてを用いるのではなく、必要に応じて利用するのが一般的である。機械の稼働状況やヒトの工数などを機械単位、作業単位で管理することで、生産効率向上及び製造コストの削減が可能となる。

　製造事業者で MES の導入や利活用が進み、製造現場で取得される詳細なデータが、経営資源管理システム（ERP：Enterprise Resources Planning）上の生産計画などの経営資源に関するデータと連携すれば、5Gの特性を活かして収集した大量のデータを AIで分析、最適な稼働・制御条件をシミュレーションし、リアルタイムで製造現場にフィードバックすることにより、最適生産を実現できる。このようなシステムを導入することで、製造現場の人手不足や熟練技術者の技能継承、設備の稼働状況の可視化といった短期的な課題に対処できるだけでなく、生産人口の長期的な減少が見込まれる中での生産性の向上や競争力の維持強化といった、中長期的な製造業の課題の解決にもつながる。

【19　オンライン接客】

　インターネットを通してフェイス・トゥ・フェイスで顧客に対応し、商品の説明や販売などを行う接客方法。効能や特性の違いがわかりづらい商品について、専門性を持つスタッフによるオンラインによる接客が消費者にとって情報の非対称性（商品やサービスの販売側と顧客との間で、保有する情報に格差があること。）を解消することができる有益な手段となっている。新型コロナウイルス感染症拡大を契機にアパレル販売や化粧品販売を中心に広まり、家具販売や家電販売、食品販売といったさまざまな業種でも導入が進んだとされている。

【20　ショールーミング】

　顧客が実店舗で商品の現物をチェックしECで購入する消費行動のこと。
　従来から、この消費行動は認識されており、実店舗側からはネガティブな印象で捉えられていたことが多いが、新型コロナウイルス感染症拡大を契機に消費者の新たな生活様式に即した販売スタイルとしてショールーミングを積極的に促す取組みも行われている。例えば試着用商品のみを置き、

在庫なしの省スペースで運営するアパレル店舗や、試食に特化して EC での購入を促す食品の店舗などがある。また、実店舗を体験型店舗と位置づけ、店頭で収集した消費者データを商品開発に活用し EC での売上拡大を目指すケースもある。

【21　BOPIS（Buy Online Pick-up In Store）】

EC で購入した商品を店舗で受け取ること。

顧客側にとっては送料負担がないこと、好きなタイミングで商品を受け取ることができること、商品を探す時間の短縮や返品のしやすさといったメリットがある。販売側にとっては、物流コストの低減、EC から実店舗への送客、顧客との接客機会の創出といったメリットがある。また、企業側にとって、BOPIS 導入によりオンラインとオフラインに分散する消費者データを個別 ID に紐づけて一元管理することで、マーケティング等に活用できるメリットもある。BOPIS の導入にはモバイルアプリの開発や在庫管理システムの整備、作業スタッフの動線確保・効率化といったさまざまな分野への投資や整備が必要となるが、消費者の新たなショッピングスタイルに対応した動きとして、BOPIS の浸透は継続すると予想されている。

【22　D2C（Direct to Consumer）】

自らが企画・生産した商品を消費者に対して直接販売する販売方法。E コマースにおいて、プラットフォームサービス等を利用せず、自ら開設したウェブサイトを通じた販売を行う。通常の物販が生産者と消費者の間に、卸売業者と小売業者が介在するのに対し、従来の電子商取引には EC サイト等の仲介業者が介在する。D2C は、このような介在者を存在させず、生産者から消費者へダイレクトに商品を届ける。

【23　E コマース】

インターネットを利用した電子商取引のこと、インターネットを介して商品やサービスの売買を行う取引および仕組みのことである。E コマースを行う場となる、E コマースのインターネットサイトは、EC サイトと呼ばれる。E コマースの形態は、個人、企業が単独で運営するものから、楽天市場や Amazon のようなサイトの中に多くの企業、商店、個人が出店する形の EC モール（モール型 EC サイト）までさまざまなものがある。

【24　OMO（Online Merges with Offline）】

　「オンラインとオフラインを融合した世界」を意味し、オンラインとオフラインを分けずに境界線をなくして顧客に最適なサービスを提供することにより、CX（顧客体験）の向上を目指そうというものである。

　OMOの事例としては、シェアリング自転車やタクシー配車、デリバリーフードビジネス、無人スーパー等があり、スマートフォン等のモバイル端末で、「いつ」「どこでも」利用可能なサービスや、DXを活用したサービスである。

　近年まで、実店舗に代表されるオフラインとネットショップなどのオンラインは、別個のものとしてそれぞれ発展してきた。しかし現在では、デジタルや情報技術の発展、ライフスタイルの変容によって、その境目はなくなりつつあり、ビジネスでも私生活でもあらゆるものをデータとして、オンライン上でやり取りをするアフターデジタルの時代である。この様なことから、OMOにより、あらゆる顧客データを統合して管理でき、従来よりもさらに一人ひとりの顧客に最適なサービスを提供することが可能になり、データ分析によってオペレーションの効率化を図ることもできる。

【25　オムニチャネル】

　「オムニ（omni）」には「あらゆる、すべての」、「チャネル（channel）」は「販売経路」という意味があり、オムニチャネルとは、実店舗やECサイト、アプリ、カタログなど、顧客が商品やサービスの購買までに利用するあらゆる販売経路で顧客との接点を持ち、一貫性のあるサービスを提供する販売戦略のことである。

　オムニチャネルは、顧客が自分にとって最も便利な購入スタイルを選ぶことにより、購入履歴や顧客情報がすべてのチャネルで共有することができる。この様に情報が一元管理されると、例えば、実店舗に行って希望の商品の在庫がなかった場合、オンラインショップで注文して店舗で受け取ったり、自宅に届けてもらうなどの柔軟な対応も可能となる利点がある。

　また、実店舗以外にも、カタログ通販やテレビ通販、ECサイトなど、チャネルが複数ある状態を「マルチチャネル」と呼び、その反対に、企業が顧客と接するチャネルが1か所（実店舗のみ、ネットショップのみ等）に限られている状態を「シングルチャネル」と呼ぶ。

【26　ウェアラブル POS】

　POS システムの入ったウェアラブル端末（例えば腕時計型端末）のこと。
「POS」は、「Point Of Sales」の略。POS システムは、「販売時点情報
管理」のことで、店舗において商品のバーコードを読み取ることにより、
商品（商品名、価格、数）、客層、時間等さまざまな情報を取得、一括管
理できるシステムのことである。
　この POS システムをウェアラブル端末で取り扱うことで、店内に固定
されたレジ以外の場所でも決済が可能となる。客側にとっては、レジ待ち
の解消、店舗側にとっては作業の効率化（店内作業をしながら、必要な時
には決済作業を行うことができる）、リアルタイムでの在庫管理等データ
の共有、確認が可能となるメリットがある。

【27　RFID（Radio Frequency Identifier）】

　接続された RFID タグの情報を短距離無線通信（数 cm〜数十 m）によっ
て送受信するシステムで、電波を利用する認証技術の総称。RFID タグと
は、電波を利用して非接触で個体を識別する電子タグのことである。バー
コードのように、ほぼ全ての商品に RFID タグが貼付されれば、タグの情
報を電波で読み取ることで、いつ、どこに、何の商品が、どの程度流通し
ているかを簡単に把握できるようになる。バーコードは個別のものごとに
タグを 1 枚 1 枚スキャンする必要があるのに対し、RFID は、電波の届く
距離であれば複数のタグを一気にスキャンすることが可能である。店舗に
おける商品の在庫管理、物流倉庫における検品作業、オフィス内の備品管
理などに利用される。

【28　WMS（Warehouse Management System）】

　倉庫管理システム。物流センターなどの倉庫内の業務をデジタルによっ
て管理するシステムのこと。在庫管理、出入荷、帳票発行などを一元的に
管理して、作業ミスの減少、作業時間の短縮などを通して生産性の向上が
図られる。

【29　BIM／CIM】

　Building／Construction Information Modeling , Management の略。
建設、工事情報のモデル化。建設業、土木業において、計画、調査、設計
段階から 3 次元モデルを導入することにより、その後の施工、維持管理の

各段階においても3次元モデルを連携・発展させて事業全体にわたる関係者間の情報共有を容易にし、一連の建設生産・管理システムの効率化・高度化を図るもの。最新のICTを活用して、建設生産システムの計画、調査、設計、施工、管理の各段階において情報を共有することにより、効率的で質の高い建設生産・管理システムを構築する。

　BIM/CIMは3次元の電子データを利活用した生産方式のため、建設生産・管理システムでフロントローディング及びコンカレントエンジニアリングを行うことができる。

　フロントローディングとは、初期の工程（フロント）において負荷をかけて事前に集中的に検討する手法。後工程で生じそうな仕様変更や手戻りを未然に防ぎ、品質向上や工期の短縮化に効果がある。

　コンカレントエンジニアリングとは、製造業等での開発プロセスを構成する複数の工程を同時並行で進め、各部門間での情報共有や共同作業を行う手法。開発期間の短縮やコストの削減に効果がある。

【30　医療DX】

　医療DXは、保健・医療・介護の各段階（疾病の発症予防、受診、診察・治療・薬剤処方、診断書等の作成、診療報酬の請求、医療介護の連携によるケア、地域医療連携、研究開発等）において発生する情報やデータに関し、全体最適された基盤を構築し、活用することを通じて、保健・医療や介護関係者の業務やシステム、データ保存の外部化・共通化・標準化を図り、国民自身の予防を促進し、より良質な医療やケアを受けられるように、社会や生活の形を変えていくことと定義されている。

　政府は、内閣総理大臣を本部長とする医療DX推進本部を2022年に設置し、以下を3本の柱とし、省庁横断的に取り組むこととしている。

　①「全国医療情報プラットフォームの創設」

　オンライン資格確認等システムのネットワークを拡充し、レセプト・特定健診等情報に加え、予防接種、電子処方箋情報、自治体検診情報、電子カルテ等の医療（介護を含む）全般にわたる情報について共有・交換できる全国的なプラットフォームを創設に向けて取り組む。

　②「電子カルテ情報の標準化等」

　医療情報の共有や交換を行うに当たり、情報の質の担保や利便性・正確性の向上の観点から、その形式等の統一に向けて取り組む。また、標準型電子カルテの検討や、電子カルテデータを、治療の最適化やAI等の新しい医療技術の開発、創薬のために有効活用することも含めて取り組む。

③「診療報酬改定DX」

　現行、2年に一度の診療報酬改定においては、短期間での改定に対応する作業に相当数のデジタル人材の投入が必要であり、医療機関においても費用負担が大きい。デジタル人材の有効活用やシステム費用の低減等の観点から、デジタル技術を利活用して、診療報酬やその改定に関する作業を大幅に効率化することにより、医療保険制度全体の運営コスト削減につなげることを目指す。

その上で、医療DXにより実現される社会として、下記が挙げられている。

・誕生から現在までの生涯にわたる保健医療データが自分自身で一元的に把握可能となることにより、個人の健康増進に寄与
・本人同意の下で、全国の医療機関等が必要な診療情報を共有することにより、切れ目なく質の高い医療の受療が可能
・デジタル化による医療現場における業務の効率化、人材の有効活用
・保健医療データの二次利用による創薬、治験等の医薬産業やヘルスケア産業の振興

【31　サブスクリプション】

　月額料金等の定額を支払うことにより、製品やサービスを一定期間利用することができる形式のビジネスモデル。近年は動画配信サービスでコンテンツ配信の主流になりつつあり、「サブスク」の略称もよく使われている。

　動画配信サービスにおいて、従来のダウンロード課金型サービスに対し、月額料金を支払うことで視聴し放題で利用できるサブスクリプションサービスのシェアが大きく上昇している。今後の市場規模は、ダウンロード課金型が横ばいであるのに対し、定額制は大きく伸長すると予想されている。2018年度の国内のサブスクリプションサービスの市場規模は5,627億3,600万円であり、2023年度には8,623億5,000万円となるとの予測がある（矢野経済研究所「サブスクリプションサービス市場に関する調査を実施（2018年）」）。

　サブスクリプションサービスによる消費者のメリットには、多く利用することにより割安になる、定額でさまざまな商品を試すことができる、価格に比して高品質な商品・サービスを利用できる等の価格面、自身の嗜好等にあった商品・サービスのレコメンデーションが得られる、事前に商品等を探索、選択しなくてもよい、処分する手間がない等の利便性が挙げられる（消費者庁「サブスクリプション・サービスの動向整理（2019年12月9日）」より）。

【32　HRテック】

　AI、ビッグデータ、クラウドなどの先端テクノロジーを駆使し、採用・育成・評価・配置等のあらゆる人事業務を効率化させ、質の向上を目指すサービスのことである。人事や人材（Human Resources：HR）と技術（Technology）を組み合わせた造語である。

　HRテックを導入し、「データ」と「テクノロジー」を活用することで、AI（人工知能）等によるビッグデータの分析、定量的・具体的なデータに基づいた人材戦略や組織の運営が期待できる。

　また、HRテックには、主に以下のようなシステムがあり、これらのシステムを導入することによって、人事分野における煩雑な業務の大幅な効率化や業務の質が向上するというメリットがある。

・人事評価システム
・採用管理システム
・勤怠管理システム
・労務管理システム

【33　RPA（Robotic Process Automation）】

　ソフトウェア上のロボットによる業務工程の自動化のこと。これまでの人間のみが対応可能と想定されていた作業、もしくはより高度な作業を人間に代わって実施できるルールエンジンやAI、機械学習等を含む認知技術を活用した新しい労働力を創出する仕組み。定型業務をRPAに任せることにより、人間は人間にしかできない、付加価値が高い、創造性のある業務に時間を割く、定型業務を担当していた社員をより付加価値の高い業務や成長分野の業務に割り振ることができるようになり、継続的な組織改革が実現することができるようになることが期待されている。

　具体的には、ユーザー・インターフェース上の操作を認識する技術とワークフロー実行を組み合わせ、表計算ソフトやメールソフト、ERP（基幹業務システム）など複数のアプリケーションを使用する業務プロセスをオートメーション化する。RPAは業務の粒度や優先順位、コストがROI（投資収益率）に見合わないなどの観点からシステム化が見送られてきた手作業の業務プロセスを、作業の品質を落とさず、比較的低コストかつ短期間で導入できるという特徴がある。具体的な適用業務としては、帳簿入力や伝票作成、ダイレクトメールの発送業務、経費チェック、顧客データの管理、ERP、SFA（営業支援システム）へのデータ入力、定期

的な情報収集など、主に事務職が携わる定型業務が挙げられる。

　RPAには次の表のように三段階の自動化レベルがあるとされている。現在のRPAの多くは「クラス1」というレベルで定型業務に対応している。次期レベルの「クラス2」は、AIと連携して非定型業務でも一部が自動化され、「クラス3」は、より高度なAIと連携することで、業務プロセスの分析や改善だけでなく意思決定までを自動化することができる。

RPAのクラス

クラス	主な業務範囲	具体的な作業範囲や利用技術
クラス1 RPA (Robotic Process Automation)	定型業務の 自動化	・情報取得や入力作業、検証作業などの定型的な作業
クラス2 EPA (Enhanced Process Automation)	一部非定型 業務の自動化	・RPAとAIの技術を用いることにより非定型作業の自動化 ・自然言語解析、画像解析、音声解析、マシーンラーニングの技術の搭載 ・非構造化データの読み取りや、知識ベースの活用も可能
クラス3 CA (Cognitive Automation)	高度な自律化	・プロセスの分析や改善、意思決定までを自ら自動化するとともに、意思決定 ・ディープラーニングや自然言語処理

総務省「M－ICTナウvol.21　2018年5月第2号」より

【34　ATS（Applicant Tracking System）】

　ATS（採用管理システム）とは、一人ひとりの応募者が採用プロセスのどの段階にいるかを、履歴書や面接評価などと合わせて管理できるシステムのことである。このシステムの大きな特徴は、履歴書管理、応募者の選考状況管理、応募者の評価データ管理、応募者に対するメール通知、応募者の絞り込みなどを一元管理できるところである。

　採用管理システムに一般的に搭載されている機能として、主に以下のような機能があり、多くの応募者の情報をまとめて管理することで抜け漏れを防ぐことが可能となり、採用活動の効率がアップする等といったメリッ

トがある。

- ・求人ページの制作
- ・複数の求人広告の一括管理
- ・求人媒体と連携した応募者の一元管理
- ・応募から面接までの自動化
- ・履歴書を含む応募者情報の一括管理
- ・選考の進捗状況の可視化
- ・効果分析

【35　テレワーク】

　ICT（情報通信技術）等を活用して、普段仕事を行う事業所・仕事場とは違う場所で仕事をすること。時間や空間の制約にとらわれることなく働くことができるため、子育て、介護と仕事の両立の手段となり、多様な人材の能力発揮が可能となる。2020年初頭からの新型コロナウイルスの世界的な感染拡大により、テレワークは感染拡大を防ぐための手段として一気に普及した。2020年 3 月時点で東京都内企業のテレワーク導入率は24%であった。その後、 4 月 7 日の緊急事態宣言（ 7 都府県）を受けて、その導入率は 1 か月間で2.6倍と大幅に増加し、 6 割を超えた（東京都テレワーク「導入率」緊急調査結果（2020年 5 月））。

　テレワークには、次のような態様がある。

　（1）雇用型テレワーク

　①在宅勤務（在宅型）

　　労働時間の全部又は一部について、自宅で業務に従事するテレワークである。

　②サテライトオフィス勤務（サテライト型）

　　労働者が属する部署があるメインのオフィスではなく、住宅地に近接した地域にある小規模なオフィス、複数の企業や個人で利用する共同利用型オフィス、コワーキングスペース等で行うテレワークである。

　③モバイルワーク（モバイル型）

　　ノートパソコン、携帯電話等を活用して、顧客先・訪問先・外回り先、喫茶店・図書館・出張先のホテルまたは移動中に臨機応変に選択した場所で行うテレワークである。

　(2)　非雇用型（自営型）テレワーク
　　非雇用型のテレワークは、パソコンやインターネットなどの情報通信技術を活用し、雇用契約ではなく請負契約に基づいて在宅で行う仕事である。
　この他に、リゾートなどの旅行先で行うワーケーション、ビジネスの前後に出張先などで休暇を楽しむブレジャーも、テレワークの態様の一つとされている。

【36　MaaS（Mobility as a Service：マース）】

　地域住民や旅行者一人一人のトリップ単位での移動ニーズに対応して、複数の公共交通やそれ以外の移動サービスを最適に組み合わせて検索・予約・決済等を一括で行うサービスのこと。観光や医療等の目的地における交通以外のサービス等との連携により、移動の利便性向上や地域の課題解決にも資する重要な手段となる。具体的には、目的地までの最適経路と利用すべき交通機関、所要時間や料金の検索は、現状でも可能であるが、MaaS ではこの機能に加えて、スマートフォンなどの端末による予約や支払いも可能になる。公共交通機関だけではなく、タクシー、シェアサイクル、カーシェア、ライドシェアなどが対象となり、交通以外の目的地そのもの、サービスと組み合わせることもある。
　MaaS により、既存の公共交通の利便性が向上することで、自らの運転だけに依存せずにストレスなく快適に移動できる環境が整備されることにつながるほか、病院・商業施設・観光施設等と連携し、移動の目的と一体的にサービスを提供することにより、公共交通による外出機会の創出や観光地での周遊促進による観光消費の増加等、地域の活性化に資することも期待される。
　欧州では、環境負荷低減の観点から、自家用車からの転移促進が大きな潮流となっており、フィンランド・ヘルシンキの「Whim」や、ドイツ・シュツットガルトの「moovel」など、すでに MaaS のサービスが提供されている。2016 年末にフィンランドの MaaS Global 社が実用化した Whim は、ヘルシンキ市の周辺エリアを対象に、市内のバス・電車・地下鉄・トラムといった公共交通のほか、シェアサイクル・タクシー・レンタカー・e スクーターといったサービスも包含し、利用者のニーズにあわせた複数の定額制プランが提供されている。
　日本では、2020 年に改正された「地域公共交通の活性化及び再生に関する法律（平成 19 年法律第 59 号）」において、MaaS の円滑な普及に向

けた措置として、「新モビリティサービス事業計画」および「新モビリティサービス協議会」の項目が新設され、主に以下の事項を規定している。

- ・MaaS に参加する交通事業者等が策定する新モビリティサービス事業計画の認定制度を創設し、交通事業者の運賃設定に係る手続をワンストップ化
- ・MaaS のための協議会制度を創設し、参加する幅広い関係者の協議・連携を促進する。このうち「新モビリティサービス事業計画」については、その策定に必要な調査や、当該計画の達成状況等の評価に係る事業への支援制度を設けている。

　MaaS に限らず、AI オンデマンド交通やマイクロモビリティ等の AI や ICT を活用した新たな移動サービスを実施しようとする事業者は、新モビリティサービス事業の実施に係る事業計画（新モビリティサービス事業計画）を作成し、国土交通大臣の認定を受けることができる。認定された事業計画に基づく事業については、交通事業者の運賃・料金の届出手続きが簡素化され、MaaS の円滑な実施が可能となる。新モビリティサービス事業計画は、地域の交通計画の 1 つとして、自治体が策定する地域公共交通計画とは別の計画になるが、それぞれの地域における取組みの一体性を担保する観点から、地域公共交通計画と新モビリティサービス事業計画の両計画を相互に踏まえた内容とするなど、両計画が連動していることが期待される。

【37　シェアリングエコノミー】

　個人がモノや場所、スキルなどを必要な人に提供したり、共有したりする新しい経済の動きのことや、そのような形態のサービスを指す。内閣官房の「シェアリングエコノミー検討会議第 2 次報告書」（2019年 5 月）では、シェアリングエコノミーを「個人等が保有する活用可能な資産等（スキルや時間等の無形のものを含む。）をインターネット上のマッチングプラットフォームを介して他の個人等も利用可能とする経済活性化活動」としている。従来の主流であるビジネスモデルは、企業が消費者を対象にモノやサービスを販売するB to Cや、企業から企業へモノやサービスを提供するB to Bが中心であるが、シェアリングエコノミーサービスには、そこに当てはまらない、消費者同士で取引をするC to Cのビジネスモデルが多いという特徴がある。

　シェアリングエコノミー協会ではシェアリングエコノミーを以下の 5 種類に分類している。

モノのシェア（フリマ・レンタル など）
場所（空間）のシェア（ホームシェア・駐車場・会議室 など）
乗り物（移動）のシェア（カーシェア・ライドシェアなど）
スキルのシェア（家事・介護・育児・知識など）
お金のシェア（クラウドファンディング など）

主なシェアリングエコノミーサービスには、下記のものがある（シェアリングエコノミー協会ホームページ「人気のシェアリングエコノミーサービスにはどんなものがあるの？」を参考）。

・Airbnb
世界各国の住宅・施設を掲載することで、自宅の空き室を観光客に貸し出す民泊マッチングサービスの先駆け。宿泊以外にも、世界のさまざまな体験が オンライン 、 オフライン で楽しめるサービスも充実している。

・スペースマーケット
スペースを貸し借りするプラットフォーム「スペースマーケット」には、全国の住宅、古民家、ワークボックス、撮影スタジオ、映画館、廃校など多岐にわたるスペースが掲載され、パーティー、撮影、会議などに利用されている。

・akippa
月極駐車場や個人宅の車庫・商業施設など空きスペースを、時間貸し駐車場として事前予約して利用できるシェアサービス。

・ドコモ・バイクシェア
ドコモ・バイクシェアが提供する自転車シェアリング（シェアサイクル）サービス。

・タスカジ
掃除・料理から整理収納まで、多彩な家事スキルを活かして働くハウスキーパーと家事を頼みたい人とをつなぐ、家事代行マッチングサービス。

・ココナラ
「制作系」、「サポート・代行」、「相談系」などの「知識・スキル・経験」を売り買いできるスキルマーケット。

シェアリングエコノミーは、既存のビジネス形態に大きな影響を及ぼすこともあり、配車マッチングサービスのUberや民泊仲介サービスのAirbnbの出現は、既存の業界に破壊的な打撃を与えたといわれている。

3．DX企業の現状

【38　デジタルディスラプション／デジタルディスラプター】

　デジタルテクノロジーによる新しいビジネスモデルを実現させた企業が市場に参入した結果、既存企業が市場からの退出を余儀なくされる事例をデジタルディスラプション（デジタルによる破壊）といい、それらの企業をデジタルディスラプター（破壊者）という。デジタル技術を武器に市場に参入するディスラプターは、自身の持つ技術によって新たなコスト構造に適した形のビジネスモデルを構築し、従来型のビジネスモデルや商習慣に風穴を開けることで、既存企業の存続を困難にさせている。

　従来は、情報システムの構築や新技術の導入には、多額の投資と長い期間を要していた。しかし、クラウドサービスの登場で自ら情報システムを所有する必要がなくなったほか、AIやIoTといったデジタル技術が飛躍的に発展し、かつ、これら技術の低廉化・コモディティ化が進み利用が容易になっていること、さらにマーケティングや試作品の製作も、インターネット上のサービスを利用することで迅速かつ安価にできるようになるなど、デジタル技術の活用へのハードルが大きく下がっていることから、デジタルを実装した新興勢力が誕生し、既存勢力を脅かす環境が生まれやすくなっている。

　代表的なデジタルディスラプターとしては、インターネット通販を通じて商業の世界を変革したAmazonや、携帯電話を生まれ変わらせたiPhoneとiPhoneから提供するさまざまなサービスを提供するAppleが挙げられる。

　また、音楽業界では、音楽ストリーミングサービスによって音楽の聴き方を変えたSpotifyや、宿泊業界においては民泊という概念を広めたAirbnbなど、デジタルディスラプターはさまざまな業界に登場している。

　国内外におけるこのような状況を踏まえて、我が国においても、デジタル化による影響の認識が高まっており、デジタル・ディスラプションの脅威は、DXが注目される要因の一つになっている。

【39　プラットフォーム／プラットフォーマー】

　インターネットをはじめとするデジタル技術を利用してさまざまなサービスを提供する企業が増えているが、GAFAのサービス（Googleの検索、AmazonのEコマース、FacebookのSNS、Appleのデバイスなど）のように、多くの人々、企業に利用され、道路のようなインフラと似た性質を持つ、ある意味「生活する上で、企業活動の上で、不可欠な」ものになって

いるサービスもある。このようなサービスのことを「プラットフォーム」、サービスを提供する企業を「プラットフォーマー」という。プラットフォームと呼ばれるサービスには、さまざまなサービスが含まれ、その業種・業態は多岐にわたり、プラットフォームについて、個別具体的な定義はない。経済産業省、公正取引委員会、総務省の「プラットフォーマー型ビジネスの台頭に対応したルール整備の基本原則」（2018年12月18日）では、巨大デジタル・プラットフォーマーには特に次の特徴があるとしている。

・社会経済に不可欠な基盤を提供している。
・多数の消費者（個人）や事業者が参加する市場そのものを設計・運営・管理する存在である。
・当該市場は操作性や不透明性が高い。

デジタル・プラットフォーマーは、さまざまなサービスの提供を通じて、名前やユーザー名、IPアドレス等の属性データや、購買活動やコミュニケーション等のさまざまなアクティビティデータを取得している。サービスを利用するユーザー数の多さを考慮すると、これらプラットフォーマーは莫大なデータ量を取得・蓄積していると想定される。その収集した膨大なデータを活用することにより、デジタル関連市場で強大な経済的地位を築き、その市場支配力は一層高まりを見せている。米下院司法委員会は、プラットフォーマーによる寡占の背景にある主な課題として下記を挙げている。

①ネットワーク効果（ある人がネットワークに加入することによって、その人の効用を増加させるだけでなく他の加入者の効用も増加させる効果）によりユーザーが増えるほど、他のユーザーを呼び込む力が強くなるため、勝者総取りの市場構造である。
②プラットフォーマーが他の事業者の市場参入に対してゲートキーパーとして振る舞う可能性がある。
③利用者が他のサービスへ切り替える際のスイッチング・コスト（現在利用している製品・サービスから、代替的な他の製品・サービスに乗り換える際に発生する金銭的・手続的・心理的な負担のこと）が高い。
④オンラインサービスとして提供しており、データを取得しやすく、データが集中しやすい構造にある。

利益を追求する民間企業であるデジタル・プラットフォーマーが、あまりにも強い力を持つことに危惧を示す考えもあり、政府が、規制を求めるようになっている国も増え始めている。

日本では、「特定デジタルプラットフォームの透明性及び公正性の向上に関する法律」（令和2年法律第38号）が、デジタルプラットフォームの

うち、特に取引の透明性・公正性を高める必要性の高いプラットフォームを提供する事業者を「特定デジタルプラットフォーム提供者」と規定し、利用者に対する取引条件の開示や変更等の事前通知、運営における公正性確保、苦情処理や情報開示の状況などの運営状況の報告を義務づけている。

【40　GAFA】

　GAFAとは、Google（グーグル）、Amazon（アマゾン）、Facebook（フェイスブック　現：Meta）、Apple（アップル）の頭文字を取った呼び方であり、「ガーファ」あるいは「ガファ」と読む。

　この4社は異なる形でITに必要なものを生み出しており、Googleは検索エンジン、AmazonはECサイト、FacebookはSNS、Appleは通信機器と、それぞれ現在におけるIT社会において、必要不可欠な要素の覇権を持っている。

　GAFAがDX実現に不可欠なAIやIoT、クラウド等を積極的に使うことにより世界に与えている影響は計り知れなく、最大のメリットは、多くのサービスをプラットフォーム化させたことである。例えば、オンラインでお店を出す方法がわからなかった人が、マーケットプレイスという手法によって、気軽にオンラインショップを出すことができるようになるなど、今までやりたかったことが簡単にできるようになったことが挙げられる。

　これらのことからも、GAFAは、DXが世界で最も進んだ企業として言及されているが、その一方でGAFAには、「ビッグデータと市場の独占をしている」等といった批判的な意見もある。インターネットを通して国境を越えて事業を展開し、巨額の利益を上げているGAFAなどアメリカの巨大IT企業に対して、実際に利用者がいて売り上げがある国や地域が課税することができないとの不満が高まっている。

　2021年10月に開催されたG20財務相・中央銀行総裁会議で経済のグローバル化とデジタル化に対応した国際課税の枠組みについて閣僚レベルで最終合意し、拠点の有無にかかわらず、サービスの利用者がいれば企業に税負担を求められるようにする、いわゆる「デジタル課税」の導入が進められることになった。導入は当初2023年の予定であったが、2025年までの先送りが決まっている。

【41　ビッグテック】

いわゆるGAFA、マイクロソフトなどのアメリカの巨大なIT企業の総称。
　前項の「GAFA」にマイクロソフトを加えて、「GAFAM」、ネットフリックスを加えて「FANGAM」等、企業名の頭文字の組合せの呼称があるが、アメリカでは巨大なIT企業の総称として「ビッグテック」を使用する方が一般的ともいわれている。

【42　BAT／BATH】

　中国の巨大IT企業である、バイドゥ（Baidu：百度）、アリババグループ（Alibaba：阿里巴巴集団）、テンセント（Tencent：騰訊）の頭文字を取った呼び方。しばしば「GAFA」と並んで言及される。バイドゥは検索サービス、アリババグループは電子商取引、テンセントはSNSなどの総合サービスを中心として事業を拡大させ、中国の巨大プラットフォーム企業となっている。
　BATに、通信機器・ネットワークをてがけるファーウェイ（Huawei：華為技術）を加えたBATHの呼称も使われている。

【43　Google（グーグル）】

　1998年創業の世界最先端の検索エンジン他多数のサービスを展開する企業。創業当初より独自のアルゴリズムによる検索エンジンの開発を進め、世界を代表する大企業に成長した。Googleは、「世界中の情報を整理し、世界中の人々がアクセスして使えるようにすること」を自社の使命としている。2015年に持ち株会社「Alphabet（アルファベット）」が設立され、組織上GoogleはAlphabetの子会社となっている。
　Googleの検索は、誰もが無料で利用できるサービスであり、広告が収益の多くを占める事業となっている。Googleの広告には、広告主向けのGoogle広告（旧アドワーズ）と、広告掲載先（サイト運営者）向けのGoogleアドセンスの2種類がある。ネットの検索と連動する広告は費用対効果にすぐれ、従来型の広告（放送、紙媒体等）の衰退をもたらしたともいわれている。
　Googleの事業は、下記のように検索以外にも多岐にわたり、プラットフォーム化している。
　・アンドロイド：スマートフォン向けOS
　・Google Pixel：スマートフォン端末

　・Gmail：メールサービス
　・クローム：Webブラウザ
　・YouTube：動画共有サービス
　・Google Play：コンテンツ配信サービス
　・Googleマップ：地図サービス
　・GCP（Google Cloud Platform）：クラウドサービス
　・Gemini（旧 Bard）：生成AIサービス

【44　Apple（アップル）】

　スマートフォン（iPhone）を核としたデジタル機器の製造小売を中心とするIT企業。1976年の創業で、GAFAの中では最も古い歴史を持つが、その業態は時代ごとに大きな変貌を遂げ、DXを具現化する企業といえる。
　かつてはAppleといえば、パーソナルコンピュータ（PC）のMacintosh（Mac）が主力製品であった。Macの販売は現在も続いているが、現在の主力製品は、2007年に発売された携帯電話端末のiPhoneである。携帯電話端末とはいえ、iPhoneは、その機能としては電話というよりもPCに近く、その登場は人々の生活を大きく変えた。Appleの特徴はハードウェアとソフトウェアの両方を手がけることで、その業態は他のGAFAの先駆けとなっている。iPhone以外には、端末としてはiPadが知られている。他にApple PayやApple Musicなどのサービスも提供されている。
　2024年2月にアメリカで先行発売された「Vision Pro（ビジョンプロ）」は、ARに対応したゴーグル型端末である。アップルは同端末を初の「空間コンピュータ（Spatial Computer）」と位置づけている。

【45　Meta Platforms（メタ・プラットフォームズ）】

　2004年創業のアメリカのSNS企業。ソーシャル・ネットワーキング・サービスの「Facebook」を運営する。Facebookの登録時に利用者は実名登録する必要があり、やりとりする対象の多くが実際に知っている友人や知人であることもフェイスブックの特徴である。Facebook社は、画像共有サービスのInstagram、メッセージアプリのWhatsAppを買収して事業拡大を図ってきた。
　Facebookの利用は無料であり、Facebook社の収益の多くは広告によるものである。Facebook広告は、ターゲットを細かく設定することができ、利用者の多さと、膨大な情報、データの蓄積および分析により既存の広告にない高い精度の広告サービスを提供しているといわれる。

　近年は、仮想現実（VR）や拡張現実（AR）の技術に力を入れており、仮想空間の「メタバース」の開発を進めている。2021年10月には「メタバース」企業を目指すとして社名を「Meta（メタ：正式にはMeta Platforms, Inc.）」へ変更したことを発表した。

　また、Meta Platformsは2023年に、テキスト共有アプリ「Threads（スレッズ）」のサービス提供を開始した。Threadsは、Instagramのアカウントを使ってログインすることができ、最大500文字の投稿が可能で、最長5分の動画を投稿することができる。

【46　Amazon（アマゾン）】

　1995年創業のアメリカのEコマース企業。創業当初は、インターネット専門の小売店（書店）という位置づけであったが、現在は書籍のみならず、コンテンツ（音楽・映像・ゲーム）、家電・家庭用品、衣類、食品・飲料など多くの商品を扱っている。また、電子書籍リーダー「Kindle」、自然言語処理の技術に基づくクラウドベースの音声サービスであるAlexa（アレクサ）を利用するスマートスピーカー「Echo」などのデバイスの開発販売も行っている。また、「Amazon Go」は、Amazonが運営する、食品を中心に扱う実店舗であり、ユーザ認証、画像認識等の技術を用いてレジレスの（レジのない）買い物を実現している。

　「通信販売」という業態はデジタル以前から存在するが、インターネットを使う手軽さ、膨大な商品の検索は従来の通信販売とは全く異なり、Amazonは多くの顧客を獲得し、人々の日常生活を大きく変革したといえる。Amazonの急成長に伴いさまざまな市場で進行している混乱や変革などの現象のことを、「Amazonエフェクト」という。

　Amazonは、Eコマースの企業として名を知られているが、実際の利益の多くは、小売りではなくクラウドサービスから得ている。Amazonのクラウドサービスは、AWS（Amazon Web Service）で、クラウドサービスのIaaS市場では、最大のシェアを占めるとされている。

　日本の書店数の激減は典型的であるが、Amazonは小売店の衰退に大きな影響を与えるデジタルディスラプターとしての側面が見えやすい企業でもある。

【47　Samsung（サムスン）】

　韓国の大手電子機器メーカー。創業は第二次世界大戦前であるが、サムスン電子として、エレクトロニクス産業に参入したのは1969年のことで

40

ある。事業は、家電製品、ITおよびモバイル製品、半導体の 3 つの部門に分かれていたが、2021年12月に家電製品、ITおよびモバイル製品の部門を「製品」として一体化し、半導体とディスプレーの「デバイス」と並ぶ 2 部門体制に再編された。

　特にスマートフォン製造では世界的な規模を持ち、2021年の出荷台数はアメリカのAppleを押さえて第 1 位となった。

【48　Uber（ウーバー）】

　一般のドライバーと、移動を希望する人とをマッチングするサービスを運営するアメリカの企業。正式名称は「Uber Technologies（ウーバー・テクノロジーズ）」。2009年にサービスを開始している。空き時間と自家用車を提供の対象とするライドシェア、シェアリングエコノミーの一つである。

　乗客はアプリにより行き先、到着時間等の希望するオプションを選択して配車を確定すると乗客とドライバーのマッチングが行われ、近くにいるドライバーが乗客の配車リクエストを確認し、受け付けるかどうかを決定する。マッチングが成立して、ドライバーが乗客を乗せ、お互いの名前と目的地の確認が完了すると、ドライバーはサービスを開始する。

　日本では、自家用車の配車サービスが道路運送法に抵触するため、アメリカで行われているウーバー本来の配車サービスは行われていなかった。日本で行われているウーバーのサービスは、タクシー配車の「Uber Taxi」と料理宅配サービスの「Uber Eats」である。Uber Eatsは、2020年から、新型コロナウイルス感染症の流行拡大に伴い売上が拡大している。

　2023年12月に、一般ドライバーが有償で顧客を送迎するライドシェアが、2024年 4 月から条件つきで解禁されることが発表された。タクシー会社が運行を管理し、タクシー会社の管理の下で一般ドライバーの所有車による送迎が認められる。また、実施できる地域・時間帯の条件があり、Uberがアメリカでは採用しているダイナミックプライシング（時間、天候などによる利用者の需給に応じて料金が変動する仕組み）は認められない。2024年 2 月には、Uber が初めて自治体と提供する観光地や交通空白地における「自家用有償旅客運送（一般ドライバー・自家用車による運送サービス）」として、石川県加賀市のライドシェア導入支援を行うことが同社から発表された。

【49　Airbnb（エアビーアンドビー）】

　インターネットを通して、空き部屋や不動産などの貸借をマッチングするサービスを運営するアメリカの企業で、シェアリングエコノミーの一つである。

　個人・法人を問わずに利用でき、共用スペース、戸建て住宅、アパート、個室をはじめ、個人が所有する島に至るまで、2008年のサービス開始以降幅広い物件が登録されている。ゲスト（宿泊者）の支払いは、クレジットカード、モバイル決裁などによりAirbnbサイトで行われ、現金による支払いは規約で禁止されている。ゲストとホスト（宿泊提供者）双方からの手数料がAirbnb自体の利益となる仕組みである。ゲストとホストの信頼性を高めるために、ゲストによるホストの評価、ホストによるゲストの評価を投稿する仕組みが採用されている。

　日本では、2018年に施行された住宅宿泊事業法により、民泊と旅行者の仲介を行う「住宅宿泊仲介業者」が規定され、Airbnbも登録されている（厳密には、関連会社のAirbnb Global Services Limitedが登録されている）。

【50　LINE（ライン）】

　LINE株式会社は、メッセンジャーアプリ「LINE」を運営する日本のインターネット企業。2000年に設立し、2021年3月にヤフーを傘下に持つZホールディングス株式会社と経営統合した。さらに2023年10月にはZホールディングス株式会社、LINE株式会社、ヤフー株式会社、Z Entertainment株式会社およびZデータ株式会社は、グループ内再編を行いLINEヤフー株式会社となった。

　旧LINE株式会社のサービスの中心であるメッセンジャーアプリLINEは、国内月間ユーザー数9,500万人（2023年6月末時点）という巨大な規模を持ち、個人利用では、電子メールに代わって最も親しまれているメッセージツールとなっている。拡散が特徴の他のSNSと異なり、家族、知人・友人のグループの中での閉じられた利用が特徴である。一般的に、個人で利用するLINEは友人や家族などとやりとりするために利用される。一方、企業・店舗がユーザーとやりとりして自社の商品・サービスについて知ってもらったり、利用してもらうきっかけづくりのために利用される「LINE公式アカウント」もある。

　その事業は、メッセージツールの他に、「LINE MUSIC」「LINE Pay」など多ジャンルにわたり、プラットフォーム化が図られている。

【51　百度（バイドゥ）】

　2000年に設立した中国最大の検索エンジン企業で、世界の検索サービス市場においても、Googleに次ぐ規模を持つ。2021年現在、中国大陸ではGoogleは利用されていないため、中国の検索サービスは、バイドゥが最大のシェアを占めている。

　中国では、検索広告を中心とする巨大な経済圏を展開し、主力の広告事業の他には、動画配信大手のiQIYI（アイチーイー：愛奇芸）などのコンテンツ配信サービス、クラウド・サービス、決済サービスを提供している。自動運転車の開発にも力を入れており、「アポロプロジェクト」として自動運転タクシーのサービスが実現しつつある。2023年には、生成AI「文心一言（アーニーボット）」の一般向けサービスの提供を開始した。

【52　阿里巴巴集団（アリババグループ）】

　1999年設立の世界最大の流通総額を持つのEC（電子商取引）企業。BtoBのAlibaba.com、BtoCのECサイトであるTmall.com（天猫）などを運営する。

　アリババグループの事業は、始まりは電子商取引であったが、現在はクラウドサービスのアリババクラウド、決済サービスの支付宝（アリペイ）をはじめとして、200以上の事業ドメインを持つ巨大な経済圏を展開している。グループ内のアリババクラウドが提供するアリババクラウドは、Amazonが提供するAWS、マイクロソフトが提供するMicrosoft Azureと並び世界の主要クラウドサービスとなっている。また、アリババクラウドは、企業向けに新たなAI言語モデル「通義千問（トンイーチェンウェン）」を2023年に発表し、AIビジネスの開拓を進めている。アリババグループは、汎用機能を次々とプラットフォーム化し、プラットフォームビジネスを強化している。

【53　騰訊（テンセント）】

　1998年設立の世界最大のゲーム企業。SNS、決済等事業領域を拡張し巨大な経済圏を展開している（厳密には、多企業を束ねる投資持株会社。）。

　売上の最も大きな比重を占めるのは、オンラインをはじめとするゲーム事業であるが、展開するサービスはそれだけにとどまらず、事業拡大、プラットフォーム化を進めている。テンセントが運営する微信（ウィーチャット）は、俗に「中国のLINE」ともいわれる、10億人以上のユーザー

を持つチャットアプリである。

　微信（ウィーチャット）ブランドの下で提供する電子決済サービスである微信支付（ウィーチャットペイ）は、アリババグループの支付宝（アリペイ）とともに中国におけるモバイル決済サービスの2大勢力となっている。

【54　メルカリ】

　日本のフリマアプリ「メルカリ」の運営企業で、2013年に設立。「限りある資源を循環させ、より豊かな社会をつくりたい」との創業者の問題意識からサービスが生まれたとされている。

　フリマアプリ「メルカリ」は、中古品の消費者同士の売買であるフリーマーケットをスマートフォンを通して再現するサービスである。商品を持つ人と商品を求める人をマッチングする、シェアリングエコノミーの形態、いわゆる「C to C」サービスの代表的なものである。スマートフォンで完結するサービス形態、人と人とのマッチング、膨大な商品の出品、落札管理、不正監視、独自の入金システムなど、AIに支えられるものといえる。また、メルカリは、個人事業主・個人間わず自分のネットショップを持ち、メルカリ内で商品を販売できるメルカリShops（ショップス）のサービスも提供している。メルカリShopsは、商品が売れると売れた商品価格から10%の手数料が引かれるシステムであり、通常のメルカリとは別に、商品の色やサイズ等、種類に応じた在庫の設定が可能な在庫機能をもつ。

　メルカリは、スマホ決済サービス「メルペイ」も運営しており、メルカリの売上金や、銀行口座からチャージした金額を、メルカリアプリ内や、実店舗で使うことができる。

【55　GOJEK（ゴジェック）】

　インドネシア・ジャカルタに本社を置く配車サービスのスタートアップ企業。2010年の創業時は2輪車の配車サービスを提供していたが、現在は、ライドシェアと物流を中心に、「総合サービス業」のような業態になっている。2015年にスマートフォンアプリ「Gojek」のサービス提供を正式に開始した。「Gojek」では、配車・デリバリーサービスを中核サービスとし、決済、フード・ショッピング、エンタメやビジネス等の生活者を支援する多くのサービスを提供している。

　2021年5月、マーケットプレイスのスタートアップ企業であるTokopedia（トコペディア）との事業統合によるGoToグループの設立が発表され、GoToグループは2022年4月にインドネシア証券取引所（IDX）

に上場した。

【56　Grab（Grab Holdings：グラブ）】

　シンガポールに拠点を置く配車サービスアプリの運営企業。2012年にマレーシアで創業したが、後にシンガポールへ拠点を移した。東南アジア各国で、自家用車向けGrabCar、オートバイ向けGrabBike、相乗りサービスGrabHitch、配送サービスGrabExpressおよび決済サービスGrabPay等のサービスを提供している。

　Grabは、2021年12月にアメリカのナスダック市場に上場した。

第2課題　DXの技術

1．AI

【57　AI（Artificial Intelligence）】

　人工知能。1956年に開催された国際学会であるダートマス会議におい
て、計算機科学者のジョン・マッカーシー教授が初めて使用した言葉であ
る。その定義は研究者によって異なり、マッカーシー教授がまとめた
FAQ形式のAIの解説では、AIを「知的な機械、特に、知的なコンピュー
タプログラムを作る科学と技術」と説明している。現在、一般的には、
AIは「人間のように」「人間の代わりに」「人間と同等の」のような言葉
で表現される計算（知的活動）を行うコンピュータ、人工的な知能、とい
うイメージでとらえられている。

　AIの研究は1950年代から続いているが、その過程では、ブームといえ
る時代が何度かあった。1950年代後半〜1960年代にかけての第一次AI
ブームでは、コンピュータによる「推論」や「探索」が可能となり、特定
の問題に対して解を提示できるようになった。

　第二次AIブームは、1980年代に訪れ、専門分野の知識を取り込んだ上
で推論することで、その分野の専門家のように振る舞うプログラムである
エキスパートシステムが生み出された。第一次、第二次ブームにおいては、
AIが実現できる技術的な限界よりも、社会がAIに対して期待する水準が
上回っており、その乖離が明らかになることでブームが終わったと評価さ
れている。

　その後、2010年頃から現在まで続いているのが第三次AIブームといわ
れている。この時代には、AI自身が知識を獲得する「機械学習」が実用
化された。次いで知識を定義する要素（特徴量）をAIが自ら習得するディ
ープラーニングが登場し、これらが第三次AIブームの背景にあるとさ
れている。（第一〜三次AIブームの始まり、終わりの年代には諸説があ
る。）

　AIの特徴を表す言葉として、自律性（Autonomy）と適応性
（Adaptivity）がある。自律性とは、人の判断なしに状況に応じて動作す
る能力である。適応性とは、大量のデータから特徴を見つけ出し状況判断
ができる、あるいは与えられた正解データと新たなデータを照合すること
で自らのプログラムの精度を上げていくことができる（学習）能力である。

　AIは、汎用人工知能（強いAI）と特化型人工知能（弱いAI）に大別される。汎用人工知能とは、さまざまな思考・検討を行うことができ、初めて直面する状況に対応できる人工知能のことであり、特化型人工知能とは、特定の内容に特化した思考・検討にだけに優れている人工知能のことである。(社)人工知能学会は、「人工知能の研究には二つの立場がある（中略）一つは、人間の知能そのものをもつ機械を作ろうとする立場、もう一つは、人間が知能を使ってすることを機械にさせようとする立場です」と記している（立場の違いをこのように定義してよいか、これらの立場は異なるのかということについても議論の余地がある、とも記している。）。なお、強いAIは、意識や自我を持つAIのことを指す考え方もある。

　AIと同時に語られることが多い「機械学習」「ディープラーニング」とAIには包含関係がある。AIに関わる分析技術として「機械学習」が挙げられ、機械学習の一つの技術として「ディープラーニング（深層学習）」が挙げられる。

【58　機械学習】

　AIの手法の一つとして位置づけられるもので、人間の学習に相当する仕組みをコンピュータ等で実現するもの。一定の計算方法（アルゴリズム）に基づき、入力されたデータからコンピュータ自らがパターンやルールを発見し、そのパターンやルールを新たなデータに当てはめることで、その新たなデータに関する識別や予測等を可能とする手法である。

　機械学習には大別して「学習」と「推論」の２つのプロセスがあり、基本的にそれぞれのプロセスで異なるデータを用いることとなる。学習とは、入力されたデータを分析することにより、コンピュータが識別等を行うためのパターンを確立するプロセスである。この確立されたパターンを、「学習済みモデル」という。推論とは、学習のプロセスを経て出来上がった学習済みモデルにデータを入力し、確立されたパターンに従い、実際にそのデータの識別等を行うプロセスである。

　機械学習で活用するデータには、学習のプロセスで用いるものと、推論のプロセスで用いるものの２種類がある。学習用データと推論用データはいずれも、自らが所有・収集するデータのほか、公開されているデータセットなどを入手して活用することができる。これらのデータは、学習・推論に適した形とする必要がある。学習・推論に適した形にデータをクレンジングしたり、少ない画像データを増やしたりすることを、データの加工あるいは前処理という。次の図は、機械学習におけるデータ活用のプロ

セスを示したものである。

機械学習におけるデータ活用のプロセス

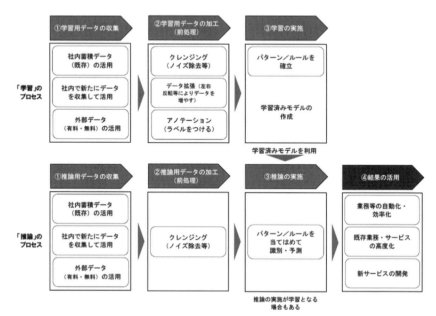

出典「令和元年版　情報通信白書」

　機械学習の学習法は、「教師あり学習」「教師なし学習」「強化学習」に大別される。「教師あり学習」では、正解のラベルを付けた学習用データが用いられ、「分類」による文字や画像の認識、「回帰」による売上げの予測や異常の検知といった用途に用いられる。

　「教師なし学習」では、正解のラベルを付けない学習用データが用いられる。例えば、それがネコであるという情報は与えずネコの画像のデータを入力して学習させる。学習済みモデルは、推論用データとして動物の画像を入力されたとき、それがネコと呼ばれるものであるかどうかは判別できないものの、ネコと他の生き物とを区別できる。このような特徴から、教師なし学習はデータのグループ分けや情報の要約などの用途に用いられる。

　「強化学習」では、コンピュータが一定の環境の中で試行錯誤を行うことが学習用データとなり、行動に報酬を与えるというプロセスを繰り返すことで、何が長期的によい行動なのかを学習させる。強化学習は、将棋、囲碁などのゲーム、ロボットの歩行学習などに活用されている。

「教師あり学習」「教師なし学習」には、それぞれ以下のような代表的な分析手法がある。

代表的な「教師あり学習」の分析手法

分析手法名	分析手法・用途の概要
回帰分析	被説明変数と説明変数の関係を定量的に分析し、分析結果に基づく予測
決定木	分類のための基準(境界線)を学習し、未知の状況でデータを分類

代表的な「教師なし学習」の分析手法

分析手法名	分析手法・用途の概要
k平均法	特徴・傾向が似ている標本をいくつかのグループに分類
アソシエーション分析	同時購入の頻度等を算出し、消費者の選択・購入履歴から推薦すべき商品を導出
ソーシャルネットワーク分析	氏名が同時掲載される頻度やSNS上での友人関係から人のつながりを分析

「総務省ICTスキル総合習得教材」より

【59　ディープラーニング】

深層学習。機械学習における技術の一つ。第三次AIブームの中核をなす技術である。ニューラルネットワークを用いるもので、情報抽出を一層ずつ多階層にわたって行うことで、高い抽象化を実現する。従来の機械学習では、学習対象となる変数（特徴量）を人が定義する必要があったのに対し、ディープラーニングは、予測したいものに適した特徴量そのものを大量のデータから自動的に学習することができる点に違いがある。

ディープラーニングの発達は、画像認識、音声認識などの精度が格段に向上するなどの成果をもたらし、AI技術の発達に大きな影響を与えている。

【60　ニューラルネットワーク】

機械学習のアルゴリズムの一つであり、人間の脳が学習していくメカニズムをモデル化して、人工的にコンピューター上で再現することで問題を解決しようとする仕組み。人間の脳の神経回路の仕組みを模したモデル。神経細胞に相当する各ノードが層を成して接続されている情報処理のネッ

トワークに入力した情報が、中間層（あるいは隠れ層）と呼ばれるネットワーク内での処理を経て望む情報として出力されるよう、何度も処理方法の調整を行うことで学習していく。文字や音声の認識といったパターン認識へ応用されている。

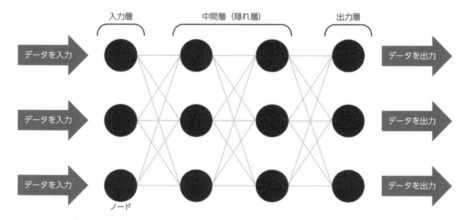

●人間の神経細胞（ニューロン）のように、各ノードが層をなして接続されるものがニューラルネットワーク
●ニューラルネットワークのうち、中間層（隠れ層）が複数の層となっているものを用いるものが深層学習

出典「令和元年版　情報通信白書」

【61　生成 AI（ジェネレーティブ AI）と ChatGPT】

　生成 AI（ジェネレーティブ AI：Generative AI）とは、人の指示に従って、テキスト、画像、動画、音楽などのコンテンツを生成する AI のことである。アメリカの Gartner 社は、2021 年 11 月に「戦略的テクノロジーのトップ・トレンド」において、2022 年に注目すべきキーワードとして「ジェネレーティブ AI」を挙げた。同社は「ジェネレーティブ AI」を「コンテンツやモノについてデータから学習し、それを使用して創造的かつ現実的な、まったく新しいアウトプットを生み出す機械学習手法」と定義している。

　生成 AI のサービスとしては、画像生成 AI「Stable Diffusion（ステーブル・ディフュージョン）」「Midjourney（ミッドジャーニー）」、文章生成 AI「ChatGPT」などが知られている。なかでも 2022 年 11 月に公開された ChatGPT は、一般のユーザーが簡単にその機能を使用することができるため、大きな話題となり、「生成 AI」という用語も広まった。

　ChatGPT は、アメリカの研究機関である Open AI によって開発された。

「GPT」とは、「Generative Pre-trained Transformer」の略である。「Pre-trained」は、「事前に学習した」という意味で、ChatGPT は、「GPT-3」という文章生成モデルがベースとなっている。GPT-3 が専門家向けのモデルであるのに対し、ChatGPT はその名が示すように、一般のユーザーが PC やスマートフォンに向かって問いかけるように質問や作ってほしい文章を対話（Chat）形式で入力すると、一定の文章量の回答が表示される手軽さが人気となったといえる。また、ChatGPT は Google 等の検索サービスにとって代わるものになる可能性があるともいわれ、2023 年 1 月にはマイクロソフトの検索サービスである「Bing」への ChatGPT の搭載が発表され、それに対抗するように Google が言語生成モデル「LaMDA（ラムダ）」をベースとして開発した「Bard（バード）」を同年 2 月に一般公開するなどの動きが見られた（その後 2024 年 2 月に「Bard」は、「Gemini（ジェミニ）」に改称された。）。

　ChatGPT をはじめとする生成 AI の利用には、文章自体に誤りがある可能性の他、情報流出、著作権抵触、不正利用などさまざまな問題点が指摘されている。2023 年 4 月現在、海外では ChatGPT の利用を一時的に禁止する国も現れ、日本でも企業が業務利用に制限を加えるケースもあり、今後の動向が注目されている。

【62　画像認識】

　コンピュータに画像、動画に何が映っているのかを認識させる技術。例えていえば、人間が目で見たものを脳の働きにより「これは○○である」と認識することを、コンピュータに行わせる技術である。機械学習、ディープラーニングの発達によりその水準が近年高まっている。

　画像認識では、物の属性、位置、角度、距離などが認識され、使用される分野は多岐にわたる。自動運転車の走行環境の認識、医療分野における画像診断、製造・物流業における製品の異常検知、防犯・防災など、多くの分野での利用が期待され、実際多くの分野で実用化されている。手書き文字の認識、人の顔認識からの感情の読み取りなど、その応用範囲は広い。

【63　顔認証】

　バイオメトリクス認証（身体的または行動的特徴を用いて個人を識別し認証する技術）の一つで、顔の形や目鼻などの位置関係を示す特徴的な点

や輪郭線等を画像認識技術により抽出し、特徴点間の距離や角度、輪郭線の曲率等や、顔表面の色や濃淡等の特徴量により顔を識別する。一般の利用者の登録時および認証時の負荷は少ないが、環境に影響を受けやすく、顔の経年変化によって正しく認証されないこともあり、その場合は認証情報の再登録が必要になる。また、角度により、本人を拒否する場合がある。

　離れた場所からでも認証が可能であり、低解像度カメラの利用でも対応できるため、イベント会場での入場管理や空港の出帰国手続などで採用されている。非接触・ハンズフリーによる認証方式であるため、衛生的であり、感染症対策としても有効であるといえ、マスクを着用したままで認証が可能な製品も発売されている。

　なお、バイオメトリクス認証全般に言えることであるが、認証の精度に関しては「他人受入率（FAR）」と「本人拒否率（FRR）」と呼ばれる指標に注意する必要がある。他人受入率は「システムが他人を正規の利用者であると誤認する確率」、本人拒否率は「システムが正規の利用者を他人であると誤認する確率」である。一般に、他人受入率を下げると安全性は高くなるが、本人拒否率が上がり利便性が低下する。逆に本人拒否率を下げると利便性は高くなるが、他人受入率が上がり安全性が低下する。バイオメトリクス認証の使用の際は、設定されている認証精度（特に他人受入率）を必ず確認して適切な設定に変更する必要がある。

【64　音声認識／自然言語処理】

　音声認識は、コンピュータに音声を認識させる技術である。人間が耳で聞いた音声を脳の働きにより認識するように、それをコンピュータに行わせる技術である。

　自然言語処理（NLP：Natural Language Processing）は、認識した画像、音声の内容を理解し、言語化する技術である。自然言語処理は「自然言語理解（NLU：Natural Language Understanding）」と「自然言語生成（NLG（Natural Language Generation））」の2つに大きく分けることができる。「自然言語理解」は人が書いた文章の意味を判別して何らかの処理をする技術で、メールの自動分類、ウェブ検索などが典型的な応用例である。「自然言語生成」は、何らかのデータ入力に基づき、コンピュータに文章を生成させる技術で、文章の要約や機械翻訳などを含む。

　会話を自動的に行うチャットボット（自動会話プログラム）、スマートフォンに搭載される音声認識サービスや、AmazonやGoogleなどが手がけているスマートスピーカーにより、音声認識や自然言語処理技術の利用は

拡大し、身近なものとなっている。

　機械翻訳、文書自動生成については、従来の不自然さが残る文章に代わって、機械学習、ディープラーニングの発達により文章の文脈まで理解して、より自然な文章を作成する技術ができつつある。

【65　データ解析】

　AIの実用化における機能領域には、画像認識、音声認識のような「識別」の他に、「予測」と「実行」がある。データ解析は、この予測の機能および周辺機能を含むものである。「予測」の内容として、数値予測、マッチング、意図予測、ニーズ予測が挙げられる。

　解析作業は従来、人間が行うことが一般的であったが、AIによって、コンピュータが自動的に行うケースも増えている。IoT機器等により収集・蓄積された膨大なデータを分析することで実現しているデータ解析には、次のようなものがある。

・自然データ、人流データなどによる天候予測、混雑予測
・顧客の購買履歴から顧客が関心を抱きそうな商品を提示、いわゆる「おすすめ」をするレコメンド機能
・シェアリングエコノミーに代表される顧客と顧客、顧客と店舗、交通、宿泊施設などのマッチング機能
・需要予測、原因解明
　機械学習とIoTとの組み合わせで、データ解析の応用範囲はさらに多様になることが予想される。

【66　AR（Augmented Reality）】

　一般的に「拡張現実」と訳される。コンピュータが作り出した仮想的な映像などの情報を、現実のカメラ映像に重ねて表示したりすることで、現実そのものを拡張する技術のこと。

　例えば、建物の建築予定地を撮影したカメラ映像に、建物の完成予定図から作成したCGの建物を重ね合わせる、などがARの例である。他、スマートフォン向けゲーム「ポケモンGO」は、ジャイロセンサーを搭載したスマートフォンによって、現実の背景の手前にARでポケットモンスターを表示させている。

【67　VR（Virtual Reality）】

　一般的に「仮想現実」と訳される。ユーザーの動作に連動した映像や音などをコンピュータで作成し、別の空間に入り込んだように感じさせる技術のこと。

　VRは、視界全面を覆うヘッドマウントディスプレイなどを使い、現実世界を遮断して仮想世界を体験する技術で、ARやMRに比べて古くから製品化され、ゲームなどで多く利用されている。VRの利用形態は、スマートフォンを利用する簡便なタイプから専用施設までさまざまである。また、VRはARやMRに比べて、対象に夢中になる没入感が高いとされている。

【68　MR（Mixed Reality）】

　一般的に「複合現実」と訳される。ARの技術を発展させ、現実の世界を使って、そこに投影されたCGに対して直接作業などが可能な技術のこと。

　MRは、メガネ（グラス）等を通して見る視界全体のARのイメージで、複数名での同一の映像の確認ができるため、コンピュータ表示を同時に見る業務（紹介、協力作業）等に活用されている。例えば、MRによって、壁内部の配水や配電を紹介したり、整形外科手術のトレーニングをしたりすることができる。

【69　xR（Cross Reality）】

　現実世界において実際には存在しないものを、表現・体験できる技術の総称。実用化が進んでいるxRとしては、AR（拡張現実）、VR（仮想現実）、MR（複合現実）が挙げられる。

　他に開発が進んでいるxRには、SR（Substitutional Reality：代替現実）がある。あらかじめ準備した記録・編集済みの過去の映像を目の前で実際に起きている現実として体験させる技術である。独立行政法人理化学研究所は、VRに用いられてきた技術を応用し、あらかじめ用意された「過去」の世界を「現実」と差し替え、被験者に過去を現実と区別なく体験させる実験装置「代替現実システム（SRシステム）」を開発している。従来の実験法ではできなかったさまざまな認知心理実験での利用や、過去を現実と思い込ませたり、現実と過去を重ね合わせ、両者が区別できない状態を体験させたりする新しい表現手法としての利用が期待されている。

【70　クラウドAI】

　機械学習等のAI機能を搭載したクラウドサービスのことを指す。
　クラウドAIには、音声認識、画像認識、言語翻訳等のディープラーニング等を用いた機能のAPIが搭載されており、利用者は、必要なAPIを通じて必要な機能を扱うことができる。複雑で高度なデータによる学習・推論などの処理がクラウド上で行われるため、サーバにかかる処理の負荷を抑えることができる。通信を介するため、反応に遅延が発生するデメリットも存在し、これについてはエッジAIとの使い分けの必要が考えられる。
　Webブラウザとネットワーク接続があれば専用のPCを持たなくてもタブレットやスマートフォンから利用できるので、誰でもAI技術を使えるようになるという意味で「AIの民主化」に寄与している。
　主要なクラウドAIサービスとして、次のものがある。

　・Google Cloud Machine Learning（Google）
　・Amazon AI（Amazon）
　・Azure Machine Learning（Microsoft）
　・Watson Data Platform（IBM）

【71　エッジ AI】

　前項のクラウド AI に対して、端末側に搭載される AI のこと。
　クラウド AI では、エッジ（端末）側ではデータ収集のみを行い、エッジ端末から送られたデータを、クラウド上に搭載された AI で学習、予測・推論処理を行うのに対し、エッジ AI では学習モデルをエッジ端末に組み込むことで、クラウドを使わずに推論が可能になる。エッジ AI のベースとなるエッジコンピューティングとは、すべてをクラウドに送信するのではなくエッジ側で処理できるものを分別し、クラウドとエッジで処理を分担する技術である。
　エッジ AI の特長として、通信を介さないため、タイムラグのない（リアルタイムの）判断が可能になることが挙げられ、自動運転、ドローン、監視カメラなどの機能に活かされている。また、通信コストの低廉化、セキュリティ面の優位性も特長である。

【72　ロボット】

　「ロボット」の統一された定義はなく、組織、業種により複数の定義が存在する。「ロボット」の意味する内容は、極めて多様であり、ヒューマ

ノイド（人の形をしたもの）に限定した見方から、産業用の機械、コンピュータ上のソフトまで広げた見方までさまざまである。経済産業省関連の「ロボット政策研究会」は、2006年の報告書で「センサー、知能・制御系、駆動系の3つの要素技術を有する、知能化した機械システム」と定義している。

2015年に公表された日本経済再生本部の「ロボット新戦略」では、ロボットの劇的な変化として、自ら学習し行動するロボットへの「自律化」、さまざまなデータを自ら蓄積・活用することによる「情報端末化」、ロボットが相互に結びつき連携する「ネットワーク化」の3点を挙げ、ロボットが単体としてのみならず、さまざまなシステムの一部として機能することによる、IoT社会におけるロボットの重要性に言及している。

ロボットは産業用ロボットとサービスロボットの2種類に大きく分けられる。産業用ロボットは、日本産業規格（JISB 0134：1998）で「自動制御によるマニピュレーション機能又は移動機能をもち、各種の作業をプログラムによって実行できる、産業に使用される機械」と規定されている。マニピュレーション機能とは、人間の手のように対象物（部品、工具など）をつかむ機能である。サービスロボットは、産業用ロボット以外のものをいい、ロボット掃除機、コミュニケーションロボット（ソフトバンクのPepperが代表例）をはじめとして、さまざまなものがある。

サービスロボットは、主な利用場所に応じて下記のように分類することができる。

ロボットの分類に関する樹形図

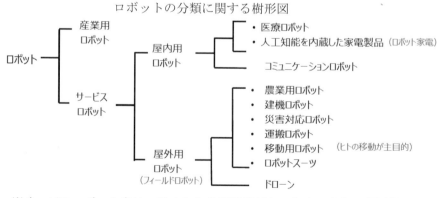

※サービスロボット内は、確立した分類基準がないため、主たる利用場所に応じた便宜的な分類

総務省「ICTスキル総合習得教材」より引用

　「経済産業省におけるロボット政策」（令和元年7月9日）では、日本は世界一のロボット生産国であり、世界のロボットの6割弱が日本メーカー製（約38万台中21万台）であるとして、ロボット産業市場における日本の優位性を説いているが、ロボットの導入台数の伸び率は低いとして、ロボット技術のさらなる進歩と普及により、生産性の低い産業の向上を図るとしている。例えば、高齢者の増加と職員の不足が顕著な介護業界では、ロボット活用を含めた新しい介護のあり方が期待されている。

　経済産業省は、ロボットを導入しやすい環境（ロボットフレンドリーな環境）を実現するための取組みを進めている。ロボットの未導入分野への導入促進に向けては、ロボットフレンドリーな環境の実現（ロボット導入にあたって、ユーザー側の業務プロセスや施設環境を、ロボットを導入しやすい環境へと変革すること）が不可欠であり、またその実現のためには、ロボットユーザー企業とロボットSIer企業等による連携が重要である。こうした中で、経済産業省では、「施設管理」「食品」「小売」「物流倉庫」の4分野を重点に、ユーザーとロボットSIer企業らが参画するタスクフォースでの検討や予算事業等を通じた支援措置を進めている。

【73　ドローン】

　IoTが力を発揮する領域の一つであり、遠隔操作や自動操縦によって飛行する無人航空機の総称である（ただし、自動操縦機能を持つことをドローンの定義に含めるケースと含めないケースがある）。

　国土交通省の「無人航空機（ドローン、ラジコン機等）の安全な飛行のためのガイドライン」では、航空法における無人航空機について、「人が乗ることができない飛行機、回転翼航空機、滑空機、飛行船であって、遠隔操作又は自動操縦により飛行させることができるもの」と定義されており、いわゆるドローン（マルチコプター）、ラジコン機、農薬散布用ヘリコプター等が該当します。」としている。ただし、マルチコプターやラジコン機等であっても、重量（機体本体の重量とバッテリーの重量の合計）200グラム（2022年6月20日からは100グラム）未満のものは、無人航空機ではなく「模型航空機」に分類される。

　ドローンには、消費者向けの簡易なモデルから産業用途、軍事用途のものまで、さまざまな種類がある。空からの簡易な撮影が可能であることから、土砂崩壊、火山災害、トンネル崩落などの現場における被災状況調査、橋梁、トンネル、河川やダムなどのインフラ監視、消火・救助活動、測量、警備サービス、宅配サービスなどさまざまな分野での利用が可能であり、

社会的に大きな意義があるものと考えられている。
　ドローンの利活用の実用化に向けては、その飛行地域、操縦必要性、補助者の有無によって次のレベルが示されている。

小型無人機の飛行レベル

レベル 1	目視内での操縦飛行	・農薬散布 ・映像コンテンツのための空撮 ・橋梁、送電線等のインフラ点検 等
レベル 2	目視内での自動・自律飛行	・空中写真測量 ・ソーラーパネル等の設備の点検 等
レベル 3	無人地帯※での目視外飛行（補助者の配置なし） ※第三者が立ち入る可能性の低い場所（山、海水域、河川・湖沼、森林等）	・離島や山間部への荷物配送 ・被災状況の調査、行方不明者の捜索 ・長大なインフラの点検 ・河川測量 等
レベル 4	有人地帯（第三者上空）での目視外飛行（補助者の配置なし）	・都市の物流、警備・発災直後の救助、避難誘導、消火活動の支援・都市部のインフラ点検等

経済産業省「空の産業革命に向けたロードマップ 2018 〜小型無人機の安全な利活用
のための技術開発と環境整備〜」補足資料を基に作成

　このレベルに関して、ドローン物流については、「現状、国や地方自治体の支援などにより離島や山間部等の過疎地域等において配送の実用化に向けた実証実験が行われている。政府は 2022 年度を目途としてドローンの有人地帯での目視外飛行（中略）の実現を目指すこととしており、2021 年度までを目途に機体の認証制度、操縦ライセンス制度、運行管理ルールの構築といった制度面での環境整備や社会受容性の確保に向けた取組を推進することとし、都市部でのドローン物流の展開を目指す」ことが総合物流施策大綱（2021 年度〜2025 年度）に記載されている。
　これを受けて、2020 年の改正航空法では無人航空機の登録制度が創設され、2022 年 6 月 20 日以降登録していない無人航空機の飛行は禁止され、無人航空機を識別するための登録記号を表示し、リモート ID 機能を備え

ることが義務づけられた。続いて同年12月5日には、機体認証、無人航空機操縦者技能証明、運航に係るルールが整備され、すでに実用化されていたレベル1から3の飛行に加えて、有人地帯（第三者上空）での補助者なし目視外飛行を指すレベル4飛行が可能となった。

　ドローンの飛行については航空法のほかに、小型無人機等飛行禁止法、電波法等にも、ドローンの飛行に関する規制が定められている。また、国土交通省のウェブサイトでは、ドローンの飛行ルールを示すとともに、飛行許可を得るための手続が示されている（ドローンの飛行可否を示す地図も公開されている）。

【74　自動運転車】

　IoTが力を発揮する領域のひとつであり、運転操作の一部または全部をコンピュータが制御する自動車を指す。

　「官民ITS構想・ロードマップ　これまでの取組と今後のITS構想の基本的考え方」では、運転自動化レベルを次のように分けている。

・レベル0：運転者が全ての動的運転タスクを実行
・レベル1：システムが縦方向又は横方向のいずれかの車両運動制御のサブタスクを限定領域において実行
・レベル2：システムが縦方向及び横方向両方の車両運動制御のサブタスクを限定領域において実行
・レベル3：システムが全ての動的運転タスクを限定領域において実行（作動継続が困難な場合は、システムの介入要求等に適切に対応）
・レベル4：システムが全ての動的運転タスク及び作動継続が困難な場合への応答を限定領域において実行
・レベル5：システムが全ての動的運転タスク及び作動継続が困難な場合への応答を無制限に実行

　また、レベル1又はレベル2に対応する車両を「運転支援車」、レベル3に対応する車両を「条件付自動運転車（限定領域）」、レベル4に対応する車両を「自動運転車（限定領域）」、レベル5に対応する車両を「完全自動運転車」という。

　経済産業省と国土交通省が設置した「自動走行ビジネス検討会」は、自動運転車を「無人自動運転移動サービス」、「高度幹線物流システム」、

「オーナーカーAD/ADAS」の3つの軸に切り分け、取組みを進めている。

「無人自動運転移動サービス」は、地方や高齢者等向けの公共交通などにおける取組みである。政府は、2025年度を目途に国内50か所程度で無人自動運転移動サービスの実現を目指すとしている。2023年4月より、日本ではレベル4の自動運転が一定の条件のもとで可能となった。これはレベル4の運行許可制度が盛り込まれた改正道路交通法の施行に伴うもので、同法ではレベル4の自動運転を「特定自動運行（道路において、自動運行装置（中略）を当該自動運行装置に係る使用条件で使用して当該自動運行装置を備えている自動車を運行すること（後略））」と定義して、レベル4の自動運転を行う者に対する都道府県公安委員会の許可の必要とその遵守事項（特定自動運行主任者の配置等）を定めている。2023年のレベル4の自動運転の解禁は、特定自動運行が過疎地域等における公共交通の役割を担うことが期待されている。

「高度幹線物流システム」は、物流分野におけるトラックの自動走行と物流拠点の連携などの取組みである。物流における自動運転については、「高速道路でのトラック隊列走行技術の実証実験を実施してきたところであるが、2021年2月には新東名高速道路の一部区間において後続車の運転席を実際に無人とした状態でのトラックの後続車無人隊列走行技術を実現した」ことが、国交省の「総合物流施策大綱（2021年度～2025年度）」令和3年6月15日に記載されている。

「オーナーカーAD/ADAS」は、自家用車における、ADAS（Advanced Driver-Assistance Systems：先進運転支援システム）とAD（Autonomous Driving：自動運転）の開発・普及や環境整備に向けた取組みである。「自動走行ビジネス検討会」では、当面の間、レベル2以上3未満の開発・市場化が進むことを見込み、自家用車における自動運転の将来像として、2025年までに「レベル2～3のAD/ADAS導入促進」、2030年までに「レベル2～3のAD/ADASの更なる普及」と示している。

【75　シンギュラリティ】

Singularity.「特異点」と訳され、AIの世界では「技術的特異点」のことを指す。2005年に、アメリカの未来学者レイ・カーツワイル氏が、人類が経験してきたテクノロジーの指数関数的な進化を根拠に提唱した概念であり、「テクノロジーが急速に変化し、それにより甚大な影響がもたらされ、人間の生活が後戻りできないほどに変容してしまうような、来るべき未来のこと」を意味するが、「コンピュータの知能が人間を超える時」と

いった意味で使われることもある。（「シンギュラリティ」の概念自体は、それ以前からあったが、現在AIと関連してよく語られるシンギュラリティの概念は、レイ・カーツワイル氏の提唱によるといわれている）

　テクノロジーの進化により、2029年にはコンピュータの知能が人間並みになり、2045年には今日の全人類の知能より約10億倍強力な知能が1年間に生み出され、シンギュラリティが到来するとされる。

【76　XAI（説明可能なAI）】

　Explainable artificial intelligenceを略したものであり、「説明可能なAI」と訳される。

　機械学習モデルは、高度に複雑な構造物であり、人がその動作の全容を把握するのは困難であるため、その予測過程が実質的にブラックボックス化しており、用途範囲の拡大に伴い、機械学習モデルの予測結果を安心して（信頼して）業務に使えないという問題が指摘されるようになっている。この問題に対処するため、機械学習モデルの予測根拠を説明するXAIの研究が行われている。

　「XAIの研究」には、2つの考え方がある。1つは既存の予測・判断根拠がわかりにくい（ブラックボックスである）機械学習モデルに、説明するための機能を付加して、AIの予測・判断根拠を説明できるようにするブラックボックス型の研究である。もう1つは、その学習過程や構造、予測・判断根拠が人にとって解釈可能なAIを新たにつくるトランスペアレント（透明な）型の研究である。ブラックボックス型は学習済みのAIについて後から説明する考え方であり、トランスペアレント型はもともと学習過程や構造が人にとって解釈可能なタイプの新しいAIを開発するという考え方である。

【77　AI開発ガイドライン】

　AIに関しては、総務省が「AI開発ガイドライン」の策定を進めていたが、産業側から「開発の萎縮につながりやすい」との意見もあり、内閣府による緩い内容の「人間中心のAI社会原則」の策定が進められ、平成31年3月29日付で統合イノベーション戦略推進会議決定として公表されている。

【78　人間中心のAI社会原則】

　「人間中心のAI社会原則」（平成31年3月29日統合イノベーション戦略推進会議決定）は、「基本理念」、「Society 5.0実現に必要な社会変革「AI-Readyな社会」」、「人間中心のAI社会原則」から構成されている。

　基本理念では、（1）人間の尊厳が尊重される社会、（2）多様な背景を持つ人々が多様な幸せを追求できる社会、（3）持続性ある社会、の3つの価値を理念として尊重し、その実現を追求する社会を構築していくべき旨が述べられている。

　Society 5.0実現に必要な社会変革「AI-Readyな社会」では、「何のためにAIを用いるのか」に答えられるような「人」、「社会システム」、「産業構造」、「イノベーションシステム」、「ガバナンス」の在り方について、技術の進展との相互作用に留意しながら考える必要があるとされている。

　＊Society 5.0：情報社会（Society 4.0）に続く、我が国が目指すべき未来社会の姿を意味する。

　＊AI-Readyな社会：社会全体がAIによる便益を最大限に享受するために必要な変革が行われ、AIの恩恵を享受している、または、必要な時に直ちにAIを導入しその恩恵を得られる状態にある、「AI活用に対応した社会」を意味する。

　人間中心のAI社会原則では、前述の3つの基本理念を備えた社会を実現するために必要となる「AI社会原則」と「AI開発利用原則」について述べられている。

　「AI社会原則」とは、「AI-Readyな社会」において、国や自治体をはじめとする我が国社会全体、さらには多国間の枠組みで実現されるべき社会的枠組みに関する原則であり、次の原則から構成される。

　　・人間中心の原則
　　・教育・リテラシーの原則
　　・プライバシー確保の原則
　　・セキュリティ確保の原則
　　・公正競争確保の原則
　　・公平性、説明責任及び透明性の原則
　　・イノベーションの原則

　「AI開発利用原則」については、開発者及び事業者において、基本理念及びAI社会原則を踏まえたAI開発利用原則を定め、遵守するべきであ

り、早急にオープンな議論を通じて国際的なコンセンサスを醸成し、非規制的で非拘束的な枠組みとして国際的に共有されることが重要であると述べられている。

2．ビッグデータ

【79　ビッグデータ】

　デジタル化の更なる進展やネットワークの高度化、またスマートフォンやセンサー等IoT関連機器の小型化・低コスト化によるIoTの進展により、スマートフォン等を通じた位置情報や行動履歴、インターネットやテレビでの視聴・消費行動等に関する情報、また小型化したセンサー等から得られる膨大なデータのこと。

　「令和元年版情報通信白書」では、ビッグデータを特徴づけるものとして、「4V」という概念を示している。「volume（量）」、「variety（多様性）」、「velocity（速度）」、「veracity（正確性）」である。これらは、データが価値創出の源泉となる仕組みでもあるといえる。

　「volume」については、購入履歴を例に取ると、ある1人があるモノを1回購入した際のデータから分かることは極めて少ないが、多数の人の多数の購入履歴を分析すれば、人々の購買行動の傾向を見いだすことができる。これにより、人の将来の購買行動を予測したり、更には広告等で働きかけることにより、購買行動を引き出したりすることが可能となる。

　「variety」については、上記の例において、購入者の年齢や性別のみならず、住所や家族構成、更には交友関係、趣味、関心事項といったデータが入手できれば、より緻密な分析が可能となる。また、時間・場所・行動等に関するより細粒化されたデータは、この点の価値を更に高めることになる。

　「velocity」については、「ナウキャスト」すなわち「同時的な予測」が挙げられる。例えば、Googleは、検索データを用い、ほぼリアルタイムかつ公式な発表の前にインフルエンザにかかった人の数を推計できるといわれている。

　「veracity」について、例えば統計では調査対象全体（母集団）から一部を選んで標本とすることが行われるが、ビッグデータでは、この標本を母集団により近づけることにより、母集団すなわち調査対象全体の性質をより正確に推計できるようになる。

　なお、「4V」から「veracity（正確性）」を除いて「3V」、「4V」に「value

（価値）」を加えて、「5V」をビッグデータの特徴とする考え方もある。

　「平成29年版情報通信白書」では、個人・企業・政府の3つの主体が生成しうるデータとして、ビッグデータを以下の4つに分類している。

1) 政府：国や地方公共団体が提供する「オープンデータ」

　　『官民データ活用推進基本法』を踏まえ、政府や地方公共団体などが保有する公共情報について、データとしてオープン化を強力に推進することとされているものである。

2) 企業：暗黙知（ノウハウ）をデジタル化・構造化したデータ

3) 企業：M2M（Machine to Machine）から吐き出されるストリーミングデータ（「M2Mデータ」と呼ぶ）。M2Mデータは、例えば工場等の生産現場におけるIoT機器から収集されるデータ、橋梁に設置されたIoT機器からのセンシングデータ（歪み、振動、通行車両の形式・重量など）等が挙げられる。

4) 個人：個人の属性に係る「パーソナルデータ」

　　個人の属性情報、移動・行動・購買履歴、ウェアラブル機器から収集された個人情報、特定の個人を識別できないように加工された人流情報、商品情報等も含まれる。

　データは、従来から蓄積されてきた企業等で管理する顧客データベースや業務データなどの「構造化データ」と、構造化されていない多種多様な

「構造化データ」「半構造化データ」「非構造化データ」

データ種別	説明	データ形式の例
構造化データ	二次元の表形式になっているか、データの一部を見ただけで二次元の表形式への変換可能性、変換方法が分かるデータ	CSV、固定長、Excel（リレーショナルデータベース型)
半構造化データ	データ内に規則性に関する区切りはあるものの、データの一部を見ただけでは、二次元の表形式への変換可能性・変換方法が分からないデータ	XML、JSON
非構造化データ	データ内に規則性に関する区切りがなく、データ（の一部）を見ただけで、二次元の表形式に変換できないことが分かるデータ	規則性に関する区切りのないテキスト、PDF、音声、画像、動画

データ（音声、画像、映像やソーシャルメディア、センサーから取得されたデータ等）である「非構造化データ」に分けられる。後者における、生成・蓄積・流通されるデータ量の飛躍的な増大とデータを扱う技術の発達が、ビッグデータの概念を生んだといえる。

【80　データサイエンス】

　情報科学、統計学等の知見を駆使したデータ分析により新たな価値の発見・創出を行う学問。データ分析に関わるスキル。ここでいうデータとは、IoT、ビッグデータ、ロボット、AI等による技術革新を背景とした第4次産業革命による産業構造の変化の進展や、5Gによる膨大なデータの収集により、より大きな価値を持つようになったデータのことである。
　データサイエンスの知見を有する人材を「データサイエンティスト」といい、多くの企業においてデータサイエンティストに対する需要が高まっており、その実践的な知見を企業活動等に反映させ、即戦力として活躍することが求められている。一般社団法人 データサイエンティスト協会は、「データサイエンティスト」を「データサイエンス力、データエンジニアリング力をベースにデータから価値を創出し、ビジネス課題に答えを出すプロフェッショナル」と定義している。また、データサイエンティストに必要とされるスキルセット（能力）として以下の「3つのスキルセット」を定義している。
　　・データサイエンス力
　　　情報処理、人工知能、統計学などの情報科学系の知恵を理解し、使う力
　　・データエンジニアリング力
　　　データサイエンスを意味のある形に使えるようにし、実装、運用できるようにする力
　　・ビジネス力
　　　課題背景を理解した上で、ビジネス課題を整理し、解決する力

3．IoT

【81　IoT（Internet of Things）】

　さまざまなモノがインターネットに接続することで、「モノのインターネット」という呼び方が定着している。特定通信・放送開発事業実施円滑化法では、IoTの実現を「インターネットに多様かつ多数の物が接続され、及びそれらの物から送信され、又はそれらの物に送信される大量の情報の

円滑な流通が国民生活及び経済活動の基盤となる社会の実現をいう」としている（附則5条2項1号）。

　あらゆるモノがインターネットに接続することで、モノから得られるデータの収集・分析等の処理や活用が実現する。製造業や物流、医療・健康から農業に至るまでさまざまな分野で、状況を正確に把握することで効率が向上し、データの分析を通じて新たな価値を生むことにつながる。

　IoTのシステムの構成は大きく分けて、「IoTデバイス」、「IoTゲートウェイ」、「クラウド・データベース」の3つの要素に分類される。「IoTデバイス」は、現実世界のデータを収集するセンサーなどの機器と、データの分析結果を表示するスマートフォンなどの機器の2種類がある。「IoTゲートウェイ」は、IoTデバイスとクラウド・データベースとの間に存在する、データを中継する機器である。複数のIoTデバイスから集めたデータを集約する機能もある。「クラウド・データベース」は、IoTデバイスから収集したデータの蓄積や分析を行う。

　IoTは、AI、クラウドとともにDXの実現に欠かせない技術とされている。「令和3年版情報通信白書」には、世界のIoTデバイス数の動向がカテゴリ別に示されている。それによると、2020年時点で稼動数が多いカテゴリは、スマートフォンや通信機器などの「通信」となっている。ただし、既に市場が飽和状態であることから、他のカテゴリと比較した場合、相対的に低成長が予想されている。対照的に高成長が予想されているのは、デジタルヘルスケアの市場が拡大する「医療」、スマート家電やIoT化された電子機器が増加する「コンシューマー」、スマート工場やスマートシティが拡大する「産業用途」（工場、インフラ、物流）、コネクテッドカーの普及によりIoT化の進展が見込まれる「自動車・宇宙航空」である。ここでいう「コンシューマー」の範囲は、「家電（白物・デジタル）、プリンターなどのパソコン周辺機器、ポータブルオーディオ、スマートトイ、スポーツ・フィットネス、その他」とされており、いわゆるスマート家電の普及も進んでいることが見てとれる。

　IoTデバイスや関連のアプリケーションの数の増加は著しいが、それらの用途は多岐にわたっており、通信特性もさまざまである。特に無線を用いるIoTデバイスは、消費電力や電波の特性等の制約条件が多いことから、単一の通信技術や規格でこれらのニーズ全てに応えることは困難であり、こうした多様なニーズに対応すべく、近年、5Gをはじめとするさまざまな通信技術や規格が考案・開発されている。

【82　スマートファクトリー】

　IoTが力を発揮する領域のひとつであり、IoTをはじめとする最新のIT
を利用した工場、あるいは、生産設備をデジタル化し、ネットワーク上で
データをやりとりすることで効率化している工場を指す（スマート工場と
も呼ばれ、生産性の向上を目的とするものである）。

　製造業では、これまでOT（オペレーショナルテクノロジー。工場の生
産ラインを制御・計測する。）とIT（生産の計画・実績情報を管理する。）
が分かれていたが、スマートファクトリーでは、OTとITの融合が目指さ
れる。

　2017年5月31日付で経済産業省中部経済産業局が公表した「スマート
ファクトリーロードマップ」では、スマート化の目的を大きく、①品質の
向上、②コストの削減、③生産性の向上、④製品化・量産化の期間短縮、
⑤人材不足・育成への対応、⑥新たな付加価値の提供・提供価値の向上、
⑦その他（リスク管理の強化）に分け、レベル1（有益な情報を見極めて
収集して状態を見える化し、得られた気付きを知見・ノウハウとして蓄積
できる）、レベル2（膨大な情報を分析・学習し、目的に寄与する因子の
抽出や、事象のモデル化・将来予測ができる）、レベル3（蓄積した知
見・ノウハウや、構築したモデルによる将来予測を基に最適な判断・実行
ができる）といったレベルごとにロードマップが示されている。

【83　スマート家電】

　IoTが力を発揮する領域のひとつであり、主にスマートフォンと機能連
携する通信機能を備えた家電を指す。スマートフォンに専用アプリをイン
ストールすることにより、リモコンとして家電を操作したり、外出先から
家電の運転状況やデータを管理・確認することなどができる。

　スマート家電には、情報を受信するタイプと、情報を発信するタイプが
ある。情報受信型は、外出先からスマートフォンを通して家電を動作させ
るもの、例えばエアコンのオンオフ、BDレコーダーの録画予約、ロボッ
ト掃除機の留守中のコントロールなどが典型である。情報発信型の例とし
て、家電を操作するとその情報がスマートフォンに送信され、離れて暮ら
す老親の日常の無事を知ることができる「見守りサービス」機能付きの電
気ポット、冷蔵庫（ドアの開閉）、電球などが挙げられる。

　スマート家電を利用するには、対応機器に買い換えなければならないイ
メージがあるが、「スマートリモコン」を利用することで、既存の家電で
あってもエアコンやテレビなどの赤外線式のリモコンで操作している家電

は、そのままスマート化（操作に限る。家電の状態を確認することはできない。）ができる。また、スマートフォンだけでなく、音声操作が可能なAIスピーカ（スマート・スピーカー）を利用する方法もある。

【84　ウェアラブル端末】

腕や頭部等の身体に装着して利用するICT端末の総称。腕時計型（スマートウォッチ）やメガネ型が代表的で、腕時計型の「Apple Watch」、メガネ型の「JINS MEME（ジンズ・ミーム）」などが知られている。ウェアラブルデバイスともいう。

ウェアラブル端末の用途は、①心身に関する情報収集、②位置や速度に関する情報収集、③入力・運動支援に大別される。

心身に関する情報収集を行うウェアラブル端末では、睡眠時の動きや呼吸数の情報等を収集できる。位置や速度に関する情報収集を行うウェアラブル端末では、利用者自身の位置や移動速度を計測することができる。入力・運動支援を行うウェアラブル端末には、指輪型のコントローラやパワードスーツがある。当初は、ポストスマホとして注目されたウェアラブル端末は、近年、人間の健康状態を管理する機能が評価されるようになっている。業務利用分野では、業務効率化、快適なオフィス環境作り、従業員の安全管理等、さまざまな目的でウェアラブル端末が活用されている。

ウェアラブル端末の実用化・商用化が進んだ背景としては、以下の3つの背景がある。

・センサー機器をはじめとするデバイスの小型化・軽量化が進み、使用者の装着時の負担や違和感が軽減したこと
・スマートフォンの普及により、スマートフォンを経由したテザリングによるインターネット接続が可能となり、併せて、低消費電力の近距離無線通信技術が発達し、長時間のインターネット接続が可能となったこと
・クラウドの普及やデータ解析技術の発達により、センサーを通じて取得・送信した多種多様なデータをクラウド上で蓄積・分析できるようになったこと

【85　IoTプラットフォーム】

IoTとは、Internet of things の略称であり、モノのインターネットと訳される。センサーやアクチュエータなどのあらゆるものがインターネットに接続されていることを指す。

　プラットフォームとは、アプリケーションを動かすために必要となる共通機能を提供するソフトウェアのことを指す。

　IoTプラットフォームとは、IoTを導入しようとした場合に必要となる機能をまとめて提供するソフトウェアのこと、または、企業がIoTを活用するために必要なさまざまな機能やサービスを提供する基盤のことを指す。

　IoTプラットフォームの基本的な役割として、次のものが挙げられる。

・IoT機器をはじめとするハードウエアを相互に接続する。
・収集したデータの通り道となるデータトラフィックとデータを蓄積するためのストレージを提供する。
・データを分析して運用するためのソフトウェアを提供する。

【86　LPWA（Low Power Wide Area）】

　電力消費が小さく100m以上の通信ができるIoT向けの通信技術の総称。産業用途など、デバイスや回線あたりの通信容量は小さいが大量接続をサポートすることが求められる通信用途・ニーズにおいては、低コスト、長期間使用に向けた低消費電力などの要件に対応する通信システムの必要がある。LPWAの通信速度は数kbpsから数百kbps程度と携帯電話システムと比較して低速なものの、一般的な電池で数年から数十年にわたって運用可能な省電力性や、数kmから数十kmもの通信が可能な広域性を有している。LPWAの代表的な規格としてWi-SUN(ワイサン)、NB-IoT（エヌビーアイオーティー）、LoRaWAN（ローラワン）、Sigfox（シグフォックス）が挙げられる。

4．クラウド

【87　クラウド（クラウドコンピューティング）】

　仮想化技術を利用したネットワーク関連サービス。総務省の「国民のための情報セキュリティサイト」の用語説明では「クラウドコンピューティング」を「インターネット上のネットワーク、サーバ、ストレージ、アプリケーション、サービスなどを共有化して、サービス提供事業者が、利用者に容易に利用可能とするモデルのことです。クラウドコンピューティングには主に仮想化技術が利用されています。」としている。

　米国国立標準技術研究所（NIST）は、クラウド（コンピューティング）が満たすべき5つの基本的な特徴を下記のように示している。

番号	NISTが示した基本的な特徴	NISTによる特徴の説明（抜粋）	補足説明※
[1]	オンデマンド・セルフサービス (On-demand self-service)	利用者は、クラウド事業者とコミュニケーションの必要なく、サービスを設定できる。	サービスを開始、設定する際に対面や電話での事業者とのやりとりが不要です。
[2]	幅広いネットワークアクセス (Broad network access)	サービスはネットワークを通じて利用可能で、標準的な仕組みで接続できる。	インターネット等を通じて、PCやスマートフォンのブラウザ等の一般的な機器で利用できます。
[3]	リソースの共用 (Resource pooling)	システムリソースは集積され、複数の利用者に提供され得る。	同一の物理サーバを利用しているケースでも、複数の利用者が同時に利用できます。
[4]	スピーディな拡張性 (Rapid elasticity)	システムリソースは、需要に応じて即座に拡大・縮小できる。	仮想化技術等を活用し、ごく短時間でのスケーラビリティ（拡張性）があります。
[5]	サービスが計測可能であること (Measured Service)	システムリソースの利用状況はモニタされ、利用者にもクラウド事業者にも明示できる。	使用したシステムリソース（計算量や記録量）に応じて、課金することが可能になります。

「総務省ICTスキル総合習得教材」より
※は、同教材による補足説明

　クラウドに対して、「オンプレミス（on-premise）」という用語がある。オンプレミスと呼ばれる自組織の敷地内でサーバを運用する形態では、情報の送受信でのインターネットの利用は不要で、データは自組織の敷地内のサーバに保存される。「自組織の敷地内」とは、必ずしも建物としての自組織内とは限らず、データセンターの一部を間借り（ハウジング）して、サーバの運営を行うケースもオンプレミスと呼ばれる。自組織の敷地内に

物理サーバを設置するオンプレミス型のクラウドもあり得るため、「クラウド」と「オンプレミス」は対義語ではないが、サーバの運用形態として「クラウド」と「オンプレミス」は対照的に紹介されるケースがある。

【88 クラウドサービス】

　ネットワークで接続された複数のサーバが抽象化され、実体を意識することなく利用可能な処理形態であるクラウドコンピューティングを利用して、自宅、勤務先および出張先などからデータの参照や更新をできるようにするサービスのことを、クラウドサービスという。

　経済産業省は、「デジタル産業に関する現状と課題（2021年5月）」において、世界のクラウドサービス市場は急速に成長している一方で、日本のIT事業者は大規模システムの受託開発に強みを持つものの、世界のクラウド事業者の中でのポジションは低いのが現状とした上で、日本においては、特に産業・政府・インフラ領域でオンプレ（オンプレミス）システムからクラウドへの移行を促進する必要性があり、そのためには産業・政府・インフラのシステムを稼働させるに足る“信頼できるクラウド”を提供する事業者の確保が重要、としている。

　NIST（米国国立標準技術研究所）は、2009年の公表資料でクラウドを分類する観点として、サービスモデル（Service model）と実装モデル（Deployment model）の2種類を示している。サービスモデルは、クラウドサービスの構築・カスタマイズに関する役割分担による分類で、IaaS、PaaS、SaaSなどに大別される。実装モデルは、クラウドサービスの利用機会の開かれ方による分類で、パブリッククラウド、プライベートクラウドなどに大別される。

【89 IaaS（Infrastructure as a Service：イアース、アイアース）】

　ハードウェアやネットワーク機器を事業者が用意し、それらを利用するための機能を利用者に提供するサービス。利用者は、当該機能を利用してハードウェアの設定を行うとともに、自分で用意したOS、DBMSおよびソフトウェアを利用して情報システムを運用できる。そのため、利用者がセキュリティ設定などをする必要がある。

71

▼IaaSのイメージ

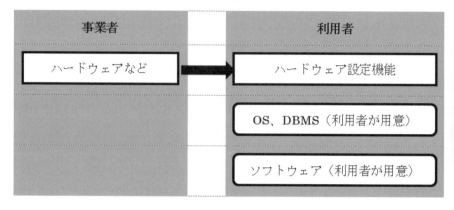

【90　PaaS（Platform as a Service：パース）】

　ハードウェアやネットワーク機器、およびOSとDBMSを事業者が用意し、それらを利用するための機能を利用者に提供するサービス。利用者は、当該機能を利用してハードウェアやOSなどを操作し、自分で用意したソフトウェアをOS上で稼働させることで、情報システムを運用することができる。ハードウェアやOSは事業者側で管理するので、利用者はOSのバージョンアップ作業などをしたり、ハードウェアを買い替えたりする必要がなく、情報システムの運用管理に要する工数や費用を少なくすることができる。

▼PaaSのイメージ

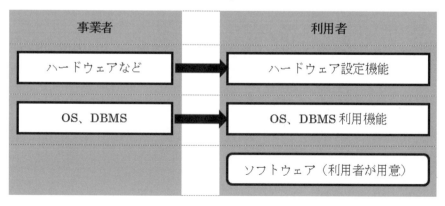

【91　SaaS（Software as a Service：サース）】

　インターネットなどを経由して、アプリケーション機能を提供するサービス。従来のソフトウェア販売形態のように、DVDなどのメディアを頒布し、インストールさせるという形式でパッケージソフトを販売する方式ではなく、ネットワークなどを経由して、利用者のPCにソフトウェアを利用するたびにダウンロードさせることで、各種の機能を提供する。

　なお、「令和2年版 情報通信白書」では、今後は、IaaSやSaaSの成長率が鈍化する一方、PaaSやCaaS（Cloud as a Service：クラウドの上で他のクラウドのサービスを提供するハイブリッド型）は引き続き高い成長率を維持するものと予測されている、と記されている。

▼SaaSのイメージ

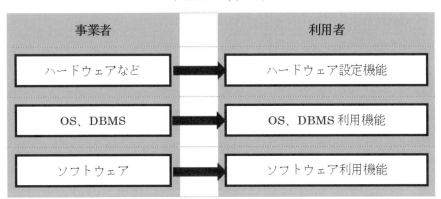

【92　パブリッククラウド】

　利用機会が公開され、インターネット経由で利用されるクラウドのことで、利用規約を承諾し登録すれば誰でも利用できる。3大クラウドといわれる、AWS（Amazon Web Services）、Azure（Microsoft Azure）、GCP（Google Cloud Platform）といったクラウドプラットフォームのサービスは、パブリッククラウドに該当する。

　なお、パブリッククラウドでは、利用料金やサービス内容が公開されており、クラウド事業者は一般に個々の利用者の要望に応じたカスタマイズを行わない。

【93　プライベートクラウド】

　特定の企業や組織が独自に利用するクラウドで、提供者は、その組織自体または運営を委託された外部組織である。そのサーバを自組織の敷地内に設置する場合（オンプレミス型）と、敷地外に設置する場合（ホスティング型）がある。自組織の敷地内に設置する場合は、オンプレミスのプライベートクラウドとなる。ホスティング型のプライベートクラウドといえるためには、運営を委託された外部組織は、回線やサーバの設計、サービス要望に柔軟に対応できるなど、パブリッククラウドに該当しないことが必要である。

【94　コミュニティクラウド】

　複数の組織、個人で構成される団体など、コミュニティ（共同体）で利用するクラウドのことで、その提供者は、コミュニティクラウドを構成する組織または運営を委託されたサードパーティ（外部組織）である。コミュニティクラウドは、特定のコミュニティ内における情報共有や共同作業のために利用される。同等の性能のクラウドであれば、プライベートクラウドに比べて一組織あたりの費用は低下する。

　コミュニティクラウドの例として、銀行間の情報共有や金融サービスの連携を目的としたクラウドや各府省が共同で利用する行政クラウドが挙げられる。

【95　ハイブリッドクラウド】

　前述した、パブリッククラウド、プライベートクラウド、コミュニティクラウドを、ネットワーク内で部分的に組み合わせた形態。

　ハイブリッドクラウドの例として、複雑なカスタマイズが必要な部分はプライベートクラウドで構築し、定型的なサービスで対応できる部分はパブリッククラウド上に構築するケースが考えられる。

　なお、同じ実装モデルのパブリッククラウド同士であっても、AWS とGmail を組み合わせて利用するなど、複数のクラウドサービスを組み合わせて利用する場合は「マルチクラウド」という。

5．その他のIT技術

【96　GPS（Global Positioning System）】

　GPS（汎地球測位システム）とは、アメリカによって、航空機・船舶等の航法支援用として開発された地球上の位置測定のためのシステム（衛星測位システム）のことである。

　上空約 2 万 km を周回する GPS 衛星（ 6 軌道面に 30 個配置）、GPS 衛星の追跡と管制を行う管制局、測位を行うための利用者の受信機で構成されている。

　航空機・船舶等では、4 個以上の GPS 衛星からの距離を同時に知ることにより、自分の位置等を決定する。GPS 衛星からの距離は、GPS 衛星から発信された電波が受信機に到達するまでに要した時間から求められる。衛星から発信される電波には、衛星の軌道情報・原子時計の正確な時間情報などが含まれている。

　前述の通り GPS はアメリカが管理運用するシステムであり、民生利用のため開放されたものを各国が使用している。衛星測位システムは、英語の「Global Navigation Satellite System」の頭文字をとって「GNSS」と表記され、GPS は GNSS の一つである。GNSS 衛星には、他に QZSS（日本）、GLONASS（ロシア）、Galileo（EU）等がある。

　モバイル通信事業者は、GPS による位置情報に加えて、携帯電話の基地局、Wi-Fi アクセスポイントとの通信状況といった複数の情報に基づいて、モバイル端末の位置を特定している。

【97　5G】

　移動通信のシステムは、音声主体のアナログ通信である1Gから始まり、パケット通信に対応した2G、世界共通の方式となった3Gを経て、LTE-Advanced等の4Gへと進化してきた。これに続く次世代のネットワークが5G、すなわち第 5 世代移動通信システムである。5G の「G」は Generation（世代）の略で、「第○世代移動通信システム」のことを「○G」という。

　5Gは、4Gを発展させた「超高速」、遠隔地からでもロボットなどの操作をスムーズに行うことができる「超低遅延」、多数の機器が同時にネットワークにつながる「多数同時接続」、という 3 つの異なる要求条件に対応することが可能な優れた柔軟性を持つネットワークでもある。その 3 つの特長をもって、IoT時代に多種多様なネットワークを包含する総合的な

ICT基盤として、さまざまな産業・分野において実装され、業務の効率化や新たなサービスの創出など、従来の移動通信システム以上に大きな社会的インパクトを及ぼすものと期待されている。

　移動通信システムは、世代を重ねる中で、通信基盤から生活基盤へと進化してきた。各国で導入が進みつつある第5世代移動通信システム（5G）は、生活基盤を超えた社会基盤へと進化すると見込まれるが、その次の世代のBeyond 5G（いわゆる6G）は、サイバー空間を現実世界（フィジカル空間）と一体化させ、Society5.0のバックボーンとして中核的な機能を担うことが期待される。

【98　ローカル5G】

　携帯電話事業者により提供される全国的なサービスとは異なり、主に建物内や敷地内での利活用について個別に構築される5Gシステム。地域や産業の個別のニーズに応じて地域の企業や自治体等のさまざまな主体が、無線局免許を取得して自らの土地内でスポット的に柔軟に構築できる。

　携帯電話事業者によるエリア展開が遅れる地域における5Gシステムの先行構築、使用用途に応じて必要となる性能の柔軟な設定を可能とし、他の場所の通信障害や災害などの影響を受けにくいメリットがある。また、Wi-Fiと比較して、無線局免許に基づく安定的な利用が可能となる。

　免許の取得については、建物や土地の所有者自らがローカル5Gの無線局免許を取得することが可能であるが、建物や土地の所有者から依頼を受けた者が免許を取得し、システムを構築することも可能である。ただし、携帯事業者等（携帯電話サービス用及び広帯域無線アクセス用の周波数帯域を使用する事業者）は、ローカル5Gの免許を取得することはできない。ローカル5Gの提供を促進する観点から、携帯事業者等による支援は可能であるが、携帯事業者等のサービスの補完としてローカル5Gを用いることは禁止されている。

【99　量子コンピュータ】

　「量子の物理的な動きや振舞い（原子以下の微視的な粒子が同時に複数の状態で存在できるという特性）を利用したコンピューティングシステム」を指す。IoTの普及によるデータ流通量の増大に伴い、コンピュータによる計算需要の増大が予想され、従来の電磁気学の原理を利用したコンピュータ（古典コンピュータ）をはるかにしのぐ計算能力が期待されている。

　古典コンピュータでは、4ビットの情報を示す場合、16通りの組合せ

のうちの一つしか表せない（一つ一つを逐次計算しなければならない）が、量子コンピュータでの4量子ビット*は、0と1の16通りの組合せを同時に示すことが可能となり、古典コンピュータで16回繰り返さなければならなかった演算を1回で実現することができる。

　　＊量子ビット：一度に2つの状態を同時に取れるという「重ね合わせ」と
　　　　　　　　　呼ばれる量子の特徴を用いた一時点で0と1を同時に示す
　　　　　　　　　ことができる単位

　量子コンピュータの実現においては、並列計算を行う上で量子の重ね合わせの状態を維持することが重要となる。

　また、量子コンピュータでは、多数の可能性の重ね合わせの中からもっともらしい答えを高確率で得ることが可能であるが、古典コンピュータのように誤り訂正機能がなく、現在は、誤り率を可能な限り減らし、同じ計算を何度も繰り返し行うことで誤った解を除外する方法がとられている。

　現在、開発が進められている量子コンピュータには、主に、量子ゲート方式と量子アニーリング方式の2種類がある。

　量子ゲート方式は、従来から研究されている量子の重ね合わせの原理を用いた方式であり、その実用化にはまだ時間がかかるとされている。

　量子アニーリング方式は、重ね合わせの原理などの量子効果を徐々に変化させることでエネルギーの最も低い状態を最適解として得るものである。さまざまな制約のある中で最適な組み合わせを求める計算である「組合せ最適化問題」に特化した量子アニーリング方式が、すでに実用化されている。

　2023年3月には、理化学研究所において量子コンピュータの国産初号機が稼働した。内閣府の統合イノベーション戦略推進会議は「量子未来社会ビジョン」において、量子技術の利活用による未来社会に向けた2030年に目指すべき状況として、下記の3点を掲げている。

・国内の量子技術の利用者を1,000万人に
・量子技術による生産額を50兆円規模に
・未来市場を切り拓く量子ユニコーンベンチャー企業を創出

【100　Web3】

　ブロックチェーン技術を基盤する分散型ネットワーク環境であり、プラットフォーマー等の仲介者を介さずに個人と個人がつながり、双方向でのデータ利用・分散管理を行うことが可能となることが期待されている。ブロックチェーンは、ユーザーがウェブサービスを利用する際のデータ記

録・データ移動の基盤として活用される。更には、ブロックチェーンに保存されたプログラムであるスマートコントラクトを活用することで、人手を介さずに契約等のやり取りを自動的に実行させる仕組が実現可能になる。

　Web3では、ブロックチェーンを基盤とする分散化されたネットワーク上で、特定のプラットフォームに依存することなく自立したユーザーが直接相互につながる新たなデジタル経済圏が構築されるため「非中央集権的」ともいわれている。

　このようなWeb3環境下では、取引コストを縮減し、国境やプラットフォーム間をまたいであらゆる価値の共創・保存・交換を可能にすることで、文化経済領域の新たなビジネスモデル構築や投資・経済活性化、社会課題解決の促進等の社会的インパクトが期待されている。

【101　NFT（非代替性トークン：Non-Fungible Token）】

　Web3の応用技術の一つで、「偽造・改ざん不能のデジタルデータ」であり、ブロックチェーン上で、デジタルデータに唯一性を付与して真贋性を担保する機能や、取引履歴を追跡できる機能を持つものとされている。NFTにより、原本の唯一性・真正性の証明、プログラム可能性による二次流通時でも作者が収益を得られるような設計が実現可能となることが期待されており、NFTを活用した社会課題解決や共生社会実現に向けた取組みも進められている。

　スポーツやファッション、アートの分野でも、DXにより新たなビジネスが広がる中、NFT・ブロックチェーン技術も大きな注目を集めており、今後、スポーツ選手の映像や画像、クリエイターが生み出すデジタル作品等が「唯一無二の資産」として取引される市場が登場し、それによりさまざまな業界への「新しい資金循環」が生まれる可能性がある。

【102　DAO（分散型自律組織：Decentralized Autonomous Organization）】

　ブロックチェーン技術やスマート・コントラクトを活用し、中央集権的な管理機構を持たず、参加者による自律的な運営を目指す組織形態。代表者が存在せず、参加者が決められたルールに従って自動運用が可能になり、フラットな環境で意思決定が行われることが特徴である。このような組織体系は、組織の代表者による突然のルール変更などが起こり得ないため、民主的かつ透明性の高い組織運営になるとされる。

　DAO はさまざまな目的で設立・運営されており、分散型取引所などのソフトウェアプロトコルとそれに関連するトークンの管理を行うものがグ

ローバル時価総額の上位を占めるとされている。他方、利益を追求せず寄付等の社会貢献を目的とするものをはじめ、さまざまな類型の DAO が存在するとされている。

【103　メタバース】

　インターネット上の仮想空間。「超（meta）」と「宇宙（universe）」を組み合わせた造語。メタバースの明確な定義は確立されていないが、総務省は、「『Web3時代に向けたメタバース等の利活用に関する研究会』中間とりまとめ（2023年 2 月10日）」において、メタバースを「ユーザー間で"コミュニケーション"が可能な、インターネット等のネットワークを通じてアクセスできる、仮想的なデジタル空間」としている。同とりまとめでは、メタバースは、その仮想空間に、次の①〜④を備えているものとしている。
　　①利用目的に応じた臨場感・再現性があること（デジタルツインと同様に現実世界を再現する場合もあれば、簡略化された現実世界のモデルを構築する場合、物理法則も含め異なる世界を構築する場合もある）
　　②自己投射性・没入感があること
　　③（多くの場合リアルタイムに）インタラクティブである（双方向性がある）こと
　　④誰でも仮想世界に参加できること（オープン性）
　また、多くの場合は 3 次元（ 3 D）の仮想空間として構築され、VRデバイスを必須とするものもあるが、スマートフォンなど一般のデバイスから利用可能なものもあり、ビジネス向けの一部には 2 次元で構築されるものもある。なお、次の⑤〜⑦のいずれか又は全てを備えている場合もあるとしている。
　　⑤仮想世界を相互に接続しユーザが行き来したり、アバターやアイテム等を複数の仮想世界で共用したりできること（相互運用性）
　　⑥一時的なイベント等ではなく永続的な仮想世界であること
　　⑦仮想世界でも現実世界と同等の活動（例：経済活動）が行えること
　メタバースが注目を集めたのは、2021年10月の当時のFacebook社による、メタバースの実現に向けた、「Meta Platforms .inc」への社名変更の発表であった。Meta社は、同社のホームページにおいて、メタバースは、「ソーシャルなつながりの次なる進化形であり、モバイルインターネットの後継者です。メタバースでは、インターネットと同様に、物理的に同じ場所にいない人とつながれるうえ、実際に一緒にいる感覚にさらに

近づけます。」と記している。

　メタバースとデジタルツインは、存在する空間が仮想空間であることは共通であるが、シミュレーションを行うためのソリューションという位置づけであり、実在する現実世界を再現しているデジタルツインに対して、メタバースは、その空間で再現するものが実在しているものかどうかを問わない。また、デジタルツインは、現実世界では難しいシミュレーションを実施するために使われることが多いのに対して、メタバースは、現実にはない空間でアバターを介して交流したり、ゲームをしたりというコミュニケーションが用途とされることが多い。

　「令和5年版情報通信白書」では、メタバースの活用事例として、以下を挙げている。
　　①エンターテイメント
　　　バーチャル空間上で音楽ライブの視聴、アバター姿での散策、アバターを用いる動画配信など
　　②教育
　　　バーチャル空間上での教育プログラム
　　③雇用創出・多様な働き方の実現
　　　メタバース上での案内業務や接客業務
　　　距離や時間、身体的特徴を超えられるメタバースを活用することで、より多くの人が働けるようになる社会の実現の可能性
　　④地域活性化
　　　現実の都市をメタバースとして仮想空間上に再現し、その空間でイベントを実施して都市のタッチポイントや都市体験を拡張する試み

6．デジタルマーケティング

【104　ソーシャルリスニング】

　X（旧Twitter）やFacebookなどのソーシャルメディア上で、消費者が発信している自社製品・サービスに対する評判・口コミを調査・分析し、改善していくマーケティング手法である。リスク対策の手法として使われることもある。消費者の「声」を傾聴する、という意味からリスニングという言葉が使われている。

　ソーシャルリスニングの対象となるソーシャルメディア上の情報量は膨大であり、ソーシャルリスニングを実施することにより、数多くの消費者の声から消費者の持つ自社に対するイメージを把握することや、改善点を

見つけることなどができるといったメリットがあるが、調査・分析、精査が難しいといったデメリットがある。最近はソーシャルリスニングツールも増えてきているので、これを活用するのも一つの手である。

　なお、似た言葉で、ソーシャルモニタリングがあるが、モニタリングと呼ばれるように、ソーシャルメディア上を監視し、自社ブランドやサービスに関する自社に向けられたメッセージに早く気づき、適切な対応をしていくことである。

【105　DMP（Data Management Platform）】

　Data Management Platform（データマネジメントプラットフォーム）の略。インターネット上のデータには、顧客の属性、行動履歴や買物履歴、Webサイトのログデータなど、さまざまなデータが蓄積されており、それらを一元管理するプラットフォームのことである。DMPは、自社が保有するデータと外部のデータをあわせて管理することができる。また、DMPを活用し、見込み顧客が何に興味を示しているのかを把握し、顧客像を明確にすることができる。

　DMPには、次の2種類がある。

・プライベートDMP
自社Webサイトや店舗で取得した顧客情報や購買履歴、自社Webサイトへのアクセスログ情報などを一元管理するプラットフォーム。ここで管理されるデータは「1stパーティデータ」と呼ばれる。個人を特定できるような顧客の詳細情報が含まれているため、その顧客のニーズに合ったアプローチが可能である。

・パブリックDMP（オープンDMP）
情報を保有する企業が顧客情報や行動履歴の情報を蓄積するためのプラットフォーム。ここで管理されるデータは「3rdパーティデータ」と呼ばれる。CookieやIPアドレスなど個人を特定できない情報で構成されている。

　※なお、2022年4月1日に施行された改正個人情報保護法により、Cookieが「個人関連情報」と位置づけられ、Cookieの利用が制限されるので留意する必要がある（詳しくは【107　行動ターゲティング】の項を参照）。

【106　MA（Marketing Automation）】

　マーケティング活動を自動化し、見込み顧客を育成するツールのこと。
　マーケティング活動は、①顧客情報の収集、②見込み顧客の育成、③マーケティング手法の分析のプロセスで行い、顧客に合った商品やサービスを提供していく。提供後のフォローも必要である。インターネットの普及により、顧客の購買行動は変化し、さまざまなマーケティング手法が登場したため、従来のマーケティング活動では困難になった。これらを背景として、MAが登場した。
　MAの自動化の対象になるのは、主に以下の4つの業務である。
　⑴ リードジェネレーション（見込み顧客の獲得）
　⑵ リード管理（見込み顧客のリスト管理）
　⑶ リードナーチャリング（見込み顧客の育成）
　⑷ リードスコアリングまたはリードクオリフィケーション（見込み顧客の分類）
　MAを導入するメリットには、以下のものがある。
　・顧客との関係構築によりブランド価値が向上する
　・マーケティングプロセスの可視化により収益が向上する
　・マーケティング施策の効果が証明できる
　・他部門との連携が強化できる
　　など

【107　行動ターゲティング】

　Webサイトの閲覧履歴や購買履歴などのインターネット上にある行動履歴（Cookie等）をもとに、広告に関心を持つと推測される顧客を絞り、インターネット広告を配信することである。特定の内容に関心を持つ顧客に対して広告を配信するため、広告の効果が高まり、無駄な広告の露出を抑えることができる。そのため、費用対効果は高い傾向にある。
　なお、2022年4月に施行された個人情報保護法により、Cookieが「個人関連情報」と位置づけられ、Cookieの利用に制限が課せられたので留意する必要がある。
　（改正個人情報保護法31条）
　　個人関連情報取扱事業者は、提供先の第三者が個人関連情報（個人関連情報データベース等を構成するものに限る。以下同じ。）を個人データとして取得することが想定されるときは、法第27条第1項各号に掲げる場合を除き、あらかじめ当該個人関連情報に係る本人の同意が

得られていること等を確認しないで、当該個人関連情報を提供してはならない。

法第31条第1項の「個人データとして取得する」とは、提供先の第三者において、個人データに個人関連情報を付加する等、個人データとして利用しようとする場合をいう（個人情報保護委員会　平成28年11月（令和3年10月一部改正）「個人情報の保護に関する法律についてのガイドライン（通則編）」より抜粋）。

【108　レコメンデーション】

顧客に対して、その顧客の趣味や嗜好に合わせて特定の製品やサービスなどを勧めることである。ECサイトやネットニュースサイト等で表示されている、"この商品を買った人はこちらの商品も買っています""この記事を読んだ人はこちらの記事も読んでいます"は、レコメンデーションの代表的な例である。

また、顧客があるWebサイトを訪れ、その顧客の好みや特性に合わせた商品や情報を自動的に表示するシステムを、レコメンドエンジン（レコメンデーション・システム）という。この仕組みには、「協調フィルタリング」や「ルールベースレコメンド」、「コンテンツベースフィルタリング」などがある。

- ・協調フィルタリング
  閲覧履歴、購買履歴などをもとに関連のあるコンテンツを勧める方式さらに、アイテムベースとユーザーベースに分類される。
- ・ルールベースレコメンド
  Webサイトの運営者側で一定のルール（「新商品」「ピックアップアイテム」等）を設定し、勧めたいコンテンツを表示させる方式。
- ・コンテンツベースフィルタリング
  行動パターンとコンテンツ（カテゴリーや色、タイプ等）をあらかじめ設定しておき、特定の行動をとった顧客やユーザーに対して、別ブランドの類似商品など関連のあるコンテンツを勧める方式。

【109　スクレイピング】

データを収集して、利用しやすいように加工することである。WebサイトのHTMLから必要なデータだけを自動的に抽出するコンピューターソフトウェア技術のことを指す場合も多く、Webスクレイピングとも呼ばれ

る。検索エンジンの検索順位のチェックや、株価の変動、ネットオークションの商品価格の変動をチェックすることなどに活用することができる。

　APIが提供されていない場合でも、データを取得することができ、自社のデータ以外のデータを取得し、新たなデータを生成することができる。ただし、取得したデータをそのまま使用したり、第三者に提供したりすることは著作権法に抵触するのでできない。また、スクレイピングを禁止しているWebサイトもあるので、事前にスクレイピング可能かどうかを確認する必要がある。

【110　アドネットワーク/アドエクスチェンジ】

　アドネットワーク/アドエクスチェンジは、「広告の取引市場」の意味では同じであるが、それぞれ性質や特徴は異なる。

・**アドネットワーク**
多くの広告媒体（Webサイト）を集めて「広告配信ネットワーク」を作成し、それらの媒体で広告をまとめて配信する仕組み、または、そのネットワークのことである。この仕組みが登場するまでは、広告主がそれぞれの媒体に広告の掲載を依頼する必要があり、媒体によっても価格が異なり媒体の選定や掲載するまでに手間がかかっていた。また、掲載終了後の各媒体から提供されるデータも異なるため、比較・分析が難しかった。アドネットワークにより、これらの問題は改善され、一つの媒体として大規模な広告配信が行えるようになった。
〔メリット〕入札したアドネットワーク傘下の媒体に大量に出稿が可能／インプレッション、クリック、CTR、コンバージョン、CVRなどの効果測定データを入手可能、など。
〔デメリット〕出稿媒体が完全な選定できないため、関連の薄い媒体に広告配信されてしまうことがある／アドネットワークごとに入札システム、課金形態、ターゲティング手法が異なる、など。

・**アドエクスチェンジ**
複数のアドネットワークと広告媒体を取りまとめ、それらが持つ広告掲載枠を交換できるプラットフォームのことである。広告のフォーマットや、課金形態（クリック課金制・成果課金制等）など、アドネットワークや各媒体ごとに異なっていた広告配信の従来の仕組みが統一化され、インプレッション単位での入札が可能となり、より費用対効果の広告配信が可能となった。インプレッションが発生するその都度入札が行われ、最も高い価格を入札した広告が表示される仕組みが採用されている。こ

の入札方式はRTB（Real Time Bidding）と呼ばれている。また、入札
単価のむやみな高騰を防ぐため、入札価格は、最高入札額ではなく、2
番目の入札額に1円をプラスして課金されるというセカンドプライス
ビッディングが採用されている。

7．情報セキュリティ

【111　マルウェア】

「Malicious Software：悪意のあるソフトウェア」の略称で、不正かつ
有害な動作を起こす意図で作られたコンピュータウイルス（ウイルス）、
スパイウェア、ボットなど、悪意のあるプログラムの総称である。
- コンピュータウイルス（ウイルス）
  広義と狭義の定義があり、広義の定義は、自己伝染機能・潜伏機能・
  発病機能のいずれかをもつ加害プログラムのことを指し、この場合は
  マルウェアと同義といえる。狭義の定義は、他のファイルやシステム
  に寄生・感染（自己複製）する機能をもつプログラムのことであり、
  マルウェアの一つといえる。
  ※自己伝染機能：自らの機能によって他のプログラムに自らをコピー
  　し又はシステム機能を利用して自らを他のシステムにコピーするこ
  　とにより、他のシステムに伝染する機能
  ※潜伏機能：発病するための特定時刻、一定時間、処理回数等の条件
  　を記憶させて、発病するまで症状を出さない機能
  ※発病機能：プログラム、データ等のファイルの破壊を行ったり、設
  　計者の意図しない動作をする等の機能
- スパイウェア
  コンピュータ内部からインターネットに対して情報を送り出すソフト
  ウェアの総称。
- ボット
  コンピュータを外部から遠隔操作するためのコンピュータウイルスの
  こと。
- ランサムウェア
  感染したPC上に保存しているファイル（PCからアクセス可能なネッ
  トワーク上のファイルを含む。）を暗号化して使用できない状態にし、
  復旧させることと引き換えに身代金を要求するマルウェア。
- キーロガー

キーボードからの入力を記録するソフトウェア。最近は、ウイルスなどを使ってコンピュータに常駐させることで、ユーザIDやパスワード、クレジットカード番号などを不正に入手するために利用されることが増えている。

・トロイの木馬

コンピュータの内部に潜伏して、システムを破壊したり、外部からの不正侵入を助けたり、そのコンピュータの情報を外部に発信したりするプログラム。トロイの木馬は感染能力を持つプログラムではないため、本来はウイルスに含まれるものではないが、現在では利用者にはわからないように悪意のある行為を働くことがあるため、広義の意味で、マルウェアのひとつとして扱われることがある。

近年、IoT機器を悪用したサイバー攻撃が急増している。サイバーセキュリティタスクフォース事務局は、社会全体のデジタル改革・DX推進のためには、国民一人ひとりが安心してその基盤となるデジタルを活用できるよう、サイバーセキュリティを確保することが前提となるとしている。

情報通信研究機構（NICT）が運用するサイバー攻撃観測網（NICTER）が2018年に観測したサイバー攻撃パケット、2,121億パケットのうち、約半数がIoT機器を狙ったものである（「IoT機器を狙った攻撃（Webカメラ、ルータ等）」48％）という結果が示されている（総務省「令和元年版　情報通信白書」より）。

独立行政法人情報処理推進機構（IPA）は、「情報セキュリティ10大脅威2024」を公表しており、組織向けの脅威の第1位に「ランサムウェアによる被害」、第2位に「サプライチェーンの弱点を悪用した攻撃」、第4位に「標的型攻撃による機密情報の窃取」を選出している。「サプライチェーンの弱点を悪用した攻撃」は、商品の企画・開発から、調達、製造、在庫管理、物流、販売までの一連のプロセス、およびこの商流に関わる組織群であるサプライチェーンを悪用し、セキュリティ対策の強固な関連企業・サービス・ソフトウェア等は直接攻撃せずに、それ以外のセキュリティ対策が脆弱なプロセスを最初の標的とし、そこを踏み台として顧客や上流プロセスの関連企業等、本命の標的を攻撃する手法などを指す。「標的型攻撃」は、企業や民間団体、官公庁等、特定の組織から機密情報等を窃取することを目的とする攻撃である。

【112　CSIRT（シーサート）】

コンピュータセキュリティにかかるインシデントに対処するための組織

の総称である。インシデント発生時の対応だけでなく、平常時からインシデント関連情報、脆弱性情報、攻撃予兆情報を収集、分析し、対応方針や手順の策定などの活動を行う。欧米諸国の企業では、企業内でCSIRTの設置が一般化しつつある。

　総務省は、「サイバーセキュリティ対策情報開示の手引き」（令和元年6月）において、「企業において実施されることが望まれるサイバーセキュリティ対策」の一つとして『緊急対応体制の整備』を挙げている。ここでは、"影響範囲や損害の特定、被害拡大防止を図るための初動対応、再発防止策の検討を速やかに実施するための組織内の対応体制（CSIRT：Computer Security Incident ResponseTeam等）を整備する。被害発覚後の通知先や開示が必要な情報を把握するとともに、情報開示の際に経営者が組織の内外へ説明ができる体制を整備する。また、インシデント発生時の対応について、適宜実践的な演習を実施する。"（同手引きより引用）と示されている。

【113　SSL/TLS】

　SSL（Secure Socket Layer）は、インターネット上で情報を暗号化して送受信するためのプロトコルのことであり、ECサイトなど、個人情報や機密情報をやりとりする際に使われている。しかし、現在は後継であるTLS（Transport Layer Security）が使われているのがほとんどである。

　TLSは公開鍵暗号方式や共通鍵暗号方式、デジタル証明書、ハッシュ関数などのセキュリティ技術を組み合わせて、データの盗聴や改ざん、なりすましを防ぐことができる。そのため、サーバ認証はもちろんクライアント認証も可能となる。

　現在セキュリティ関連のプロトコルとしてよく利用されているHTTPSは、Webサーバとブラウザ間でデータをやりとりするためのHTTPにTLSの暗号化機能を付加したものである。

　なお、SSLが先行して普及したことから、一般的な表記として今でもSSLが使われることも多く、また、「SSL/TLS」と表記される場合もある。

【114　フォレンジック】

　「Forensic」には、「法的な」「法廷の」という意味があり、犯罪の法的な証拠を明らかにするための調査を指す。特に、サイバー攻撃による犯罪や情報漏えいなどコンピュータに関するものは、デジタルフォレンジックと呼ばれる。経済産業省の「情報セキュリティサービス基準　第3版」で

は、「デジタルフォレンジック」を「システムやソフトウェア等の資源及び環境の不正使用、サービス妨害行為、データの破壊、意図しない情報の開示等、並びにそれらへ至るための行為（事象）等への対応等や法的紛争・訴訟に際し、電磁的記録の証拠保全、調査及び分析を行うとともに、電磁的記録の改ざん及び毀損等についての分析及び情報収集等を行う一連の科学的調査手法及び技術情報セキュリティサービス基準」としている。

　NISTの「インシデント対応へのフォレンジック技法の統合に関するガイド」によると、デジタルフォレンジック技法は、犯罪や内部ポリシー違反の調査、コンピュータセキュリティインシデントの再現、運用上の問題のトラブルシューティング、偶発的なシステム損害からの復旧など、さまざまな用途に使用し得るとしたうえで、実施のプロセスを以下のように示している。

・収集：データの完全性を保護する手続きに従いながら、関連するデータを識別し、ラベル付けし、記録し、ソースの候補から取得する。
・検査：データの完全性を保護しながら、収集したデータを自動的手法および手動的手法の組み合わせを使ってフォレンジック的に処理することにより、特に注目に値するデータを見定めて抽出する。
・分析：法的に正当と認められる手法および技法を使用して検査結果を分析することにより、収集と検査を行う契機となった疑問を解決するのに役立つ情報を導き出す。
・報告：分析結果を報告する。これには、使用された措置の記述、ツールや手続きの選択方法の説明、実行する必要があるそのほかの措置（追加のデータソースのフォレンジック検査、識別された脆弱性の安全対策、既存のセキュリティ管理策の改善など）の特定、フォレンジックプロセスのポリシー、手続き、ツール、およびそのほかの側面の改善に関する推奨事項の提示などが含まれる可能性がある。

【115　ソーシャルエンジニアリング】

　ネットワークに侵入するために必要となるパスワードなどの重要な情報を、技術的な攻撃を用いることなく盗み出す方法である。人間の心理的な隙や行動のミスにつけ込む方法が多い。

　例えば、次のようなものがある。

・なりすまし（例：外部から上司や家族などの知り合いになりすまして電話をかけてパスワードや機密情報を聞き出す。）
・トラッシングまたはスキャベンジング（例：ごみ箱をあさるなどして

破棄した書類やメモから情報を収集する。)
・ショルダーハッキング（パスワードを入力している様子を背後からのぞいてパスワードを記憶する。)

　特定の組織を狙った標的型攻撃メールにおいて、業務上のメールを装うなど、ソーシャルエンジニアリングの手法が用いられることが多くなっていることもあり、総務省は、企業や組織における個人情報や機密情報の漏えいを意識して、ソーシャルエンジニアリングの適切な対策も心掛けるよう呼び掛けている。

【116　ファクトチェック】

　情報・ニュースや言説が「事実に基づいているか」を調査、公表する営みのこと。
　近年、インターネット上でフェイクニュースや真偽不明の誤った情報など（偽・誤情報）に接触する機会が世界的に増加している。2020年の新型コロナウイルス感染症拡大以降は、当該感染症に関するデマや陰謀論などの偽・誤情報がネット上で氾濫し、世界保健機関（WHO）はこのような現象を「infodemic」と呼び、世界へ警戒を呼びかけた。
　また、ディープフェイク（「ディープラーニング」と「フェイク」による造語）を活用して作成した偽画像・偽動画が、意図せず又は意図的に拡散するという事例も生じている。すでにいくつかのワードを入力するだけで簡単にフェイク画像を誰でも作れるようになっており、ディープフェイク技術の民主化が起こっている。
　インターネット上の不確かな偽・誤情報に対抗するためには、情報の真偽を検証する活動であるファクトチェックを推進することが重要である。我が国でも、ファクトチェックの普及活動を行う非営利団体である「ファクトチェックイニシアティブ（FIJ）」が偽・誤情報の関係者の集う場である「ファクトチェックフォーラム」を設置、国際的なセーファーインターネット協会（SIA）が「Japan Fact-check Center（JFC）」を設立する等の取組みが進みつつある。

【117　個人情報保護法】

　個人情報保護法（個人情報の保護に関する法律）は、高度情報通信社会の進展に伴い個人情報の利用が著しく拡大していることに鑑み、個人情報の有用性に配慮しつつ、個人情報の適正かつ効果的な活用が、個人情報を

取り扱う事業者の遵守すべき義務等を定めることにより、個人の権利利益を保護することを目的として、個人情報を扱うすべての事業者を対象とした個人情報の取扱いについて規定している法律である。

　個人情報保護法には、DXの推進においても重要な、個人情報の取り扱いについて規定され、事業者が守るべき主な規定に、個人情報の取得と利用・保管・提供・開示請求等への対応といったものがあり、この規定に違反した際の罰則も設けられている。

　個人情報保護法が施行されるまでは、情報化社会が進むにつれて、例えば、クレジットカードの番号やその他の暗証番号等が流出し、悪用されるケースが増加してきたにもかかわらず、個人情報を保護する法律はおろか、個人情報とは何かを定めた法律もなかった。そのため、個人情報に関する定義や外部流出による不正・悪用の防止を目的とした個人情報保護法が、2005年4月に施行された。

　また、個人情報とは、「氏名」、「生年月日と氏名の組合せ」、「顔写真」等により特定の個人を識別することができる、生存する個人に関する情報である。旅券番号、基礎年金番号、運転免許証番号、住民票コード、マイナンバー、DNA、顔認証データ等の政令・規則で個別に指定されている「個人識別符号」も個人情報に該当する。

【118　GDPR（General Data Protection Regulation）】

　EU域内の個人データ保護を規定する法として、「EUデータ保護指令（Data Protection Directive 95）」に代わり、2016年4月に制定された一般データ保護規則のこと。

　GDPRは個人データやプライバシーの保護に関して、EU加盟国に同一に直接効力を持ち、EUデータ保護指令よりも厳格に規定しており、EU域内の事業者だけでなくEU域外の事業者にも適用される。例えば、EU域内の個人データのEU域外への移転については、「企業グループで1つの規定を策定し、データ移転元の管轄監督機関の承認」「データ移転元とデータ移転先との間で、欧州委員会が認めたひな形事項による契約の締結」「明確な本人同意」等、一定の条件を満たさなくてはならないといった規定がある。

　また、欧州委員会は、GDPR45条に基づき、日本が個人データについて十分な保護水準を確保していると決定している。これにより、日EU間で、個人の権利利益を高い水準で保護した上で相互の円滑な個人データ移転が図られることとなる。日本とEU双方の制度は極めて類似しているも

のの、いくつかの関連する相違点が存在する。この事実に照らして、個人
情報保護に関する基本方針を踏まえ、各国政府との協力の実施等に関する
法の規定に基づき、個人情報保護委員会は補完的ルールを策定している。
これが「個人情報の保護に関する法律に係るＥＵ及び英国域内から十分性
認定により移転を受けた個人データの取扱いに関する補完的ルール」であ
る。このルールは、EU域内から十分性認定により移転を受けた個人情報
について高い水準の保護を確保するために、個人情報取扱事業者による当
該情報の適切な取扱い及び適切かつ有効な義務の履行を確保する観点から
策定されたものである。

第3課題　DXの展開

1．DX人材

【119　DX人材】
　　「DXレポート2」では、各企業において社内のDX活動をけん引する
DX人材の存在を不可欠とし、「DX人材」を、「自社のビジネスを深く理解
した上で、データとデジタル技術を活用してそれをどう改革していくかに
ついての構想力を持ち、実現に向けた明確なビジョンを描くことができる
人材」としている。さらに、DX人材には、社内外のステークホルダーを
自ら陣頭に立ってけん引し、DXを実行することが求められる。DX人材が
備えるべき役割やスキルは、上述のようにITからビジネスまで、幅広い
範囲に及んでいる。DX人材には、各企業でDXを推進するために必要とな
るデジタル技術を活用できるようなスキル転換が求められている。
　　DX人材は、DXの推進役、取りまとめ役となる、事業の変革に必要な人
材、すなわち「DX」の「X」にあたる人材と、デジタルの専門知識や技
能を持った人材、すなわち「DX」の「D」にあたる人材に大きく分けら
れる。「X」にあたる人材には、プロダクトマネージャーやビジネスデザ
イナーと呼ばれる人材が挙げられ、「D」にあたる人材には、テックリー
ド、データサイエンティスト、先端技術エンジニア、UI/UXデザイナー、
エンジニア／プログラマなどが挙げられる。
　　独立行政法人 情報処理推進機構（IPA）の「IT人材白書2020」では、
「DXに対応する人材の傾向」として、対応する人材の呼称と定義を以下
のように示している。
　　・プロダクトマネージャー
　　　DXやデジタルビジネスの実現を主導するリーダー格の人材
　　・ビジネスデザイナー
　　　DXやデジタルビジネス（マーケティング含む）の企画・立案・推進
等を担う人材
　　・テックリード（エンジニアリングマネージャー、アーキテクト）
　　　DXやデジタルビジネスに関するシステムの設計から実装ができる人
材
　　・データサイエンティスト
　　　事業・業務に精通したデータ解析・分析ができる人材

・先端技術エンジニア
　機械学習、ブロックチェーンなどの先進的なデジタル技術を担う人材
・UI/UXデザイナー
　DXやデジタルビジネスに関するシステムのユーザー向けデザインを担当する人材
・エンジニア／プログラマ
　システムの実装やインフラ構築・保守等を担う人材

【120　DX人材の不足】

　2016年に経済産業省が公表した「IT人材の最新動向と将来推計に関する調査」によれば、IT需要が今後拡大する一方で、我が国の労働人口は減少が見込まれ、IT人材の需要と供給の差（需給ギャップ）は、需要が供給を上回り、2030年には、最大で約79万人に拡大する可能性があると試算されている。

　DXを進める上での課題について企業に対する調査を行うと、「人材不足」はいずれの国でも上位に来ているが、日本は特に多く、ダントツの1位となっている。

　不足しているデジタル人材の確保・育成に向けて各企業がどのように取り組んでいるかを尋ねると、日本では「社内・社外研修の充実」を挙げる企業が多い一方、「特に何も行っていない」との回答比率も高く、社内の現有戦力で乗り切ろうとしている傾向がうかがえる。他方、アメリカでは「デジタル人材の新規採用」、「デジタル人材の中途採用」、「関連会社からの異動・転籍」が多い。もともと雇用が流動的な国であるが、社内で不足する人材は外部から積極的に登用しようとする姿勢がみてとれる。

　また、我が国ではICT人材がICT企業に多く配置されていることが指摘されている。2014年の独立行政法人情報処理推進機構（IPA）の調査によると、日本ではICT企業に所属するICT人材の割合が、ユーザー企業（ICT企業が、ICTを開発するのに対し、ICTを使用する側の企業）所属の人材よりも圧倒的に多く、ユーザー企業にも多くのICT人材が所属する諸外国とは対照的である。日本では、ユーザー企業におけるICT人材の確保は以前からの課題であり、DXの内製化が進まない状態が続く要因の一つといえる。

【121　第4次産業革命対応人材】

　第4次産業革命とは、18世紀末以降の水力や蒸気機関による工場の機械化である第1次産業革命、20世紀初頭の分業に基づく電力を用いた大量生産である第2次産業革命、1970年代初頭からの電子工学や情報技術を用いた一層のオートメーション化である第3次産業革命に続く技術革新であり、ビッグデータ、IoT、AI、ロボット等をコアとするものである。

　これらのテクノロジーの出現により、定型労働に加えて非定型労働においても省人化が進展し、人手不足の解消につながる反面、バックオフィス業務等、我が国の雇用のボリュームゾーンである従来型のミドルスキルのホワイトカラーの仕事は、大きく減少していく可能性が高い。一方で、第4次産業革命によるビジネスプロセスの変化は、ミドルスキルも含めて新たな雇用ニーズを生み出していくため、こうした就業構造の転換に対応した人材育成や、成長分野への労働移動が必要となる。

　こうした中、経済産業省の「IT人材需給に関する調査調査報告書（2019年）」では、第4次産業革命に対応した新しいビジネスの担い手として、付加価値の創出や革新的な効率化等により生産性向上等に寄与できるIT人材の確保が重要となる、と述べられている。

【122　人材の内製化】

　スピードが求められるDXの推進には、業務への理解の深さが必要となるため、内製化が有利に働くといわれている。

　我が国においてはユーザー企業からの発注をベンダー企業が受託し、社内または再委託先のエンジニアによってシステム開発を行い、完成したシステムを納品する取引形態が一般的である。外部のベンダー企業に開発を委託することが主となっている場合、ベンダー企業側にメンテナンス等のノウハウが蓄積され、ユーザー企業には蓄積されないことがDX推進の妨げの要因の一つになっていることが「DXレポート」では指摘されている。

　今後、ユーザー企業においてDXが進展すると、受託開発の開発規模や案件数が減少するとともに、アジャイル開発による内製が主流になると考えられる。しかし、内製化する過程で必要となるアジャイル開発の考え方や、クラウドネイティブな開発技術等について、ユーザー企業の内部人材ではすぐに対応できないことが多いため、ベンダー企業が内製開発へ移行するための支援や、伴走しながらスキル移転することに対するニーズが高まるものと考えられる。ベンダー企業はこうした事業機会を顧客企業への客先常駐ビジネスとするのではなく、対等なパートナーシップを体現でき

る拠点において、ユーザー企業とアジャイルの考え方を共有しながらチームの能力を育て（共育）、内製開発を協力して実践する（共創）べき、と「DXレポート2」では提唱されている。

【123　ダイバーシティとグローバル化】

　DXの推進の障害の一つとなっているIT人材不足の解決の手段として、外国人材の活用が挙げられている。

　競争環境のグローバル化を始めとする市場環境の変化は、企業経営に対して、経営上の不確実性を増大させるとともに、ステークホルダーの多様化をもたらしている。企業には、多様化する顧客ニーズを捉えてイノベーションを生み出すとともに、グローバルな競争激化や産業構造変化の加速化、少子高齢化など、外部環境の変化に対応するために、「ダイバーシティ経営」の推進が求められている。

　「ダイバーシティ経営」は、国籍・人種・性別・年齢といった多様な「属性」および、一人ひとりに特有の知識や経験、価値観などの「個人の特性」を活かし、組織のパフォーマンスを高めることを目指す活動である。グローバル化された組織では、当然のことながら、「属性」および「個人の特性」は多様であり、その多様な「属性」および「個人の特性」を活かすためには、組織の仕組みの変革や、新たな風土を築く必要がある。例えば、どのような国籍やバックグラウンドを持つ人であっても納得できる、透明性の高い評価制度を全社に導入・運用するということなどが挙げられる。

　2017年の日経BPコンサルティング調べによる働く人の「ダイバーシティ」に関する意識調査において、企業がダイバーシティ推進する上で最も大きい懸念は「人事評価が難しくなる」（39.1%）であった。

　経済産業省は、2017年8月に「競争戦略としてのダイバーシティ経営（ダイバーシティ2.0）の在り方に関する検討会」を立ち上げ、中長期的に企業価値を生み出し続けるダイバーシティ経営の在り方について検討を行い、企業が取るべきアクションをまとめた「ダイバーシティ2.0行動ガイドライン」を策定した（2017年3月　2018年6月改訂）。ガイドラインでは、「ダイバーシティ 2.0」を、「多様な属性の違いを活かし、個々の人材の能力を最大限引き出すことにより、付加価値を生み出し続ける企業を目指して、全社的かつ継続的に進めていく経営上の取組」と定義している。そしてその取り組みには、中長期的・継続的な実施と、経営陣によるコミットメント、全社的な実行と体制の整備、企業の経営改革を促す外部ステークホルダーとの関わり（対話・開示等）、女性活躍の推進と国籍・

年齢・キャリア等のさまざまな多様性の確保、が重要と示している。

【124　CIO／CDXO／CDO】

　　CIO（最高情報責任者：Chief Information Officer）
　　CDXO（最高デジタルトランスフォーメーション責任者：Chief Digital
　　　　　　　　Transformation Officer）
　　CDO（最高デジタル責任者：Chief Digital Officer）

　「DXレポート2」では、CIO／CDXO　（CDOを含む）を、「DX推進の
ために経営資源の配分について経営トップと対等に対話し、デジタルを戦
略的に活用する提案や施策をリードする経営層」のこととしている。

　同レポートでは、「CIO/CDXOがどのような役割・権限を担うべきか明
確にした上で、これに基づき、DXを推進するための適切な人材が配置さ
れるようにするべきである。」とした上で、「DXの推進においては経営
トップの適切なリーダーシップが欠かせない。競争領域に該当しない業務
については業務プロセスの標準化を進めパッケージソフトウェアやSaaS
を活用することによってIT投資を削減することができる。しかし、適切
なリーダーシップが欠如しているとIT部門が事業部門の現行業務の支援
に留まり、業務プロセスが個別最適で縦割りとなってしまうため、DXの
目標である事業変革を妨げる原因となってしまう。さらに、この結果とし
て大規模スクラッチ開発を採用せざるを得ない、またはパッケージを導入
しても多数のカスタマイズが必要になる、といったことも発生している。」
と指摘している。

　DXの推進についてアメリカ、ドイツ、日本の3か国の企業モニターに
対して、DXの推進主導者を尋ねた調査では、いずれの国でも「DX推進の
専任部署」の回答が多かったが、日本では「DX専任ではない社内の部署」、
「ICTに詳しい社員」など、社内の実務レベルでDXを主導している傾向
がうかがえるのに対し、アメリカやドイツでは、「社長・CIO・CDO等の
役員」を挙げる回答が多く、トップダウンでDXに取り組む企業が日本と
比べると高い特徴が見える。

2．DXの方法論

【125　デザイン思考】

　ユーザーに寄り沿う、ユーザーが真に求める製品・サービスは何かという観点で、製品やサービスを開発することで新しい価値を創造し、イノベーションを起こす手法のことをいう。イノベーションを生み出す「人間中心のアプローチ」といわれ、革新的な商品やサービスを生み出す方法論である。人を起点に感情を満たすことを考え、固定概念や既成概念を取り除き、多様性に富む多くのアイデアを出すことが重要となる。顧客、ユーザの側の視点でプロトタイプを作り、改良を続けていくプロセスを通じて、革新的な商品やサービスを創出するアプローチである。

　「DX白書2021（IPA）」では、デザイン思考を、DX推進において顧客に新しい価値提供をするために有効な手法である、とした上で、「『デザイン思考』は仮説検証型のプロセスであるため、短期間でソリューションを開発し、顧客からのフィードバックを受けながら修正を繰り返す必要がある。そのため、小さなチームで開発・適用を短期間で繰り返しながら開発する『アジャイル開発』手法や、開発チームと運用チームが技術的のみならず組織的文化的にも連携することでスピードと品質の向上を目指す『DevOps』との相性がよい。」としている。

　デザイン思考の進め方については、複数の種類が考案されているが、大きくは次の3つのステップを踏んで進められる。

　ステップ1：観察

　人を起点に潜在的ニーズを見つけ出すプロセス。人々がどのように考え、なぜ行動するのか、身体的・感情的なニーズは何か、有意義なものは何かを理解することが重要となる。そのうえで、どこに問題があるのかを特定する。

　ステップ2：発想

　観察で得たニーズと問題を基に、市場に出す製品・サービスのアイデアを創出するプロセス。多様性に富む数多くのアイデアを生み出すことが重要となる。アイデアを創出する手法には「ブレインストーミング」などがある。

　ステップ3：実践

　創出したアイデアを実際の製品・サービスにしていくプロセス。まずはプロトタイピング（試作品）により小さく構築して検証を行う。その中で起きた問題を明らかにし、再度プロトタイピングをくりかえしながら最適

な形に近づける。

　デザイン思考の方法は、いろいろと提案されているが、その一つとしてアメリカ・スタンフォード大学デザイン研究所（d.school）が提唱する「デザイン思考の5段階」が挙げられる。

　　　ステップ1：共感
　　　ステップ2：問題定義
　　　ステップ3：創造
　　　ステップ4：プロトタイプ
　　　ステップ5：テスト

　その他にも、IDEO社、イリノイ工科大学（以上アメリカ）、慶応義塾大学大学院SDM（システムデザイン・マネジメント研究科）などの方法が知られている。それぞれのステップには、次の図で示されるような相違があるが、大きな流れ（観察→発送→実践）は同じと捉えることができる。

さまざまな「デザイン思考」

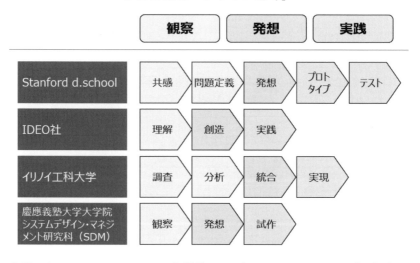

　企業にとって、マーケットの主導権をにぎるためには、ユーザー起点でデザイン思考を活用し、UX（ユーザーエクスペリエンス）を設計し、要求としてまとめあげる人材の育成と確保が最重要事項である。

【126　システム思考】

　第 4 次産業革命による高度システム化社会が進行している中、「Connected Industries」に代表される、つながる世界（システムオブシステムズ）の進展により、モノ同士やモノと人とのつながりが価値を生み出す時代になっている。システム思考とは、そのような多様化・複雑化する社会において、解決すべき対象や問題を一つの「システム」として捉え、さまざまな視点からアプローチすることによって解決を目指す方法論である。

　システム思考のベースとなるスキルとしてロジカルシンキングが必要になる。ロジカルシンキングとは、物事を論理的に捉え、常に原因と結果に分割して考える手法であり、MECEやロジックツリーなどが有名である。

・MECE

　　「Mutually Exclusive and Collectively Exhaustive」の略で「ミーシー」と呼ばれる。「漏れなく重複のない状態」を指し、物事を分解・分類する際にさまざまな角度（切り口）から検討することがポイントとなる。

・ロジックツリー

　　物事を分解して表現する図として用いられる。ロジックツリーには、問題点の原因を掘り下げて考えることで根本的な原因を見つける「WHYツリー」、課題解決の方法を整理して優先順位をつける「HOWツリー」、大きな要素を小さな要素に分解する「WHATツリー」の3つがある。

　　そして、システム思考でよく利用される手法として、相互作用の可視化である「氷山モデル」と「ループ図」が挙げられる。

・氷山モデル

　　対象とする事象の全体像を氷山にたとえ、目に見える「できごと」は氷山の一角であり、その事象を生み出す「パターン」、そのパターンを引き起こす「構造」、そしてその「構造」の前提となっているさまざまな「意識・無意識レベルの前提や価値観（メンタルモデル）」を把握することによって、全体のつながりを理解するアプローチである。

・ループ図

　　氷山モデルなどで把握した事象に対する各要素間の因果関係を可視化するときに用いられる手法である。要素間の関係を矢印でつなぎ、一方が増加（減少）したときにもう一方も増加（減少）するときには「＋」を記し、一方が増加（減少）したときにもう一方が減少（増加）

するときには「−」を記す。そして、要素をループ状につないだとき
に、「−」の数が偶数のときは「自己強化型ループ」と呼び、「−」の
数が奇数のときは「バランス型ループ」と呼ぶ。「自己強化型ループ」
は、要素から要素への好循環のようにその方向へ進むことを表す（悪
循環もありうる）。「バランス型ループ」は、要素間のどこかで逆の影
響が起こり、先へ進まずバランスを保つことを表す。
　ループ図により、物事の変化や関係を可視化することによって、複
雑な事象に対して全体を俯瞰して対策を検討できるようになり、意思
決定に役立てることが可能となる。

　システム思考とデザイン思考は、それぞれが単独で考え出されたアプ
ローチではあるが、近年では両者を組み合わせた考え方が注目されている。
システム思考は、人間の右脳（論理的思考）をより多く使い、物事を俯瞰
して論理的に整理する。一方、デザイン思考は、人間の左脳（直感的思考）
をより多く使い、多様なアイデアを生み出す。DXの推進には、両者を効
果的に働かせて、イノベーションを生み出すことが必要となる。

【127　アジャイル開発】

　ソフトウエアやコンピューターシステムの開発手法の一つで、短い期間
の開発サイクルを繰返し、優先度の高い機能から順番にリリースしていく
開発手法。「アジャイル」（ajile）とは、「素早い」「機敏な」の意味である。
　アジャイル開発は、顧客との綿密なコミュニケーションを重視し、開発
中の変化・変更に柔軟に対応できることが特徴である。少人数による開発
チームを構成し、それぞれの専門性を備えたメンバーが目標に向かってベク
トルを合わせ、自律的に行動することが求められる。
　日本には従来型のシステム（レガシーシステム）が多く残っており、そ
の頃の考え方やアーキテクチャから抜け出せていないといわれている。シ
ステム開発についても、変化が激しい現代（VUCAな時代といわれる）に
おいては、要件が変化することを前提としたアジャイル開発が有効である
といわれているが、我が国では、大企業を中心として、最初に綿密な計画
を立てた上で、要件定義から設計・開発・テスト・運用に至る工程を順番
に行うウォーターフォール型が中心であった。ウォーターフォール型の開
発は、最初にどのようなものを作るか細かいところまで決めて、計画して、
その計画に沿って進める方法である。途中で変更などが発生すると、すべ
ての前工程に影響し、大きな労力とコストがかかるため、途中での変更は

100

基本的に不可とされている。

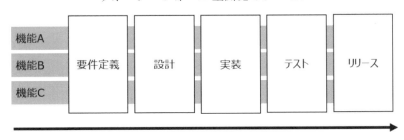

ウォーターフォール型開発のプロセス

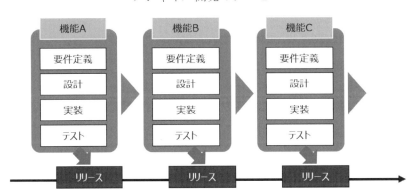

アジャイル開発のプロセス

　一方、アジャイル開発では、「イテレーション(反復)」と呼ばれる開発サイクルを繰返し、イテレーションごとに機能をリリースする。1回のイテレーションは1週間から4週間程度が一般的で、顧客にとって価値の高い機能から優先的に作成を進める。

　このアジャイル開発を行ううえで重視する価値観を示すものに、4つの価値とその価値に由来する12の原則を示した「アジャイルソフトウェア開発宣言」と「アジャイル宣言の背後にある原則」がある。「アジャイルソフトウェア開発宣言」は、従来型のソフトウェア開発のやり方とは異なる手法を実践していたソフトウェア開発者たちが、それぞれの主義や手法についての議論を行い、2001年に公開したもので、その価値について、

　　　　　「プロセスやツールよりも個人と対話を、
　　　　包括的なドキュメントよりも動くソフトウェアを、

契約交渉よりも顧客との協調を、

計画に従うことよりも変化への対応を、

価値とする。すなわち、左記のことがらに価値があることを認めながら
も、私たちは右記のことがらにより価値をおく」

と記し、「よりも」を挟んだ左右のことがらを対比させている。

アジャイル開発にはさまざまな手法があり、代表的なものとして、下記
の 3 つが挙げられる。
- スクラム
- エクストリームプログラミング（XP）
- リーンソフトウェア開発

どの手法も短い期間の開発サイクルを繰返し、優先度の高い機能から順
番にリリースしていくことで、変化や変更に柔軟に対応するアジャイル開
発のコンセプトは同じである。実際の開発現場では、それぞれの特徴を踏
まえた上で、その組織に見合った形で、良いところを取り入れて実践して
いくことが推奨される。

【128　スクラム】

アジャイル開発の手法の中で最もよく知られているものといわれ、ラ
グビーのスクラムのように、少人数のチームが密接に連携しながら開発し
ていく手法である。スクラムチームは次の 3 つの役割で構成される。

- プロダクトオーナー：ゴールへ導く価値に責任を持つ
- スクラムマスター：チーム活動プロセスに責任を持つ
- 開発者：各開発タスクに責任を持つ

スクラムチームのイメージ

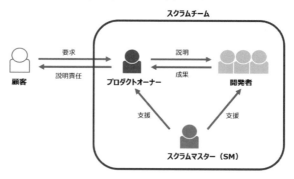

　スクラムでは、1つの開発サイクルをスプリントと呼び、1スプリントにて次の5つのイベントを行う。

・スプリントプランニング
　スプリントの最初に行うイベントで、これから行うスプリントの計画を行う。
・デイリースクラム
　毎日行うイベントで、全員で進捗と課題を確認して、その状況に合わせて仕事の再計画を行う。
・バックログリファインメント
　次のスプリント以降の準備を行うイベントで、プロダクトバックログを見直す。
・スプリントレビュー
　スプリントの成果物を、ユーザやステークホルダーへデモンストレーションしてフィードバックを受ける。
・レトロスペクティブ
　スプリントの最後に行う「振返り会」のこと。「チーム自体」やチーム活動の「プロセス」を振り返り、優先順位の高い1つを次のスプリントの最優先アイテムとして追加して取り組む。

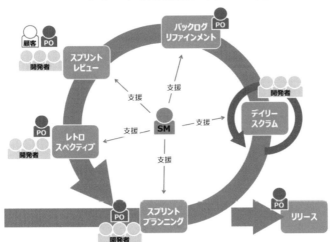

スクラムによる開発サイクルのイメージ

【129　エクストリームプログラミング（XP）】

　アジャイル開発の手法の一つで、ソフトウェア開発現場における経験則（プラクティス）を「極端（＝エクストリーム：extreme）」なまでに実践するという発想から命名されている。顧客と開発技術者が協働して開発を行い、ソフトウェアを頻繁にリリースするのが特徴である。

エクストリームプログラミング（XP）のイメージ

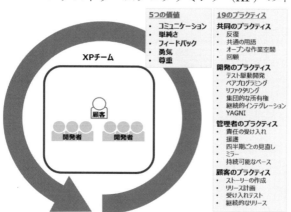

　エクストリームプログラミングは、中核をなす「5つの価値」と、実践するための「19のプラクティス」が規定されている。
■5つの価値
コミュニケーション
単純さ
フィードバック
勇気
尊重
■19のプラクティス
・共同のプラクティス
　1.反復・2.共通の用語・3.オープンな作業空間・4.回顧
・開発のプラクティス
　5.テスト駆動開発・6.ペアプログラミング・7.リファクタリング
　8.集団的な所有権・9.継続的インテグレーション・10.YAGNI
・管理者のプラクティス

　　11.責任の受け入れ・12.援護・13.四半期ごとの見直し・14.ミラー
　　15.持続可能なペース
　・顧客のプラクティス
　　16.ストーリーの作成・17.リリース計画・18.受け入れテスト
　　19.継続的なリリース
　エクストリームプログラミングは、成功したプラクティスがあったなら、ひたすらにそのプラクティスを追求して実践する考え方である。

【130　VUCA】

　「Volatility：変動性」、「Uncertainty：不確実性」、「Complexity：複雑性」、「Ambiguity：曖昧性」の頭文字をとった造語。「VUCAな時代」、「VUCAの時代」といった使われ方が多い。

　もともとは軍事用語で、「変化が激しく、先行きも見通せず、複雑で、曖昧である」という軍事の潮流を表した言葉であるが、2010年代ころからビジネス界でもよく使われるようになった。AIをはじめとする技術革新、GAFAMなどのテック企業の台頭により、従来の常識を覆すサービスが登場し、想定外のできごとが次々と起こる、人々の価値観も多様化している、そのような時代を表している。そのような時代のシステム開発には、従来の「事前の予測と計画に基づくウォーターフォール型」から「変化に対応しやすいアジャイル型」が適している、といわれている。

【131　リーンソフトウェア開発】

　アジャイル開発の手法の一つで、トヨタ生産方式の「製造の工程から無駄を省き必要なものだけを残す」という考え方を、ソフトウェア製品に適用した開発手法である。「リーン（lean）」という言葉は、「痩せた」「無駄のない」といった意味である。

　リーンソフトウェア開発には、次の「7つの原則」がある。
　・ムダを排除する
　・学習効果を高める
　・決定をできるだけ遅らせる
　・できるだけ早く提供する
　・チームに権限を与える
　・統一性を作りこむ
　・全体を見る

【132　DevOps】

　DevOpsとは、「開発（Development）」と「運用（Operation）」を組み合わせた造語であり、開発担当と運用担当が連携・協力し、フレキシブルかつスピーディーに開発するという考え方である。

　アジャイルによるシステム開発を行っても、開発担当と運用担当それぞれの立場の違いから、開発から運用への移行がボトルネックになり、アジャイル開発の真価が失われることが多かった。しかし、継続的インテグレーションと継続的デリバリー（CI/CD）という手法により、ソフトウェア変更からテスト、リリースまでを自動化することが可能となり、DevOpsの成功に重要な役割を果たしている。

　継続的インテグレーション（CI）とは、開発プロセスにおける自動化の仕組みを指す。複数の開発者が別々のプログラムを製作した後、それらをシステム全体に統合してテストまで自動で行う。継続的デリバリー（CD）とは、利用者の本番環境への組み込みを自動化する仕組みを指す。

　つまり、CI/CDとはDevOpsを実現するための手法であるといえる。

プロジェクト全体における各方法論の関係

【133　リーンスタートアップ】

　リーンスタートアップは、構築・計測・学習という過程を繰り返す中で、必要最小限の経営資源でムダを省き、コストを抑えながら新規事業を進めるための手法である。アメリカの起業家エリック・リースが著書『リーンスタートアップ』（2011年）で提唱して世界に広まった。

　※「リーン」（Lean）とは、「（余分な脂肪などない）引き締まった」「（組織が）効率的な、スリム化した」の意味。

新規事業開発において、顧客とともに製品開発を行う考え方で、市場に投入する前にさまざまなテスト・評価を行い、素早く改善・改良を繰返すことによって、製品やサービスを完成へ導く。

社会環境が大きく変わり不確実性が高まる中で、従来の戦略の構築や市場調査の活用などを行うことで、成功の可能性を図ろうとするマネジメント方法が通用しなくなった。このような状況下で不確実性をマネジメントしながら、事業開発を進めるのがリーンスタートアップという手法である。

■リーンスタートアップのプロセス

リーンスタートアップは、「仮説構築→計測→学習」の3つのプロセスを最小限の作業単位で実装とテストを実施し、プロダクト開発全体にかかる時間を短縮化するアプローチである。

○仮説構築
・想定顧客がある新規サービス、製品を必要としているという仮説を立て、新規事業のアイデアを創出
・新事業のアイデアとしてMVPを開発

○計測
・MVPをアーリーアダプター（流行に敏感な人または企業）に提供
・アーリーアダプターの反応を確認

○学習
・アーリーアダプターの反応と意見を元に、受け入れられる形に改良
・仮説そのものが誤りだった場合、仮説を見直して方向転換（撤退もあり得る）

■アーリーアダプター

アーリーアダプターとは、イノベーター理論の一つに含まれるマーケティング用語で、商品やサービスを初期段階で購入する人々を指し、「初期採用者」とも呼ばれる、市場で商品やサービスを普及させるときに重要になる顧客層のことである。企業のマーケティングにおいては、アーリーアダプターの獲得がほかの顧客層の獲得にもつながる。

■MVP

MVPとは、「Minimum Viable Product」の略で、「顧客に価値を提供できる最小限のプロダクト」のことを指す。リーンスタートアップでは、市場投入前にMVPによるテスト・評価を実施する。アーリーアダプターの協力を得ながら、MVPによるフィードバックを基に価値を最大化して完成品につなげる。

■リーンキャンバス

リーンキャンバスとは、新規事業プランを1枚にまとめるフレーム

ワークであり、次の9つのボックスを配置したフォーマットである。

②課題	④解決策	③価値	⑨優位性	①顧客
顧客が抱えている課題は 代替品は	課題に対しての解決策は	製品・サービスが持つ独自の価値は	競合他社との優位性は	顧客セグメントはアーリーアダプターは誰か
	⑧指標 目標値、KPIは	代替品との差別化は何か	**⑤販路** 顧客との接点やチャネルは	
⑦コスト 　人件費、広告宣伝費、設備投資は 　初期投資とランニングコストは			**⑥収益** 　どのように収益を創出するのか 　価格設定は	

① 顧客
製品・サービスを購入する顧客のセグメント。最初に購入することが期待される「アーリーアダプター」は誰なのかについても記載する。
② 課題
「顧客が抱えている課題」は何かを記載する。合わせて「代替品」を記載する。代替品とは競合商品や現状における課題解決策のこと。
③ 価値
製品・サービスがもつ独自の価値は何かを記載する。顧客の課題に対する解決策として、代替品と比べてどこが差別化ポイントなのかを明確にする。
④ 解決策
顧客の課題についてどのように解決できるかを記載する。
⑤ 販路
顧客との接点や販売チャネルのこと。店舗やWebサイト、営業活動などが接点となる。
⑥ 収益
どのように利益を創出するのかを記載する。価格設定がポイントになる。
⑦ コスト
人件費、広告宣伝費、設備投資など。初期投資とランニングコストをそれぞれ明確にする。
⑧ 指標
事業の成功を測るための目標値、KPI（売上、利益率、獲得顧客数な

ど）を設定する。
⑨　優位性
競合他社と比べて優位な強みを記載する。

【134　PoC（概念実証）】

Proof of Concept. 新たなアイデアやコンセプトの実現可能性やそれによって得られる効果などについて、デモンストレーションや検証をすることをいう。

「概念実証」は、IoT、M2M、AIなど「新しい概念」に基づいたサービス提供において、付加価値やサービス、ソリューションの仕様を検証・実証する際の重要なプロセスである。このような新しい概念によるサービスは、全体の仕様決定が難しく、やってみないとわからない面が多いため、この概念実証を繰返しながら、少しずつ対応領域を広げていくことが適しているといわれている。

PoCの指標
・機能・性能
　システムで必要な機能や性能を満たしているか
・費用
　開発にかかる費用は想定範囲内か
・スキル
　開発メンバーが該当機能を理解し開発することが可能か
・移行
　最終的なシステム上へ移行可能か
・スケジュール
　全体計画との整合性はどうか
・標準化
　開発・品質・保守の観点でどこまで標準化するべきか
PoCを成功させるポイント
・小さく始める
　小規模でスピーディに始めることが鉄則となる。最初から大規模なPoCを実施してしまうと、検証自体に無駄な時間やコストがかかるほか、目的がずれてしまうリスクがあり、周囲の理解も得られなくなる。
・実際の運用と同じ条件で行う
　使用が想定されるユーザーにモニターとして参加してもらうなど、実際となるべく同じ条件でPoCを行うことが重要である。

109

・失敗という概念はない

　PoCに失敗という概念はなく、立てた仮説が検証によって覆った場合は、次の方策を考えるための糧となり、あらゆる結果が次のPoCにつながる。

PoCの注意点

・「PoC疲れ」「PoC貧乏」に陥るリスクを検討する

　検証を何度も繰り返すだけでなかなか先に進まなかったり、PoCのコストだけが消費されていく状態を「PoC疲れ」「PoC貧乏」と呼ぶ。

・プロジェクトのゴールが不明瞭にならないようにする

　経営層と開発組織との認識のズレが起こらないようにする必要がある。

PoCとリーンスタートアップ（MVP）との違い

　PoCとリーンスタートアップとは、両社とも事前に検証するという意味では同じであるが、実施する目的、実施タイミング、実施方法について下表のような相違がある。

PoCとリーンスタートアップの比較

	PoC	リーンスタートアップ (MVP)
目的	新しいアイデアの実現可能性を検証する	必要最低限の製品で市場性を検証する
検証タイミング	企画段階（開発前）	開発中（市場投入前）
方法	実装する技術が経済的に実現可能かを検証する	実装する機能が市場のニーズに対応可能かを検証する

　PoCがアイデアの実現性に対する検証であることに対して、リーンスタートアップ（MVP）は市場に対する受容性を検証する。

【135　データドリブン】

　Data Driven. 収集したデータを分析し、その結果に基づいて意思決定をするビジネスプロセスのこと。データドリブンに基づく経営手法を「データドリブン経営」という。

　経済産業省2014年6月、データの利活用でビジネス創出を目指す「データ駆動型(ドリブン)イノベーション創出戦略協議会」を設立した。

　データドリブンのプロセスをとることで、従来型の勘と経験に頼る経営

110

判断をくだすのではなく、売上データや各種基幹システム、IoTによるデータ、AIに基づくデータなどを参照し、現在の経営状況を正確にとらえた上で判断をくだすことができる。市場の変化がスピードを増す中、前例のない新しい課題に取り組むためには、データをビジネス判断の根拠とするデータドリブン企業となることが求められる。

■データドリブン経営が求められる背景
・消費者行動やニーズの多様化と複雑化
・業務の多様化と複雑化
・市場の不確実性とビジネス環境の急速な変化
・デジタル技術の進化

■データドリブン経営をする前において、企業内によくある問題点
・必要なデータが取れる仕組みが整っていない。データがあってもそれを収集・分析できる状態になっていないことを指す。紙の帳票やExcelファイルで保存しているがデータベースに蓄積されていなかったり、そもそもデータとして存在していないものも含まれる。
・各部門間でデータの整合性がなく、全社横断型のデータになっていない。データは蓄積されているが、部門間で管理方法や管理システムが異なっており、全社として統一されたデータ構造になっていない状態のことを指す。
・各部門における適切なKPIが設定されていない。最終的な目標値（KGI）は設定されているが、その過程となる業務プロセス上での目標値（KPI）が適切に設定されていない状態のことを指す。

■データドリブン経営を取り入れるメリット
・生産性が向上し、売上や利益が改善する
・顧客ニーズの客観的な把握ができる
・スピード感のある意思決定が可能になる

■データドリブン経営に必要なスキル
・変化への理解
　世界や国内で起きている変化を理解し、社会課題を解決するためのデジタル技術の動向や活用について、その有効性を理解する必要がある。また、顧客・ユーザのデジタル技術の発展による変化、ニーズの多様化に対するサービスの変化等、顧客価値の変化について理解する必要がある。その変化に伴い、既存ビジネスにおける競争環境が変化したり、従来の業種や国境の垣根を超えたビジネスの広がりを理解する必

要もある。

・データの理解

　データの分析手法や分析結果の読み取り方を理解するために、基礎的な確率・統計の知識があり、データの意味を理解し、データ分析に活用できる整備の手法を理解するために、データの抽出・クレンジング・集計の知識があることが望ましい。データ分析結果を事業の目標達成と結び付けて意思決定するアプローチを理解する必要がある。これには、分析結果から具体的な改善アクションを見出し、アクションの結果をモニタリングすることも含まれる。

・デジタル技術の理解

　IoT、ビッグデータ、AI、クラウドなどの知識が必要とされる。

・ツールの利用スキル

　以下のようなツールの利用スキルが必要とされる。

　・RPA（Robotic Process Automation　－ロボットによる業務自動化）

　　業務上のルーチンワークをロボットにより自動処理するツール。高度なプログラムスキルがなくても利用できることが特徴である。

　・BIツール（Business Inteligence Tool　・ビジネスインテリジェンスツール）

　　ビジネスにおけるデータを可視化し、意思決定を支援するツールのことを指す。すでにさまざまな製品があり、データドリブン経営に必須なツールであるといえる。

【136　PPDACサイクル】

　データ分析による課題解決アプローチの一つ。「P（Problem）：課題の設定」、「P（Plan）：調査・分析の計画」、「D（Data）：情報の収集」、「A（Analysis）：集計・分析」、「C（Conclusion）：結論」の5つのステップで構成される。

　「PPDAC」に近い用語として、一般的によく使われている「PDCA」がある。「PDCA」は、1950年代以降の高度成長時代に、ものづくりにおける継続的な品質改善を目的として広く普及し、現在でも一般的なマネジメント手法として利用されている。一方、「PPDAC」は、1990年代以降の情報化社会といわれる現代において、データ分析による課題解決にフォーカスしたマネジメント手法である。

PPDAC サイクルのイメージ

課題の設定
（Problem）

結論
（Conclusion）

調査・分析の計画
（Plan）

集計・分析
（Analysis）

情報の収集
（Data）

PPDAC 運用上のポイント

	PPDAC	実践・運用上のポイント
P	課題の設定 （Problem）	・経営戦略（事業目標）に基づいた課題テーマを設定する ・適切な指標（KGI・KPI）を設定する ・各指標間の関係性を理解する
P	調査・分析の計画 （Plan）	・対象となる業務プロセスにて、必要となるデータが何かを明確化する ・必要なデータを収集する環境整備のための施策を検討する
D	情報の収集 （Data）	・データをどのような方法で収集、蓄積するのか ・データを分析するために必要な変換、加工処理をどのように実現するのか
A	集計・分析 （Analysis）	・どのような集計（表やグラフ）が必要なのか ・どのような分析（導き出したい意思決定）が必要なのか
C	結論 （Conclusion）	・分析結果についての評価を経て、不足している点を整理する ・不足点を改善するために、必要なサイクルを繰り返す

■課題の設定（Problem）

　経営戦略に基づいた課題設定の例としては、BSC（バランス・スコアカード）を用いる方法がある。BSC では、「財務の視点」、「顧客の視点」、「業務プロセスの視点」、「学習と成長の視点」の4つの視点で課題を設定する。それぞれの課題を線・矢印でつなぎ、最終的な財務目標の達成に向けた課題のつながりを明確化する。

　一般的な指標の考え方には、売上額、原価額、利益額などの経営上の指標と、労働生産性と資本生産性の生産性の指標がある。設定した各指標

113

について、最終的な目標に向かってどのような関係になっているかを整理する。

■調査・分析の計画（Plan）

　設定した KGI・KPI を測定するために、対象の業務プロセスにおいて必要となるデータを明確化する。そのために、現状の業務プロセスを見直し、データを取得できる環境整備を含めた計画を立案する。

■情報の収集（Data）

　データクレンジング（データ収集時にデータを適切な形式に変換・修正する作業）を行う。データクレンジングには、表記ゆれの修正と粒度の統一がある。データを収集しただけでは何も生み出されず、収集したデータを適切な形に変換（加工や計算処理）し、集計・分析できる状態にする必要がある。

　１．データの収集

　必要なデータを必要なタイミングで抽出する。頻度が高い場合は自動化する仕組みを導入することが望ましい。

　２．データ変換

　クレンジング処理の後、分析するための集計用データを生成する。これも自動化する仕組みを導入することが望ましい。

■集計・分析（Analysis）

　収集したデータを、測定する指標に対してどのような軸（観点）で見たいかを明確化して、表やグラフで可視化する。軸には、時間軸、顧客軸、組織軸、製品軸などがある。

　集計・分析では、全体の状況を俯瞰する見方と、詳細に掘り下げる見かたと、必要に応じて使い分けられるようにする。集計・分析には、軸の設定に基づき、階層化してデータを見えるようにする「ドリルダウン」と、一つのデータの値に対して、軸を横断してより詳細のデータを見たいときに使用する「ドリルスルー」がある。さらに、データ（指標）間の相関をみる必要がある。例として、散布図を使用して全体の傾向を把握し、かつ方向性を逸脱している対象を見つけることが挙げられる。

◆ ドリルダウン

◆ ドリルスルー

■結論（Conclusion）
　分析した結果をまとめ、次の施策につなげる。
　1．分析結果を評価し、最初の仮説に対して判断する
　2．不足点があれば、次のサイクルで改善する

　データ分析は一度だけではなく何度も繰返し、最初はできる範囲からスタートし、改善を繰返しながら分析精度を上げていくことが重要であり、それが強い現場力へとつながる。

【137　チェンジマネジメント】

　組織を「現状」から「目指す状態」へと移行させ、期待するベネフィットを達成するための変革推進手法である。組織の変革の失敗の主な理由である、変革への抵抗、自分ごと意識の欠落、変化への適応力不足など「人」に起因する問題を、体系的なアプローチを通じて、未然に防ぐ、または最小限に抑えることを目指す手法である。
　チェンジマネジメントの世界の第一人者である、ハーバード・ビジネス・スクール名誉教授ジョン・P・コッターは、1996年に出版されたベストセラー「Leading Change（企業変革力）」で、次の8段階の変革プロセスを提唱した。

115

第1段階　危機意識を高める
第2段階　変革推進チームを結成する
第3段階　ビジョンの策定
第4段階　ビジョンの伝達
第5段階　社員のビジョン実現へのサポート
第6段階　短期的成果を上げるための計画策定・実行
第7段階　改善成果の定着と更なる変革の実現
第8段階　新しいアプローチを根付かせる

　しかしながら、時の流れとともに変化の激しい時代になり、単一の変化に対して直線的なアプローチであるこの考え方が適さなくなり、今の時代に即した形に見直しがなされた。
　見直しがなされ、2014年に新たに提唱されたものが、「従来の階層型組織」と「迅速かつ柔軟に対応できるネットワーク型組織」が強調して動く考え方のデュアル・システムである。階層型組織の有用性を理解しつつ、その弱点を補うために、急激な変化への対応が可能なネットワーク型組織と相互補完する関係になっている。このネットワーク組織は、さまざまな部門や階層から自主的に参加した多種多様な人材で構成され、戦略的活動に注力する。

デュアル・システムの考え方
出典：「ジョン・P・コッター　実行する組織」

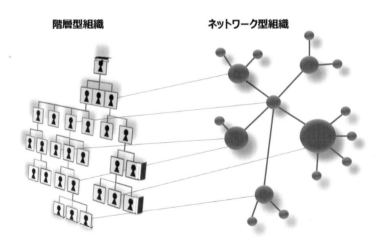

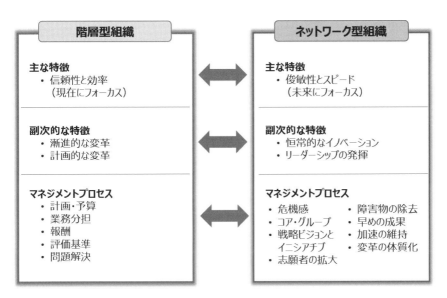

　コッターはネットワーク型組織を機能させるために、「5つの原則」と「8つのアクセラレーター」を導き出している。
■5つの原則（規律）
原則1：社内のさまざまな部門からたくさんのチェンジ・エージェントを動員する
原則2：「命じられてやる」ではなく「やりたい気持ち」を引き出す
原則3：理性だけでなく感情にも訴える
原則4：リーダーを増やす
原則5：階層組織とネットワーク組織の連携を深める
■8つのアクセラレーター（加速するための要素）
1．危機感
従業員に対して大きなチャンスがあることを示しつつ、いち早くそのチャンスを掴まなくてはならないという危機感を生み出す。
2．コア・グループ
全社の各部門各階層からリーダーシップを発揮したい人材を集め、変革主導チームを構築する。主導チーム内では全員が対等な関係である。
3．戦略ビジョンとイニシアチブ
変革主導チームはチャンスを活かすための戦略ビジョンと活動を定義する。
4．志願者の拡大
ビジョンと戦略を社内に伝えて志願者を増やす。

５．障害物の除去

非効率なプロセスや古い慣習など、アイデアを実現するための障害を取り除いて実行する。

６．早めの成果

小さな成果でも、その数が多ければ多いほど、また短期間で積み重なるほどに活気づき、より多くの社員を巻き込むことが可能になる。

７．加速の維持

経験から学び、緊張感を保ち続け、ビジョンが現実化するまで絶え間なく変化を起こし続ける。

８．変革の体質化

変化を徐々に日々の活動に組込み、組織に定着させる。

チェンジマネジメントにおいて重要なことは、このようなモデルを参考にしながら、組織自身が学習し、その時々の最適な対策を打ち、またそこから学び、変化に対応し続けることである。

３．DX の関連制度・政策

【138　DX銘柄】

　経済産業省では2015年から毎年国内でIT利活用を積極的に進めている企業を評価し、「攻めのIT経営銘柄」として発表してきた。2020年からは、東京証券取引所に上場している企業の中から、企業価値の向上につながるデジタルトランスフォーメーション（DX）を推進するための仕組みを社内に構築し、優れたデジタル活用の実績が表れている企業を「DX銘柄」として、業種区分ごとに選定して紹介している。

　「企業価値貢献」及び「DX実現能力」という観点で評価を実施し、これらがともに高い企業を「DX銘柄」として選定している。このほか、DXの裾野を広げていく観点で、「DX銘柄」に選定されていない企業の中から、注目されるべき取組みを実施している企業については、「デジタルトランスフォーメーション注目企業（DX注目企業）」として選定するとともに、企業の競争力強化に資するDXの推進を強く後押しするため、「DX銘柄」選定企業の中から、業種の枠を超えて、"デジタル時代を先導する企業"を、「DXグランプリ」として選定している。また、2023年度から新たに、特に傑出した取組みを制度開始当初から継続している企業を「DXプラチ

ナ企業2023-2025」として選定している。選定の条件は、3年連続でDX
銘柄に選定されていること、過去にDXグランプリに選定されていること、
の2つである。これらの取組みが他の企業におけるDXの取組みの参考と
なることが期待されている。「DX銘柄」及び「DXグランプリ」、「DX注目
企業」に選定されるためには、DX認定の取得が必要である。

　DXを推進している企業は、単に優れた情報システムの導入、データの
利活用をするにとどまらず、デジタル技術を前提としたビジネスモデルそ
のものの変革及び経営の変革に果敢にチャレンジし続けている企業であり、
当該企業のさらなる活躍が期待されている。

【139　DX認定制度】

　DX認定制度とは、2020年5月15日に施行された「情報処理の促進に関
する法律の一部を改正する法律」に基づき、「デジタルガバナンス・コー
ド」の基本的事項に対応する企業を国が認定する制度である。

　原則として、公益法人等を含む法人と個人事業者が対象となる。審査期
間は約3か月（標準処理期間：60日　実カレンダー上で約3か月）で、
認定の有効期間は2年間である。認定の更新を受けようとする場合は、認
定後2年を経過する日の60日前までに、認定更新申請書を経済産業大臣
に提出する必要がある。

　事業者の申請を受け付けた情報処理推進機構（IPA）は、主に「ビジョ
ン・ビジネスモデル」、「戦略」、「成果と重要な成果指標」、「ガバナンスシ
ステム」の4つの観点から審査を行っている。

制度運営体制

情報処理推進機構（IPA）のホームページより

　経済産業省と東京証券取引所が2020年から発表している「DX銘柄」と
比べると、「DX銘柄」は東証に上場している企業を対象に、DXの実績を
評価しているのに対し、DX認定は全事業者を対象に、DXに向けた準備状

況を評価している。経済産業省とIPAの「DX認定制度 申請要項」では、「DX認定（法認定）のレベル感」として、「DX-Readyの状態、つまり、『企業がデジタルによって自らのビジネスを変革する準備ができている状態』とした上で、「DX-Readyとは、『経営者が、デジタル技術を用いたデータ活用によって自社をどのように変革させるかを明確にし、実現に向けた戦略をつくるとともに、企業全体として、必要となる組織や人材を明らかにした上で、ITシステムの整備に向けた方策を示し、さらには戦略推進状況を管理する準備ができている状態』を意味する。」としている。

【140　デジタルガバナンス・コード】

　企業のDXに関する自主的取組みを促すため、デジタル技術による社会変革を踏まえた経営ビジョンの策定・公表といった経営者に求められる対応を経済産業省が2020年に取りまとめたもの。

　柱立てとして、1．ビジョン・ビジネスモデル、2．戦略、2.1．組織づくり・人材・企業文化に関する方策、2.2．ITシステム・デジタル技術活用環境の整備に関する方策、3．成果と重要な成果指標、4．ガバナンスシステム、で構成されている。DX認定制度の申請にあたって記入する各項目と対応しており、DX認定制度の申請の際には、この各項目に対応する内容を、申請書に記入することとなる。

　「デジタルガバナンス・コード」は、2022年に「DX推進ガイドライン」と統合され、「デジタルガバナンス・コード2.0」として公表されている。

【141　DX投資促進税制】

　DX関連投資に対して税額控除か特別償却を認める制度。2020年12月に閣議決定した2021年度の「税制改正の大綱」において新設が発表され、2年後に要件を見直した上で適用期限が延長され、2024年度末まで適用される。

　制度適用を受けるには、下記のD要件（デジタル要件）、X要件（企業変革要件）の両方を満たす必要がある。

・D要件（デジタル要件）
①データ連携（他の法人等が有するデータ又は事業者がセンサー等を利用して新たに取得するデータと内部データとを合わせて連携すること）
②クラウド技術の活用

　③情報処理推進機構（IPA）が審査する「DX認定」の取得（レガ
　　シー回避・サイバーセキュリティ等の確保、デジタル人材の育成・
　　確保）
・X要件（企業変革要件）
　①全社レベルでの売上上昇が見込まれる
　② 成長性の高い海外市場の獲得を図ること
　③全社の意思決定に基づくもの（取締役会等の決議文書添付等）
　同税制の適用を受ける事業者は、DX関連投資の最大5％分の税額控除
を受けるか、投資額の30％を特別償却するかを選ぶことができる。税額
控除額は、カーボンニュートラル投資促進税制と合わせて、当期法人税額
の20％が上限となる。
　DX関連投資については、ソフトウエアの購入費用や、システムのクラ
ウドへの移行にかかる初期費用などが該当する。

【142　AI利活用ガイドライン】

　AI利活用ガイドラインは、AIネットワーク化の健全な進展を通じて、
AIの便益の増進とリスクの抑制を図り、AIに対する信頼を醸成すること
により、AIの利活用や社会実装を促進することを目的としている。

　ガイドラインは、AIの利用者（AIを利用してサービスを提供する者を
含む）が利活用段階において留意すべき事項（全10原則）を記載している。
(1)適正利用の原則
　利用者は、人間とAIシステムとの間及び利用者間における適切な役
割分担のもと、適正な範囲及び方法でAIシステム又はAIサービスを利
用するよう努める。
(2)適正学習の原則
　利用者及びデータ提供者は、AIシステムの学習等に用いるデータの
質に留意する。
(3)連携の原則
　AIサービスプロバイダ、ビジネス利用者及びデータ提供者は、AIシ
ステム又はAIサービス相互間の連携に留意する。また、利用者は、AI
システムがネットワーク化することによってリスクが惹起・増幅される
可能性があることに留意する。
(4)安全の原則
　利用者は、AIシステム又はAIサービスの利活用により、アクチュ

エータ等を通じて、利用者及び第三者の生命・身体・財産に危害を及ぼすことがないよう配慮する。

(5)セキュリティの原則

利用者及びデータ提供者は、AIシステム又はAIサービスのセキュリティに留意する。

(6)プライバシーの原則

利用者及びデータ提供者は、AIシステム又はAIサービスの利活用において、他者又は自己のプライバシーが侵害されないよう配慮する。

(7)尊厳・自律の原則

利用者は、AIシステム又はAIサービスの利活用において、人間の尊厳と個人の自律を尊重する。

(8)公平性の原則

AIサービスプロバイダ、ビジネス利用者及びデータ提供者は、AIシステム又はAIサービスの判断にバイアスが含まれる可能性があることに留意し、また、AIシステム又はAIサービスの判断によって個人及び集団が不当に差別されないよう配慮する。

(9)透明性の原則

AIサービスプロバイダ及びビジネス利用者は、AIシステム又はAIサービスの入出力等の検証可能性及び判断結果の説明可能性に留意する。

⑽アカウンタビリティの原則

利用者は、ステークホルダに対しアカウンタビリティを果たすよう努める。

政府は、AI原則の項目については、国際的にほぼコンセンサスが得られつつあり、今後は原則の実効性を確保するための具体的手段についての議論に移行するとしている。

DX用語集：主な参考資料

「DXレポート」「DXレポート2（中間取りまとめ）」

総務省「情報通信白書」（平成27年版〜令和5年版）

総務省「ICTスキル総合習得プログラム」

独立行政法人情報処理推進機構（IPA）「AI白書2020」

日経クロステック編集、中村建助編著「今すぐ知りたいDXの基礎」（日経BP）

斎藤昌義「図解　コレ1枚でわかる　最新ITトレンド」（技術評論社）

経済産業省「FinTech ビジョン」

全国銀行協会ホームページ

経済産業省 商務情報政策局 情報経済課「令和3年度電子商取引に関する市場調査報告書」

経済産業省 厚生労働省 文部科学省「ものづくり白書」（平成30年版〜令和3年版）

厚生労働省「厚生労働白書」（令和5年版）

国土交通省総合政策局「MaaS入門ガイドブック」

一般社団法人シェアリングエコノミー協会ホームページ

文部科学省「高等学校情報科「情報Ⅱ」教員研修用教材」

経済産業省「コンピュータウイルス対策基準」

経済産業省「情報セキュリティサービス基準」

米国国立標準技術研究所（NIST）「インシデント対応へのフォレンジック技法の統合に関するガイド　米国国立標準技術研究所による勧告」（IPA翻訳監修）

総務省「国民のためのサイバーセキュリティサイト」

独立行政法人理化学研究所ホームページ

他 各社ホームページ

第2章

DX関連資料集

Digital Transformation

１．DX の現況〜独立行政法人情報処理推進機構（IPA）「DX 白書 2023」より

■DX の取組状況

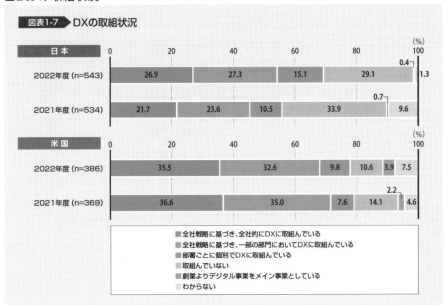

日本で DX に取組んでいる企業の割合は 2021 年度調査の 55.8%から 2022 年度調査は 69.3%に増加、2022 年度調査の米国の 77.9%に近づいており、この 1 年で DX に取組む企業の割合は増加している（図表 1-7）。ただし、全社戦略に基づいて取組んでいる割合は米国が 68.1%に対して日本が 54.2%となっており、全社横断での組織的な取組みとして、さらに進めていく必要がある。なお、DX に取組んでいる企業の割合とは「全社戦略に基づき、全社的に DX に取組んでいる」「全社戦略に基づき、一部の部門において DX に取組んでいる」「部署ごとに個別で DX に取組んでいる」の合計のことをいう。また、全社戦略に基づいて取組んでいる割合とは「全社戦略に基づき、全社的に DX に取組んでいる」「全社戦略に基づき、一部の部門において DX に取組んでいる」の合計のことをいう。（「DX 白書 2023」P.9）

■DXへの取組状況（従業員規模別）

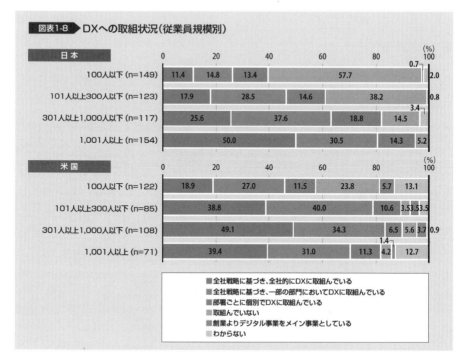

図表1-8　DXへの取組状況（従業員規模別）

DXへの取組状況を従業員規模別でみると日本は従業員数が多い企業ほどDXの取組みが進んでいる（図表1-8）。日本の「1,001人以上」においてはDXに取組んでいる割合は94.8%と米国と比較しても高い割合を示しているのに対して、従業員規模が「100人以下」の日本における割合の合計は約40%、DXに取組んでいない企業が60%近くになっており、中小企業におけるDXの取組みの遅れは顕著である。

なお、DXに取組んでいる割合とは「全社戦略に基づき、全社的にDXに取組んでいる」「全社戦略に基づき、一部の部門においてDXに取組んでいる」「部署ごとに個別でDXに取組んでいる」の合計のことをいう。（「DX白書2023」P.10）

■DX の取組の成果

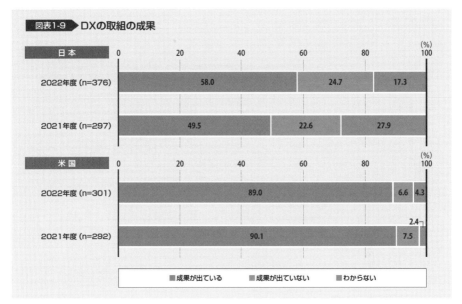

図表1-9　DXの取組の成果

DX の取組みにおいて、日本で「成果が出ている」の企業の割合は 2021 年度調査の 49.5%から 2022 年度調査は 58.0%に増加した。一方、米国は 89.0%が「成果が出ている」となっており、日本で DX へ取組む企業の割合は増加しているものの、成果の創出において日米差は依然として大きい。（「DX 白書 2023」P.11）

127

■DX の取組内容と成果

図表1-12 ▶DXの取組内容と成果

| | 0 | 20 | 40 | 60 | 80 | 100 (%) |

アナログ・物理データのデジタル化
日本 (n=218)　16.5　59.6　16.5　1.8　5.5
米国 (n=268)　46.3　36.9　12.3　3.4　1.1

業務の効率化による生産性の向上
日本 (n=218)　11.9　66.5　20.6　0.5　0.5
米国 (n=268)　31.3　47.8　16.8　3.4　0.7

新規製品・サービスの創出
日本 (n=218)　6.9　17.9　33.0　23.4　18.8
米国 (n=268)　26.1　40.7　25.7　5.2　2.2

顧客起点の価値創出による
ビジネスモデルの根本的な変革
日本 (n=218)　6.4　15.1　36.2　24.3　17.9
米国 (n=268)　26.5　44.8　19.0　6.7　3.0

■すでに十分な成果が出ている　　■すでにある程度の成果が出ている
■今後の成果が見込まれている　　■まだ見通しはわからない
■取組んでいない

※集計対象は、DX取組の成果において「成果が出ている」と回答した企業

　DX を進めていくうえでは、「顧客や社会の問題の発見と解決による新たな価値の創出」と「組織内の業務生産性向上や働き方の変革」という二つのアプローチを同時並行に進めることが重要である。既存事業の DX によって得られた原資を新たな価値創出に向けた活動に充当していくことで、企業の競争力と経営体力を高めながら、環境変化にも対応することが可能となる。

　DX の取組み領域ごとの成果状況を尋ねた結果をみると、デジタイゼーションに相当する「アナログ・物理データのデジタル化」とデジタライゼーションに相当する「業務の効率化による生産性の向上」において、成果が出ている割合（「すでに十分な成果が出ている」「すでにある程度の成果が出ている」の合計）が約 80%であり米国と差がなくなっている。（図表 1-12）

　一方、デジタルトランスフォーメーションに相当する「新規製品・サービスの創出」「顧客起点の価値創出によるビジネスモデルの根本的な変革」については 20%台で、米国の約 70%とは大きな差があり、デジタルトランスフォーメーションに向けてさらなる取組みが必要である。（「DX 白書 2023」P.14）

■DX 推進のための企業文化・風土の状況（現在）

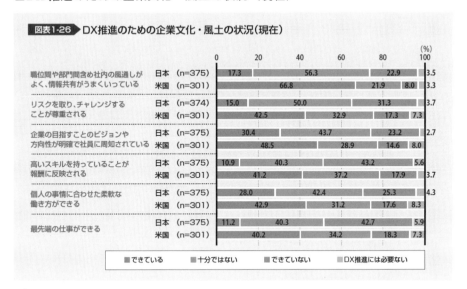

DX の推進のための企業文化・風土の「現在」の状況を尋ねた結果では、日本は「できている」の割合が高い項目として「企業の目指すことのビジョンや方向性が明確で社員に周知されている」（30.4%）、「個人の事情に合わせた柔軟な働き方ができる」（28.0%）が挙げられるが、すべての項目が 40%以上の米国との差は大きい。DX が組織に根付いていくためには土壌となる企業文化・風土のあり方も重要であり DX にふさわしい姿に変革していくことが求められる。（「DX 白書 2023」P.24.25）

■レガシーシステムの状況

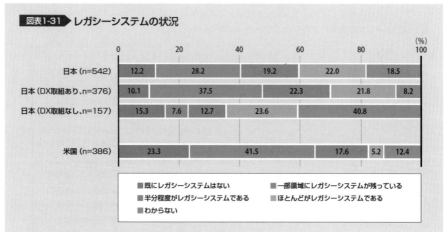

図表1-31　レガシーシステムの状況

老朽化した既存 IT システム（レガシーシステム）は、DX 推進の足かせになる場合があることから、2022 年度調査では、新たにレガシーシステムの状況と課題に関する設問を追加している。

図表 1-31 は、回答企業におけるレガシーシステムの状況を尋ねたものである。半分以上レガシーシステムが残っている割合（「半分程度がレガシーシステムである」「ほとんどがレガシーシステムである」の合計）でみると、米国の22.8%に対して日本は41.2%であり、日本企業におけるレガシー刷新の遅れがうかがえる。日本で「DX 取組なし」の企業は「わからない」が 40.8%に対して「DX 取組あり」の企業は「わからない」が 8.2%であり DX の取組がレガシーシステムの把握と刷新のきっかけの一つになっていると推察される。（「DX 白書 2023」P.29.30）

■データの利活用の状況

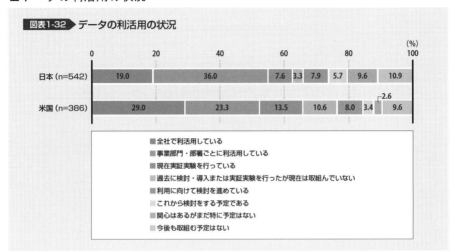

図表1-32 データの利活用の状況

データ利活用の状況として「全社で利活用している」と「事業部門・部署ごとに利活用している」の合計をみると米国より日本のほうが高く、データ利活用は進んでいる（図表 1-32）。ただし日本は「全社で利活用している」割合は米国と比べて低く、また取組む予定がない企業の割合（「関心はあるがまだ特に予定はない」「今後も取組む予定はない」の合計）も約 20％を示し、データ利活用への取組みが二極化する傾向がみられる。こうした日本の企業には DX に不可欠であるデータ利活用に対するマインドチェンジが求められる。（「DX白書 2023」P.30）

■2021年度単体売上高別DX取組状況

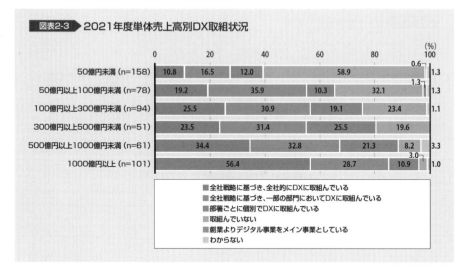

図表2-3　2021年度単体売上高別DX取組状況

　IPAが2022年6月から7月にかけて実施した「企業を中心としたDX推進に関する調査」においても、売上規模が大きくなるほどDXに取組んでいる企業の割合も高くなる傾向が確認できた（図表2-3）。これらの結果から、規模の大きい企業ほどDXに取組んでいる割合が高くなる傾向が確認された。（「DX白書2023」P.44）

■DX に取組むに当たっての課題（上段：従業員規模 20 人以下　下段：従業員規模 21 人以上）

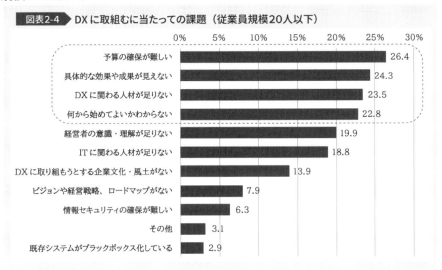

図表2-4　DX に取組むに当たっての課題（従業員規模20人以下）

項目	割合
予算の確保が難しい	26.4
具体的な効果や成果が見えない	24.3
DX に関わる人材が足りない	23.5
何から始めてよいかわからない	22.8
経営者の意識・理解が足りない	19.9
IT に関わる人材が足りない	18.8
DX に取り組もうとする企業文化・風土がない	13.9
ビジョンや経営戦略、ロードマップがない	7.9
情報セキュリティの確保が難しい	6.3
その他	3.1
既存システムがブラックボックス化している	2.9

（複数回答 n=584）

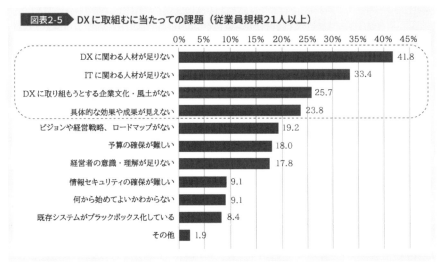

図表2-5　DX に取組むに当たっての課題（従業員規模21人以上）

項目	割合
DX に関わる人材が足りない	41.8
IT に関わる人材が足りない	33.4
DX に取り組もうとする企業文化・風土がない	25.7
具体的な効果や成果が見えない	23.8
ビジョンや経営戦略、ロードマップがない	19.2
予算の確保が難しい	18.0
経営者の意識・理解が足りない	17.8
情報セキュリティの確保が難しい	9.1
何から始めてよいかわからない	9.1
既存システムがブラックボックス化している	8.4
その他	1.9

（複数回答 n=416）

出典：独立行政法人 中小企業基盤整備機構「中小企業の DX 推進に関する調査（2022 年 5 月）」

　独立行政法人中小企業基盤整備機構による報告書の「DX に取組むに当たっての課題」の回答結果では、従業員 20 人以下の中小企業の場合、予算の確保（26.4%）、DX 人材の不足（23.5%）の他、「具体的な効果や成果が見えない」（24.3%）「何から始めてよいかわからない」（22.8%）といった DX を始めるにあたっての課題が上位になっている（図表 2-4）。

　一方で従業員 21 人以上の中小企業では、DX 人材の不足が 41.8% と、従業員 20 人以下の企業よりも 18.3 ポイントも高く、IT 人材の不足が 33.4%、企業文化・風土に関する課題が 25.7% と続いている（図表 2-5）。このことから、従業員 20 人以下の企業においては DX に取りかかることが難しい状況が、従業員 21 人以上の企業では DX に取組むなかで人材不足や企業文化・風土などがより大きな課題として顕在化している状況がうかがえる。（「DX 白書 2023」P.45.46）

２．DXの人材〜独立行政法人情報処理推進機構（IPA）「DX白書2023」より

■DXを推進する人材の「量」の確保

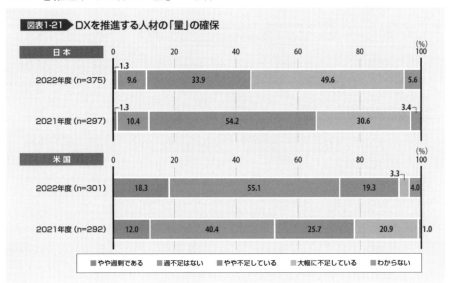

図表1-21 DXを推進する人材の「量」の確保

DXを推進する人材の「量」「質」の確保について尋ねた結果において、「量」については、2022年度調査では、DXを推進する人材が充足していると回答した割合が日本は10.9%、米国は73.4%であった。「大幅に不足している」が米国では2021年度調査の20.9%から2022年度調査の3.3%と減少する一方、日本では2021年度調査の30.6%から2022年度調査は49.6%と増加し、DXを推進する人材の「量」の不足が進んでいる。

DXを推進する人材が充足している回答とは「やや過剰である」「過不足はない」の合計のことをいう。（「DX白書2023」P.21）

■DX を推進する人材の「質」の確保

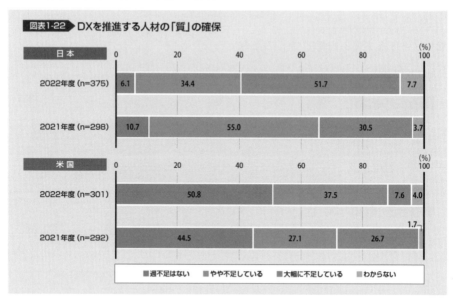

図表1-22　DXを推進する人材の「質」の確保

日本

2022年度 (n=375)　6.1 ／ 34.4 ／ 51.7 ／ 7.7
2021年度 (n=298)　10.7 ／ 55.0 ／ 30.5 ／ 3.7

米国

2022年度 (n=301)　50.8 ／ 37.5 ／ 7.6 ／ 4.0
2021年度 (n=292)　44.5 ／ 27.1 ／ 26.7 ／ 1.7

■過不足はない　■やや不足している　■大幅に不足している　■わからない

　DX を推進する人材の「量」「質」の確保について尋ねた結果において、「質」については、日本では、「やや不足している」は 2021 年度調査の 55.0%から2022 年度調査は 34.4%と減少している一方、「大幅に不足している」は 2021年度調査 30.5%から 2022 年度調査は 51.7%になり明確な不足を回答する企業が半数にまで増加している。

　日本の企業で DX を推進する人材の「量」「質」の不足が増加した要因としては、この 1 年で DX に取組む企業の割合が増加し、それにあわせて DX の推進に必要な人材に対するニーズが増えていることが考えられる。(「DX 白書2023」P.22)

■DX を推進する人材の育成方法

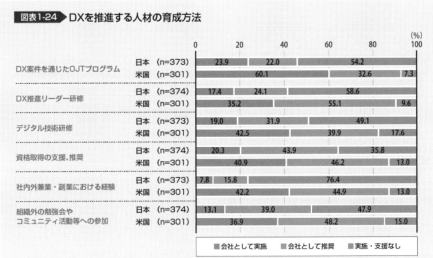

図表1-24 ▶ DXを推進する人材の育成方法

　日本の DX を推進する人材の育成方法は、「実施・支援なし」が全項目で4
割から7割と割合が高い。米国では「DX 案件を通じた OJT プログラム」が6
割を超える他、その他の取組みもおおむね30％から40％台である（図表1-24）。
日本で育成を会社として実施している割合が最も高いのは「DX 案件を通じた
OJT プログラム」が 23.9％であり、DX の推進人材の育成施策を会社として取
組む姿勢に日米で大きな差が出ている。（「DX 白書 2023」P.23）

■DX を推進する人材の評価基準

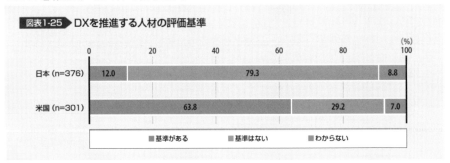

図表1-25 ▶ DXを推進する人材の評価基準

　DX を推進する人材を評価するための基準について尋ねた結果では、米国で
は過半数を越え 63.8％が「基準がある」と回答したのに対して、日本では「基
準がある」が 12.0％、「基準はない」が 79.3％となった。DX を推進する人材

は既存の人材とは異なった評価基準が必要となり、そのための評価基準の新たな定義に取組むことが急務であると考える。（「DX 白書 2023」P.24）

■デジタル事業に対応する人材の「量」の確保（職種別）

デジタル事業に対応する人材を次のように分類し、その充足度に関する調査を実施している。

（「DX 白書 2023」P.160）

図表4-6　デジタル事業に対応する人材

職種（人材名）	説明
プロダクトマネージャー	デジタル事業の実現を主導するリーダー格の人材
ビジネスデザイナー	デジタル事業（マーケティング含む）の企画・立案・推進等を担う人材
テックリード（エンジニアリングマネージャー、アーキテクト）	デジタル事業に関するシステムの設計から実装ができる人材
データサイエンティスト	事業・業務に精通したデータ解析・分析ができる人材
先端技術エンジニア	機械学習、ブロックチェーンなどの先進的なデジタル技術を担う人材
UI ／ UXデザイナー	デジタル事業に関するシステムのユーザー向けデザインを担当する人材
エンジニア／プログラマー	デジタル事業に関するシステムの実装やインフラ構築、保守・運用、セキュリティ等を担う人材

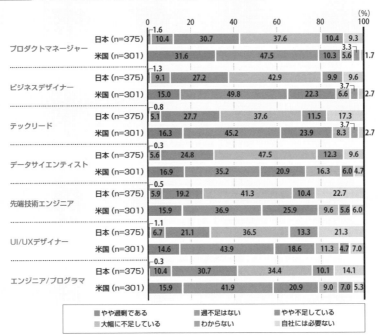

図表4-7 ▶ デジタル事業に対応する人材の「量」の確保（職種別）

デジタル事業に対応する人材の「量」の確保について職種別に尋ねた結果について、全体的にみると日本は不足しており、米国は充足していることが読み取れる。とくに、日本でデジタル事業に対応する人材の不足感が強い職種は「データサイエンティスト」（72.3％）、「ビジネスデザイナー」（70.1％）、「プロダクトマネージャー」（68.3％）である。米国で不足感が強い職種は「データサイエンティスト」（37.2％）、「先端技術エンジニア」（35.5％）となった。

なお、デジタル事業に対応する人材の不足感とは「やや不足している」「大幅に不足している」の回答の合計、充足は「やや過剰である」「過不足はない」の回答の合計のことをいう。

（「DX白書2023」P.161）

■DXを推進する人材の獲得・確保

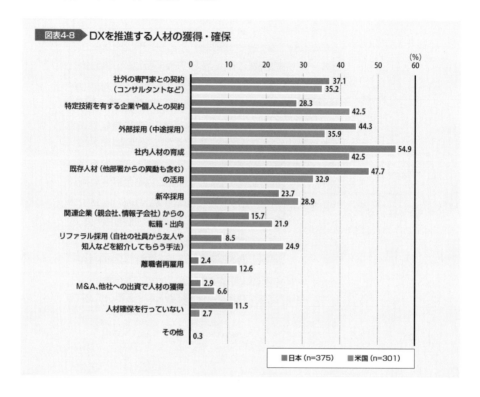

図表4-8 DXを推進する人材の獲得・確保

　DXを推進する人材の獲得・確保の方法を尋ねた結果では、日米ともに「社内人材の育成」（54.9%、42.5%）の割合が一番高い。日本では次いで「既存人材（他部署からの異動も含む）の活用」（47.7%）、「外部採用（中途採用）」（44.3%）、「社外の専門家との契約（コンサルタントなど）」（37.1%）であり、これらの項目は米国も同様に割合が高い。また、日本と米国の差異をみると米国は、日本より「特定技術を有する企業や個人との契約」（42.5%）、「リファラル採用（自社の社員から友人や知人などを紹介してもらう手法）」（24.9%）などさまざまな社外からの獲得手段の割合が高く、日本企業もこのような手段を積極的に活用していくことが必要と考える。
（「DX白書2023」P.162）

■DX を推進する人材の獲得・確保の課題

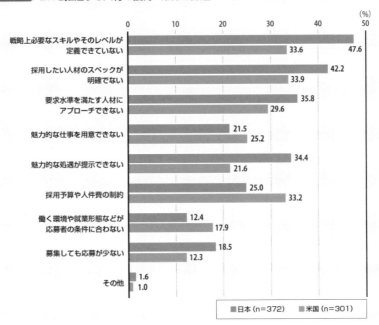

図表4-10 ▶ DXを推進する人材の獲得・確保の課題

DX を推進する人材の獲得・確保の課題を尋ねた結果では、日米ともに「戦略上必要なスキルやそのレベルが定義できていない」「採用したい人材のスペックが明確でない」の割合が高い。日本では次いで「要求水準を満たす人材にアプローチできない」（35.8%）、米国では、「採用予算や人件費の制約」（33.2%）の割合が高い。

（「DX 白書 2023」P.164）

■DX を推進する人材の育成に関する課題

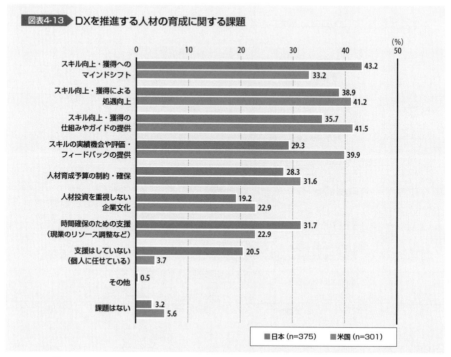

図表4-13　DXを推進する人材の育成に関する課題

　DX を推進する人材の育成に関する課題を尋ねた結果を図表 4-13 に示す。日本は、「スキル向上・獲得へのマインドシフト」（43.2%）、「スキル向上・獲得による処遇向上」（38.9%）、「スキル向上・獲得の仕組みやガイドの提供」（35.7%）の割合が高い。米国は「スキル向上・獲得の仕組みやガイドの提供」（41.5%）、「スキル向上・獲得による処遇向上」（41.2%）、「スキルの実績機会や評価・フィードバックの提供」（39.9%）の割合が高い。「スキルの実績機会や評価・フィードバックの提供」は、日本は米国に比べて割合が著しく低いが、日米で差が最も大きい項目は「支援はしていない（個人に任せている）」で日本が 20.5%に対して米国は 3.7%である。日本では企業による DX を推進する人材の育成に関する支援が遅れている。

（「DX 白書 2023」P.167）

■DXを推進する人材のキャリアサポート

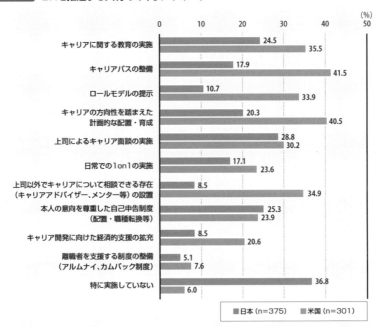

図表4-14 ▶ DXを推進する人材のキャリアサポート

　DXを推進する人材のキャリアサポートを尋ねた結果については、日本はDXを推進する人材のキャリアサポートを「特に実施していない」とする企業が3割台半ばであり、大きな課題と考えられる。

　その他で割合が高い上位3項目は、日本では「上司によるキャリア面談の実施」（28.8％）、「本人の意向を尊重した自己申告制度」（25.3％）、「キャリアに関する教育の実施」（24.5％）である。米国では、「キャリアパスの整備」（41.5％）、「キャリアの方向性を踏まえた計画的な配置・育成」（40.5％）、「キャリアに関する教育の実施」（35.5％）となっている。「ロールモデルの提示」「上司以外でキャリアについて相談できる存在（キャリアアドバイザー、メンター等）の設置」は米国では3割を超える割合に対して、日本は1割程度と差が大きい。

（「DX白書2023」P.168）

■従業員の学び直し（リスキル）の取組状況

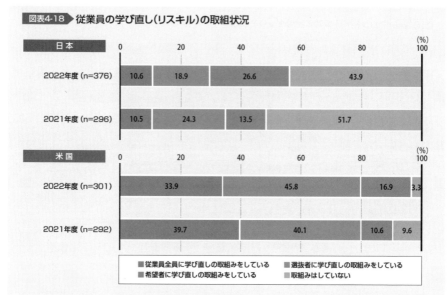

図表4-18 従業員の学び直し（リスキル）の取組状況

※2021年度調査の「実施していないが検討中」「実施していないし検討もしていない」の合計を2022年度調査の「取組みはしていない」としている。また、2021年度調査は「その他」を除いている

　DX を進めていくには従業員全体の学び直し、リテラシー向上が重要である。その状況を把握するため、従業員の学び直し（リスキル）の取組状況について尋ねた結果については、日本は「希望者に学び直しの取組みをしている」が2021年度調査では13.5%だが2022年度調査では26.6%に増加している。学び直しの取組をしている企業は増加傾向にあるが、米国は、9割以上が学び直しの取組をしており、日本との差は依然として大きい。なお、学び直しの取組をしているとは「取組みはしていない」以外の項目を示す。
（「DX 白書 2023」P.171）

■従業員の学び直し（リスキル）の取組内容

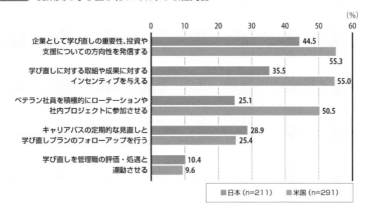

図表4-19 従業員の学び直し（リスキル）の取組内容

（%）

- 企業として学び直しの重要性、投資や支援についての方向性を発信する：44.5（日本）／55.3（米国）
- 学び直しに対する取組や成果に対するインセンティブを与える：35.5（日本）／55.0（米国）
- ベテラン社員を積極的にローテーションや社内プロジェクトに参加させる：25.1（日本）／50.5（米国）
- キャリアパスの定期的な見直しと学び直しプランのフォローアップを行う：28.9（日本）／25.4（米国）
- 学び直しを管理職の評価・処遇と連動させる：10.4（日本）／9.6（米国）

■日本（n=211）　■米国（n=291）

※学び直し（リスキル）の取組状況で「取組みはしていない」を除いた

従業員の学び直し（リスキル）の取組内容について尋ねた結果では、米国は「企業として学び直しの重要性、投資や支援についての方向性を発信する」（55.3%）、「学び直しに対する取組や成果に対するインセンティブを与える」（55.0%）、「ベテラン社員を積極的にローテーションや社内プロジェクトに参加させる」（50.5%）の割合が高い。日本と米国の差が大きいものは「ベテラン社員を積極的にローテーションや社内プロジェクトに参加させる」であり、日本25.1%に対して米国は50.5%と2倍以上の差がある。
（「DX白書2023」P.172）

※資料集「1．DXの現況」および「2．DXの人材」は、独立行政法人情報処理推進機構（IPA）「DX白書2023」（2023年3月16日発行）の一部を抜粋したものです。抜粋したページ番号は各ページの末尾に記してあります。
文意が変わらない範囲で若干の文章の変更を施した箇所があります。

3．デジタルガバナンス・コード2.0

2020 年 11 月 9 日 策定
2022 年 9 月 13 日 改訂

経済産業省

デジタルガバナンス・コードについて

- あらゆる要素がデジタル化されていく Society5.0 に向けて、ビジネスモデルを抜本的に変革（DX[1]：デジタルトランスフォーメーション）し、新たな成長を実現する企業が現れてきている。一方、グローバルな競争の中で、競合する新たなビジネスモデルにより既存ビジネスが破壊される事例（デジタルディスラプション）も現れてきている。
- こうした時代変化の中で、持続的な企業価値の向上を図っていくためには、
  ①IT システムとビジネスを一体的に捉え、新たな価値創造に向けた戦略を描いていくこと
  ②デジタルの力を、効率化・省力化を目指したITによる既存ビジネスの改善にとどまらず、新たな収益につながる既存ビジネスの付加価値向上や新規デジタルビジネスの創出に振り向けること
  ③ビジネスの持続性確保のため、IT システムについて技術的負債となることを防ぎ、計画的なパフォーマンス向上を図っていくこと
  ④必要な変革を行うため、IT 部門、DX 部門、事業部門、経営企画部門など組織横断的に取り組むこと
  が重要であり、企業全体の組織構造や文化の改革、中長期的な投資を行う観点から、経営者の関与が不可欠なものである。
- 一方で、我が国企業で本格的な DX の取組は遅れており、レガシーシステムがいまだ足かせとなっている企業や、ビジネスモデルの変革に取り組むものの、変革の入り口で足踏みしている企業も多い。
- また、企業の DX を進める能力を無形資産と捉えた、経営者とステークホルダーの対話も十分に行われていない。
- こうした背景の中で、経営者に求められる企業価値向上に向け実践すべき事柄を「デジタルガバナンス・コード」として取りまとめていく

---

[1] DX の定義は次のとおりとする。「企業がビジネス環境の激しい変化に対応し、データとデジタル技術を活用して、顧客や社会のニーズを基に、製品やサービス、ビジネスモデルを変革するとともに、業務そのものや、組織、プロセス、企業文化・風土を変革し、競争上の優位性を確立すること。」

こととする。企業が DX の取組を自主的・自発的に進めることを促すとともに、特に、経営者の主要な役割として、ステークホルダーとの対話を捉え、対話に積極的に取り組んでいる企業に対して、資金や人材、ビジネス機会が集まる環境を整備していく。

● なお、対象は、上場・非上場や、大企業・中小企業といった企業規模、法人・個人事業主を問わず広く一般の事業者とする。また、ステークホルダーという用語は、顧客、投資家、金融機関、エンジニア等の人材、取引先、システム・データ連携による価値協創するパートナー、地域社会等を含む。

DXとSX/GXの関係性

近年その重要性が指摘されている SX（※1）や GX（※2）については、これらをさらに効果的かつ迅速に推進していくために、DXと一体的に取り組んでいくことが望まれる。

（※1）SX
「『サステナビリティ・トランスフォーメーション（SX)』（企業の稼ぐ力の持続的向上に向けた「長期の時間軸」を前提にした経営、社会のサステナビリティと企業のサステナビリティの時間軸を同期化し、社会課題を企業経営に時間軸を踏まえて取り込んでいく取組、不確実性に備えるため企業と投資家と継続的な対話によるレジリエンスの強化等）」（経済産業省「サステナブルな企業価値創造のための長期経営・長期投資に資する対話研究会（SX研究会）について」）

（※2）GX
「我が国がカーボンニュートラルを実現し、さらに世界全体のカーボンニュートラル実現にも貢献しながら、そのための対応を成長の機会として捉え、産業競争力を高めていくためには、カーボンニュートラルにいち早く移行するための挑戦を行い、国際ビジネスで勝てるような『企業群』が、自ら以外のステークホルダーも含めた経済社会システム全体の変革（GX：グリーントランスフォーメーション）を牽引していくことが重要である。」（経済産業省「GXリーグ基本構想」）

デジタルガバナンス・コードの柱立て

1．ビジョン・ビジネスモデル
2．戦略
2-1．組織づくり・人材・企業文化に関する方策
2-2．ITシステム・デジタル技術活用環境の整備に関する方策
3．成果と重要な成果指標
4．ガバナンスシステム

デジタルガバナンス・コードの全体構造

（1）基本的事項は、情報処理促進法と対応。

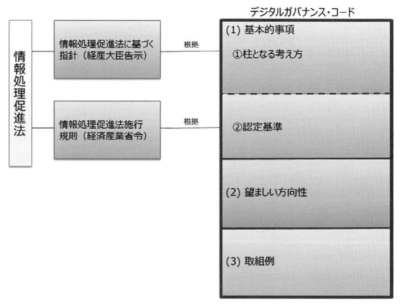

※情報処理促進法に基づく認定制度（DX 認定制度）の詳細は以下をご
　覧ください。
https://www.ipa.go.jp/ikc/info/dxcp.html

1．ビジョン・ビジネスモデル

（1）基本的事項
①柱となる考え方

> ●企業は、<u>ビジネスとITシステムを一体的に捉え</u>、デジタル技術による社会及び競争環境の変化が自社にもたらす影響（リスク・機会）を踏まえた、<u>経営ビジョンの策定</u>及び経営ビジョンの実現に向けた<u>ビジネスモデルの設計</u>を行い、<u>価値創造ストーリーとして</u>、<u>ステークホルダーに示していくべきである。</u>

※ステークホルダーに情報を示していくにあたっては、必ずしも、あらゆる情報を社内外に共有するということではなく、企業価値向上に向けて、ステークホルダーの理解あるいはステークホルダーとの協力・協業を得るための対話を行っていく上で、必要な情報を整理し、発信していくことが求められる。（2．以下についても同様）

※ステークホルダーとの対話の在り方は、広く公表する以外にも、個別に対話を行うなど、様々な方法がありえるが、不確実でかつ変化のスピードが速まっている今日において、企業は、幅広いステークホルダーあるいは社会全体との関係を想定し、対話のきっかけとなる情報については、広く公表を行うことが望まれる。

※ビジネスモデルとは、企業が事業を行うことで、顧客や社会に価値を提供し、それを持続的な企業価値向上につなげていく仕組みである。具体的には、有形・無形の経営資源を投入して製品やサービスをつくり、その付加価値に見合った価格で顧客に提供する一連の流れを指す。ただしステークホルダーとの対話においては、そうした仕組みを必ずしも詳細に示すことが求められるのではなく、自社のビジネスモデルにとって重要な要素を「価値創造ストーリー」として示していくことが重要である。特に、デジタル技術による社会変化が進む中で、未来に向けて「価値創造ストーリー」をどのように変化あるいは強化させていくかといった方向性を示していくことが望まれる。

②認定基準

> ●デジタル技術による社会及び競争環境の変化の影響を踏まえた<u>経営ビジョン及びビジネスモデルの方向性を公表していること。</u>

※認定にあたっての判断は、機関承認（取締役会設置会社であれば、取締役会の承認。以下同じ。）を得た公開文書に記載されている事項、もしくは、機関承認された方針に基づき作成された内容であって公開文書に記載されている事項を基に行う。

（2）望ましい方向性

- 経営者として世の中のデジタル化が自社の事業に及ぼす影響（機会と脅威）について明確なシナリオを描いている。
- 経営ビジョンの柱の一つに デジタル戦略を掲げている。
- 既存ビジネスモデルの強みと弱みが明確化されており、その強化・改善に デジタル戦略・施策が大きく寄与している。
- 事業リスク・シナリオに則った新しいビジネスモデルの創出をデジタル戦略が支援している。
- デジタルにより、他社と比較して持続的な強みを発揮している。
- 多様な主体がデジタル技術でつながり、データや知恵などを共有することによって、さまざまな形で協創（単なる企業提携・業務提携を超えた生活者視点での価値提供や社会課題の解決に立脚した、今までとは異次元の提携）し、革新的な価値を創造している。

（3）取組例

- デジタル技術による社会及び競争環境の変化が自社にもたらす影響（リスク・機会）を踏まえ、経営方針および経営計画（中期経営計画・統合報告書等）において、DX の推進に向けたビジョンを掲げている。
- DX の推進に向けたビジョンを実現するため、適切なビジネスモデルを設計している。
- ビジネスモデルを実現するために、DX 推進においてエコシステム等、企業間連携を主導している。
- 自社にとどまらず、社会や業界の課題解決に向けてDXを牽引しようとしている。

・デジタルによるビジネスモデルの変革が、経営方針転換やグローバル展開等に迅速に対応できるものとなっている。

２．戦略

（１）基本的事項
①柱となる考え方

●企業は、社会及び競争環境の変化を踏まえて目指すビジネスモデルを実現するための方策として<u>デジタル技術を活用する戦略を策定</u>し、ステークホルダーに示していくべきである。

②認定基準

●デジタル技術による社会及び競争環境の変化の影響を踏まえて設計したビジネスモデルを実現するための方策として、<u>デジタル技術を活用する戦略を公表していること</u>。

※認定にあたっての判断は、機関承認（取締役会設置会社であれば、取締役会の承認。以下同じ。）を得た公開文書に記載されている事項、もしくは、機関承認された方針に基づき作成された内容であって公開文書に記載されている事項を基に行う。

（２）望ましい方向性
・経営ビジョンを実現できる変革シナリオとして、戦略が構築できている。
・デジタル戦略・施策のポートフォリオにおいて、合理的かつ合目的的な予算配分がなされている。
・データを重要経営資産の一つとして活用している。

（３）取組例
・DX を推進するための戦略が具体化されている。
・経営戦略において、データとデジタル技術を活用して既存ビジネスの変革を目指す取組（顧客関係やマーケティング、既存の製品やサービス、オペレーション等の変革による満足度向上等）が明示されており、その取組が実施され、効果が出ている。

・経営戦略において、データとデジタル技術を活用した新規ビジネス創出について明示されており、その取組が実施され、効果が出ている。

・経営状況や事業の運営状況を把握できる仕組み（システム）があり、そこから得られるデータをふまえて経営・事業の意思決定が実施されている。

2-1．組織づくり・人材・企業文化に関する方策

（1）基本的事項

①柱となる考え方

●企業は、デジタル技術を活用する戦略の推進に必要な体制を構築するとともに、組織設計・運営の在り方について、ステークホルダーに示していくべきである。その際、人材の育成・確保や外部組織との関係構築・協業も、重要な要素として捉えるべきである。

②認定基準

●デジタル技術を活用する戦略において、特に、戦略の推進に必要な体制・組織及び人材の育成・確保に関する事項を示していること。

※認定にあたっての判断は、機関承認（取締役会設置会社であれば、取締役会の承認。以下同じ。）を得た公開文書に記載されている事項、もしくは、機関承認された方針に基づき作成された内容であって公開文書に記載されている事項を基に行う。

（2）望ましい方向性

・デジタル戦略推進のために各人（経営層から現場まで）が主体的に動けるような役割と権限が規定されている。

・社外リソースを含め知見・経験・スキル・アイデアを獲得するケイパビリティ（組織能力）を有しており、ケイパビリティを活かしながら、事業化に向かった動きができている。

・デジタル戦略推進のために必要なデジタル人材の定義と、その確保・育成/評価の人事的仕組みが確立されている。

・人材育成・確保について、現状のギャップとそれを埋める方策が明確化されている。

・リスキリングやリカレント教育など、全社員の デジタル・リテラシー向上の施策が打たれている。その中では、全社員が目指すべきリテラシーレベルのスキルと、自社のDXを推進するための戦略を実行する上で必要となるスキルとがしっかりと定義され、それぞれのスキル向上に向けたアプローチが明確化されている。
・経営トップが最新のデジタル技術や新たな活用事例を得た上で、自社のデジタル戦略の推進に活かしている。組織カルチャーの変革への取組み（雇用の流動性、人材の多様性、意思決定の民主化、失敗を許容する文化など）が行われている。
・経営戦略と人材戦略を連動させた上で、デジタル人材の育成・確保に向けた取組が行われている。

（3）取組例
・DX の推進をミッションとする責任者（Chief Digital Officer としての役割）、CTO（科学技術や研究開発などの統括責任者、Chief Technology Officer）、CIO（IT に関する統括責任者、Chief Information Officer）、データに関する責任者（Chief Data Officer）が、組織上位置付けられ、ミッション・役割を含め明確に定義され任命されている（他の役割との兼任も含む）。
・スキルマトリックス等により、経営層（経営者及び取締役・執行役員等）のデジタルに関係したスキルの項目を作成し、ステークホルダーに向け公表している。
・取締役会や経営会議等の場において、経営トップが最新のデジタル技術や新たな活用事例に関する情報交換を定期的に行うとともに、自社の戦略への落とし込みについて自ら主体的に検討を行っている。DX を推進する、組織上位置付けられた専任組織がある。
・DX 推進を支える人材として、どのような人材が必要かが明確になっており、確保のための取組を実施している（計画的な育成、中途採用、外部からの出向、事業部門・IT 担当部門間の人事異動等）。
・DX の推進にあたり、オープンイノベーション、社外アドバイザー・パートナーの活用、スタートアップ企業との協業など、これまでの IT 分野での受発注関係と異なる外部リソースの活用を実施している。
・DX 推進のための予算が一定の金額または一定の比率確保されている。それは他の IT 予算と別で管理されており、IT 予算の増減による影響を受けないようになっている。

・全社員が、デジタル技術を抵抗なく活用し、自らの業務を変革して
いくことを支援する仕組み（教育・人事評価制度等）がある。
・DX の推進にあたり、新しい挑戦を促すとともに、継続的に挑戦し、
積極的に挑戦していこうとするマインドセット醸成を目指した、活
動を支援する制度、仕組みがある。
・デジタルに関する専門知識を身につけた社員が、その知識を活用し、
より実践的なスキルを身につけられるような人材配置の仕組みがある。
・自社のデジタル人材育成・確保に関する考え方が、外部に対しても
効果的にアピールされている。
・社員一人ひとりが、仕事のやり方や行動をどのように変えるべきか
が分かるような、経営ビジョンの実現に向けたデジタル活用の行動
指針を定め、公開している。

2-2. IT システム・デジタル技術活用環境の整備に関する方策
（1）基本的事項
①柱となる考え方

●企業は、デジタル技術を活用する戦略の推進に必要な<u>IT シ
ステム・デジタル技術活用環境の整備</u>に向けたプロジェク
トやマネジメント方策、利用する<u>技術・標準・アーキテク
チャ、運用、投資計画</u>等を明確化し、ステークホルダーに
示していくべきである。

②認定基準

●デジタル技術を活用する戦略において、特に、IT システ
ム・デジタル技術活用環境の整備に向けた方策を示してい
ること。

※認定にあたっての判断は、機関承認（取締役会設置会社であれ
ば、取締役会の承認。以下同じ。）を得た公開文書に記載されて
いる事項、もしくは、機関承認された方針に基づき作成された
内容であって公開文書に記載されている事項を基に行う。

（2）望ましい方向性

・レガシーシステム（技術的負債）の最適化（IT 負債に限らず、包括的な負債の最適化）が実現できている。
・先進テクノロジの導入と独自の検証を行う仕組みが確立されている。
・担当者の属人的な努力だけではなく、デベロッパー・エクスペリエンス（開発者体験）の向上やガバナンスの結果として IT システム・デジタル技術活用環境が実現できている。
・DX推進のための投資等の意思決定において、コストのみではなくビジネスに与えるインパクトを勘案すると同時に、定量的なリターンの大きさやその確度を求めすぎず、必要な挑戦を促している。

（3）取組例

・ビジネス環境の変化に迅速に対応できるよう、既存の情報システムおよびデータが、新たに導入する最新デジタル技術とスムーズかつ短期間に連携できるとともに、既存データを活用できるようになっている。
・全社の情報システムが戦略実現の足かせとならないように、定期的にビジネス環境や利用状況をふまえ、情報資産の現状を分析・評価し、課題を把握できている。
・上記で実施した分析・評価の結果を受け、技術的負債（レガシーシステム）が発生しないよう、必要な対策を実施できている。またそれを実施するための体制（組織や役割分担）を整えている。
・情報システムの全社最適を目指し、全社のデータ整合性を確保するとともに、事業部単位での個別最適による複雑化・ブラックボックス化を回避するための仕組みがある。
・全社最適で策定された計画の実行段階においては、各事業部門が自己の利害に固執して全体最適から離れてしまわないよう注意を払いながら、オーナーシップをもって、その完遂に向けて努力している。

3．成果と重要な成果指標

（1）基本的事項
①柱となる考え方

> ●企業は、デジタル技術を活用する戦略の達成度を測る指標
> を定め、ステークホルダーに対し、指標に基づく成果につ
> いての自己評価を示すべきである。

②認定基準

> ●デジタル技術を活用する戦略の達成度を測る指標について
> 公表していること。

※認定にあたっての判断は、公開文書に記載されている事項を基に行う。
※指標としては、①企業価値創造に係る指標（企業が目標設定に用いる
あるいは戦略的なモニタリング対象とする財務指標）、②戦略実施に
より生じた効果を評価する指標、③戦略に定められた計画の進捗を評
価する指標が考えられる。
　認定に際しては、上述した②の指標又は③の指標が公表されているか、
もしくは、①の指標が公表されており、戦略上の取組が①の指標にど
のように紐づいているかが明確となっていることを求めるものとする。
※指標については、定量指標の他、達成したか否かが判断できる定性指
標も含まれる。
　指標については、目標値やベンチマークの設定がなされていることが
望ましいが、認定に際しては必須要件とはしない。また、原則的には
現状値が公表されていることが求められるが、これから実施する戦略
の進捗指標など、現状値公表の必要性がない場合は除かれる。

（2）望ましい方向性
・デジタル戦略・施策の達成度がビジネスの KPI をもって評価され
　ている。またその KPI には目標値設定がされている。
・上記 KPI が最終的に財務成果（KGI）へ帰着するストーリーが明快
　である。
・実際に、財務成果をあげている。
・デジタル戦略等により、ESG/SDGsに関する取組を行うとともに、
　成果を上げている。

（3）取組例

・ 実施している取組について、すべての取組に KPI を設定し、KGI（最終財務成果指標）と連携させている。
・ 企業価値向上に関係する KPI について、ステークホルダーに開示している。
・ デジタル時代に適応した企業変革が実現できているかについて、指標（定量・定性）を定め、評価している。

4．ガバナンスシステム

（1）基本的事項
①柱となる考え方

●経営者は、デジタル技術を活用する戦略の実施に当たり、ステークホルダーへの情報発信を含め、リーダーシップを発揮するべきである。
●経営者は、事業部門（担当）や IT システム部門（担当）等とも協力し、デジタル技術に係る動向や自社の IT システムの現状を踏まえた課題を把握・分析し、戦略の見直しに反映していくべきである。また、経営者は、事業実施の前提となるサイバーセキュリティリスク等に対しても適切に対応を行うべきである。
［取締役会設置会社の場合］
●取締役会は、経営ビジョンやデジタル技術を活用する戦略の方向性等を示すにあたり、その役割・責務を適切に果たし、また、これらの実現に向けた経営者の取組を適切に監督するべきである。

②認定基準

●経営ビジョンやデジタル技術を活用する戦略について、経営者が自ら対外的にメッセージの発信を行っていること。

※経営者名でメッセージが発信されている公開文書等によって確認する。

> ●経営者のリーダーシップの下で、デジタル技術に係る動向
> や自社のITシステムの現状を踏まえた課題の把握を行って
> いること。

※DX 推進指標等により自己診断を実施していることの説明文書等が
　提出されることをもって確認する。

> ●戦略の実施の前提となるサイバーセキュリティ対策を推進
> していること。

※サイバーセキュリティ経営ガイドライン等に基づき対策を行い、セ
　キュリティ監査（内部監査を含む）を行っていることの説明文書等
　が提出されることをもって確認する。
※中小企業においては、SECURITY ACTION 制度に基づき自己宣言
　（二つ星）を行っていることを確認する方法でも可とする。

（2）望ましい方向性
・経営者が自身の言葉でそのビジョンの実現を社内外のステークホル
　ダーに発信し、コミットしている。
・経営・事業レベルの戦略の進捗・成果把握が即座に行える。
・戦略変更・調整が生じた際、必要に応じて、デジタル戦略・施策の
　軌道修正が即座に実行されている。
・企業レベルのリスク管理と整合したデジタル・セキュリティ対策、
　個人情報保護対策やシステム障害対策を組織・規範・技術など全方
　位的に打っている。

（3）取組例
・企業価値向上のための DX 推進について、経営トップが経営方針・
　経営計画やメディア等でメッセージを発信している。
・経営トップと DX 推進部署の責任者（CDO・CTO・CIO・CDXO
　等）が定期的にコミュニケーションを取っている。
・経営トップが事業部門や IT システム部門等と協力しながら、デジ
　タル技術に係る動向や自社の IT システムの現状を踏まえた課題を
　把握・分析し、戦略の見直しに反映している。
・企業価値向上のための DX 推進に関して、取締役会・経営会議で報
　告・議論されている。

・経営者がサイバーセキュリティリスクを経営リスクの1つとして認識し、CISO 等の責任者を任命するなど管理体制を構築するとともに、サイバーセキュリティ対策のためのリソース（予算、人材）を確保している。
・サイバーセキュリティリスクとして守るべき情報を特定し、リスクに対応するための計画（システム的・人的）を策定するとともに、防御のための仕組み・体制を構築している。
・サイバーセキュリティリスクに対応できる体制の構築に向けた取組として、情報処理安全確保支援士（登録セキスペ、登録情報セキュリティスペシャリスト）の取得を会社として奨励している。
・サイバーセキュリティを経営リスクの一つと捉え、その取組を前提としたリスクの性質・度合いに応じて、サイバーセキュリティ報告書、CSR報告書、サステナビリティレポートや有価証券報告書等への記載を通じて開示を行っている。

4．DXレポート～ITシステム「2025年の崖」の克服とDXの本格的な展開～（抜粋）

平成30年9月7日
デジタルトランスフォーメーションに向けた研究会

2　DXの推進に関する現状と課題

2.1　DXを実行する上での経営戦略における現状と課題

2.1.1　模索過程にある経営戦略

　あらゆるモノがつながるIoT等を通じて活用できるデータが爆発的に増加し、また、AI、クラウド、マイクロサービスやクラウドを活用したアジャイルアプリケーション開発、ブロックチェーン、AR/VR等データを扱う新たなデジタル技術の活用の可能性が広がっている。

　こうした中で、あらゆる産業において、これらの新たなデジタル技術を活用してこれまでにないビジネス・モデルを展開する新規参入者が登場し、デジタル・ディスラプションと呼ばれるゲームチェンジが起きつつある。このような環境において、各企業は、競争力維持・強化のために、DXをスピーディーに進めていくことが死活問題となっている。

　DXを実行するに当たっては、新たなデジタル技術を活用して、どのようにビジネスを変革していくかの経営戦略そのものが不可欠である。

　しかしながら、DXの必要性に対する認識は高まり、そのための組織を立ち上げる等の動きはあるものの、ビジネスをどのように変革していくか、そのためにどのようなデータをどのように活用するか、どのようなデジタル技術をどう活用すべきかについて、具体的な方向性を模索している企業が多いのが現状と思われる。

デジタル変革の実現における課題

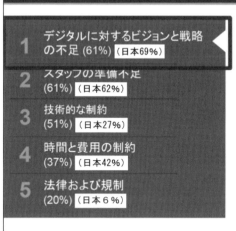

（出典）DXに向けた研究会　デル株式会社説明資料より

　こうした中で、例えば、経営者からビジネスをどのように変えるかについての明確な指示が示されないまま「AIを使って何かできないか」といった指示が出され、PoCが繰り返されるものの、ビジネスの改革に繋がらないといったケースも多いとの指摘がなされている。

2.2　既存システムの現状と課題

2.2.1　DXの足かせとなっている既存システム

　DXを実行していくに当たっては、データを収集・蓄積・処理するITシステムが、環境変化、経営・事業の変化に対し、柔軟に、かつスピーディーに対応できることが必要である。そしてこれに対応して、ビジネスを変えていくことが肝要である。
　しかし、一般社団法人日本情報システム・ユーザー協会（JUAS）による2017年度の調査によると、我が国の企業においては、ITシステムが、いわゆる「レガシーシステム」となり、DXの足かせになっている状態が多数みられるとの結果が出ている（レガシーシステムとは、技術面の老朽

化、システムの肥大化・複雑化、ブラックボックス化等の問題があり、その結果として経営・事業戦略上の足かせ、高コスト構造の原因となっているシステム、と定義している)。JUASのアンケート調査によると、約8割の企業が「レガシーシステム」を抱えており、約7割が「レガシーシステム」が自社のデジタル化の足かせになっていると回答している。

約8割の企業が老朽システムを抱えている約7割の企業が、老朽システムが、DXの足かせになっていると感じている

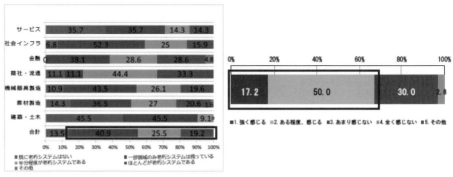

（出典）一般社団法人日本情報システム・ユーザー協会「デジタル化の進展に対する意識調査」
　　　（平成29年）を基に作成

　また、レガシーシステムが足かせと感じている理由には、「ドキュメントが整備されていないため調査に時間を要する」、「レガシーシステムとのデータ連携が困難」、「影響が多岐にわたるため試験に時間を要する」といったものが挙げられており、技術面の老朽化、システムの肥大化・複雑化、ブラックボックス化を解決していくための課題そのものが提起されている。すなわち、DXを進める上で、データを最大限活用すべく新たなデジタル技術を適用していくためには、既存のシステムをそれに適合するように見直していくことが不可欠である。

レガシーシステムが足かせと感じる理由

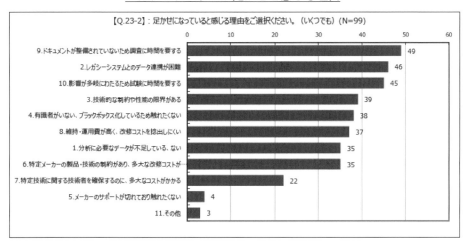

【Q.23-2】：足かせになっていると感じる理由をご選択ください。（いくつでも）(N=99)

理由	値
9.ドキュメントが整備されていないため調査に時間を要する	49
2.レガシーシステムとのデータ連携が困難	46
10.影響が多岐にわたるため試験に時間を要する	45
3.技術的な制約や性能の限界がある	39
4.有識者がいない、ブラックボックス化しているため触れたくない	38
8.維持・運用費が高く、改修コストを捻出しにくい	37
1.分析に必要なデータが不足している、ない	35
6.特定メーカーの製品・技術の制約があり、多大な改修コストが…	35
7.特定技術に関する技術者を確保するのに、多大なコストがかかる	22
5.メーカーのサポートが切れており触れたくない	4
11.その他	3

（出典）一般社団法人日本情報システム・ユーザー協会「デジタル化の進展に対する意識調査」（平成29年）より

2.2.2　既存システムの問題点

既存システムのブラックボックス化

　レガシーシステム問題の本質は「自社システムの中身がブラックボックスになってしまったこと」にある。レガシー化とは「ユーザ企業において、自社システムの中身が不可視になり、自分の手で修正できない状況に陥ったこと」と言うことができる。

　レガシー化は技術の側面のみならず、「マネジメント」の側面が大きな問題と考えるべきである。古い技術を使っているシステムだから必ずレガシー問題が発生するわけではない。適切なメンテナンスを行うITシステムマネジメントを行っている場合は、ブラックボックス化はしにくい。ただし、システム全体が一体化した古いアーキテクチャや開発技術はメンテナンスによって肥大化、複雑化する傾向にあり、時間の経過と共にレガシー問題を発生しやすいのは事実である（開発から時間が経っているためレガシー化の確率が上がる）。

　メンテナンスを繰り返し、プログラムが複雑化した場合でも必ずレガシー問題が発生するわけでもない。しかしながら、開発から時間が経っている場合、レガシー問題の発生確率は上がる。逆に、最新のクラウド技術を適用していても、時間の経過と共にレガシー問題が発生し得る。

不十分なマネジメントによるレガシー化の繰り返し

　レガシーシステム問題はマネジメントの問題でもあるので、「ブラックボックス化」する原因を追究しておかなければ、たとえ一時期の投資でシステムをモダナイズしても、時間と共に再度レガシー問題が出現する可能性は高くなる。単純なリホストや、プログラムのコンバージョンだけでは、一時的にはコストは下がっても、本質的には「ブラックボックス化」は解消されていないため、レガシー化は深刻になってしまう。

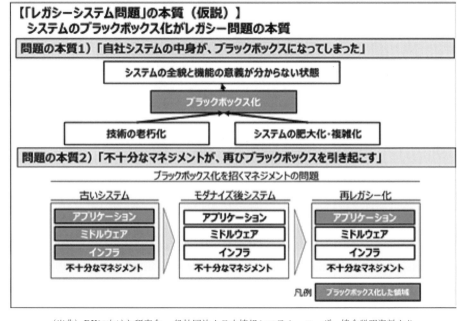

（出典）DXに向けた研究会　一般社団法人日本情報システム・ユーザー協会説明資料より

システムが機能している限り放置される恐れ

　我が国では、初期のITシステム構築は作業の自動化が目的であり、ハードウェア・ベンダーが中心となって一括受注する形態が確立した。そのため、要件定義に基づき開発するウォーターフォール型となり、この形態は、米国で初期の情報システム開発で提唱され、広く普及した。しかし、米国では1980年代にレガシー化した全米航空管制システムの再開発など巨大情報システムの再開発で相次ぎ莫大な損失を生み、失敗する事例が起きたことからウォーターフォール型開発への根本的な見直しが起こった。

これに対して、我が国では初期の成功体験が、ユーザ企業／ベンダー企業ともに温存され、契約の曖昧さなどもあって根本的な見直しには至らないままになっている。

初期のITシステム構築は、ユーザの作業を写し取って論理化し、「要件定義」としてきた。現在のユーザは、システムがある状態で仕事をするのが当然となっているので、システムの全貌と機能の意義が分からない状態であり、従来のような「要件定義」をする能力を喪失している。しかし、システム刷新（モダナイズ）のときに求められるのは必ず「要件定義」であり、精緻な要件定義が根本的に困難な状況から、曖昧なままシステム刷新・改修が進められ、トラブルの原因となるか、でき上がった瞬間から新システムのレガシー化が進み始めることになる。

システム化の成功体験が、現場・経営者の中にあり、システムがブラックボックス化しても、システムが動いて機能している限りは、ブラックボックスの解明や、新たな構築方法を検討するまでに至っていない。レガシーシステムの問題を経営課題として、真正面から取り組まないまま時間が経過してしまっている。

2.2.3　既存システムの問題点の背景

事業部ごとの最適化を優先し、全社最適に向けたデータ利活用が困難に

問題点の背景として、我が国企業（特に大企業）においては、世界に先駆けて情報システム化を推進し、競争力向上を果たしてきており、多くのデータ・情報資産を保有しているが、その過程で、各事業の個別最適化を優先してきたため、企業全体の最適化が図られなかったことがある。この結果、システムが複雑となり、企業全体での情報管理・データ管理が困難となっている。そのため、データ・情報資産を数多く保有しているにも関わらず、連携が難しく、活用しきれていない、全社最適に向けての活用が困難になっているという現状があり、AI、IoT、ビッグデータ等、先端的テクノロジーを導入したとしても、その基盤たる企業のデータ利活用・連携が限定的となり、その効果も限定的となっている。

ユーザ企業とベンダー企業の関係がレガシー化の一因

我が国では、ユーザ企業よりもベンダー企業の方にITエンジニアの多くが所属している。ユーザ企業のためにベンダー企業がITシステムを開発し、納入する受託開発構造であるため、ユーザ企業の内部に情報システ

ムに関するノウハウが蓄積しにくい。

　諸外国のようにユーザ企業が社内にITエンジニアを抱えて、開発を主導している場合は、高頻度でかつ小規模に（細かく）プログラムをメンテナンスしつづける形態が一般的になる。短期間でメンテナンスを行い続ければ、結果的にブラックボックス化は起こりにくい。個人が持つノウハウもメンテナンスによって他のエンジニアに伝承しやすくなる。

　しかし、我が国のように外部のベンダー企業に開発を委託することが主となっている場合は、メンテナンスをある程度の間隔でまとめて行っていくことになり、ベンダー企業側にノウハウが蓄積される。この形態では、要求仕様を整理・調達し、契約を結び、ウォーターフォール型開発を行うので時間もかかる。

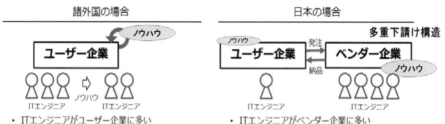

（出典）DXに向けた研究会　一般社団法人日本情報システム・ユーザー協会説明資料より

有識者の退職等によるノウハウの喪失

　国内企業では、大規模なシステム開発を行ってきた人材が定年退職の時期を迎え、人材に属していたノウハウが失われ、システムのブラックボックス化が起きている。

　多くの国内企業は終身雇用が前提のため、ユーザ企業においては、ITシステムに関するノウハウをドキュメント等に形式知化するインセンティブは弱い。そのため、ノウハウが特定の人の暗黙知に留まっている。このため、開発当初はドキュメントが正確に記述されていても、特定の技術者が「有識者」として居続ければ、組織としての管理がおざなりになってしまう可能性が高い。これまでは、有識者が社内に存在していたため、管理上の問題が顕在化することは少なかった。しかし、2007年問題（団塊の世代の大量退職）に代表されるように、スクラッチ（既存の製品や雛形等

を流用せずに、まったく新規にゼロから開発すること）で大規模開発を行ってきた人材は既に現場から消え去る局面を迎えており、既に多くの企業においてブラックボックス化していると考えられる。

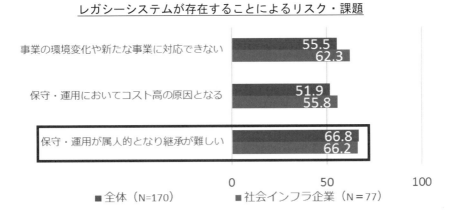

(出典)「情報システム開発課題アンケート結果」(平成30年2月、経済産業省委託) を基に作成

業務に合わせたスクラッチ開発多用によるブラックボックス化

国内にはスクラッチ開発を好むユーザ企業が多い。スクラッチ開発であるが故に、個々のシステムに独自ノウハウが存在するようになってしまう。何らかの理由でこれが消失したときにブラックボックス化してしまう。

また、現状業務にぴったり合った、実は過剰品質となっているシステムを求める声が国内企業には強い。なおかつ、細かく手数のかかるシステムを作ることはベンダー企業のビジネスボリュームの増大、それによる売上増大にも直結するため、ベンダー企業もそれを否定しない。

汎用パッケージやサービスを活用している場合は、ユーザ企業内からノウハウがなくなったとしても、同様のノウハウを持つ人材は世界中に存在するため、対応は可能である。ただし、我が国の場合、汎用パッケージを導入した場合も、自社の業務に合わせた細かいカスタマイズを行う場合が多い。この結果、多くの独自開発が組み込まれることになるため、スクラッチと同様にブラックボックス化する可能性が高い。

我が国企業は、成長時代に品質管理（QC、QA)手法を積極的に取り入れ、これを元に現場力に磨きをかける「改善活動」に注力してきた。その結果は多くの成果を生むとともに、システム改修による複雑化の一因とも

なってきた。また、「改善活動」からのシステム改修はそのときの環境条件やユーザの利便性を追求したものが多く、「過剰サービス」「過剰品質」の要因ともなってきた。

（中略）

2.6　DXを推進しない場合の影響

2.6.1　既存システムの残存リスク

　既存システムの運用とメンテナンスは年々コストが増大するのみならず、歴史的に積み上げられてきた機能に対して、全貌を知る社員が高齢化したり、退職したりして、更新におけるリスクも高まっている。

- ・　業務やプラットフォームなどの変更ごとに追加・改修が行われてきた中、コストの全体最適化ができていないことに加えて、機能の全体像を把握している社員も減り、プラットフォームのサポート終了などの事態が発生したときの改修に伴うリスクが高くなっている。
- ・　業種によっては企業間の合併や買収が活発化し、それに伴うITシステムの統合などによって複雑度が増大し、さらに俯瞰が困難になっている。

システム開発の歴史

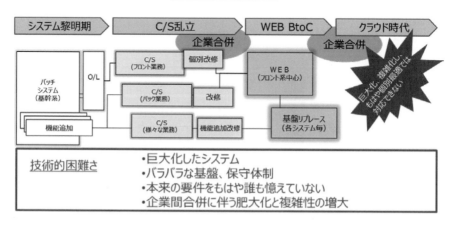

（出典）DXに向けた研究会 一般社団法人情報サービス産業協会説明資料より

168

　ハードウェア、ソフトウェアともに、重要製品の製造中止やサポート終了が起こることで、現行機能の維持そのものが困難になる。メーカーのビジネス環境が厳しくなるにつれ、赤字製品からの撤退、部品生産の継続終了等の事態が発生し、現行システムを支える各種製品の供給も困難になる恐れがある。このようなことにより、ITシステムの全面再構築に追い込まれたり、コストの上昇、サービスレベルが低下したりといった状況に陥るケースが散見される。

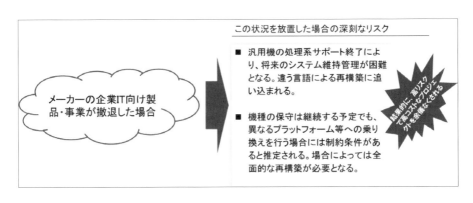

（出典）DXに向けた研究会 一般社団法人情報サービス産業協会説明資料を基に作成

2.6.2　既存ITシステムの崖（2025年の崖）

　あらゆる産業において、新たなデジタル技術を活用して新しいビジネス・モデルを創出し、柔軟に改変できる状態を実現することが求められている。しかし、何を如何になすべきかの見極めに苦労するとともに、複雑化・老朽化・ブラックボックス化した既存システムも足かせとなっている。
　複雑化・老朽化・ブラックボックス化した既存システムが残存した場合、2025年までに予想されるIT人材の引退やサポート終了等によるリスクの高まり等に伴う経済損失は、2025年以降、最大12兆円／年（現在の約3倍）にのぼる可能性がある[※1]。

　この場合、ユーザ企業は、爆発的に増加するデータを活用しきれずにDXを実現できず、デジタル競争の敗者となる恐れがある。また、ITシステムの運用・保守の担い手が不在になり、多くの技術的負債を抱えるとともに、業務基盤そのものの維持・継承が困難になる。サイバーセキュリティや事故・災害によるシステムトラブルやデータ滅失・流出等のリスクも

高まることが予想される。DXを進めていく上ではオープン化・相互運用化が拡大していくため、特に重要インフラ企業におけるシステム刷新については、リスクが大規模に広がることのないように十分な配慮の上で計画的に進める必要があり、政策的な措置が求められる。

　他方、ベンダー企業は、既存システムの運用・保守にリソースを割かざるを得ず、成長領域であり主戦場となっているクラウドベースのサービス開発・提供を攻めあぐねる状態になる。一方、レガシーシステムサポートの継続に伴う人月商売の多重下請構造から脱却できないと予想される。

2025年の崖

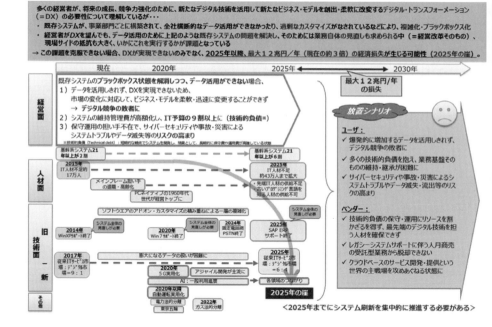

　（注）経済損失の算出根拠

※１：EMCジャパン株式会社の調査をもとにした独立行政法人情報処理推進機構のまとめ（2016年2月公開、2018年3月更新）によると、データ損失やシステムダウン等のシステム障害により生じた2014年1年間の損失額は国内全体で約4.96兆円。また、日経BP社「日経コンピュータ2017.8.3」によると、2010年代のシステムダウンの原因別割合

として、①セキュリティ29.1%、②ソフトの不具合23.1%、③性能・容量不足7.7%、④人的ミス18.8%、⑤ハードの故障・不慮の事故19.7%。レガシーシステムに起因して起こる可能性があるのは、仮に、このうち①・②・③・⑤とすると、合計79.6%。これらを踏まえ、レガシーシステムに起因したシステム障害による経済損失は、現段階で、最大で4.96兆円×79.6%＝約4兆円／年にのぼると推定。

　また、日本情報システム・ユーザー協会「企業IT 動向調査報告書2016」によると、企業が保有する「最も大きなシステム」（≒基幹系システム）が、21年以上前から稼働している企業の割合は20%、11年〜20年稼働している企業の割合は40%。仮に、この状態のまま10年後の2025 年を迎えると、21年以上稼働している企業の割合は60%になる。

　これらを踏まえ、レガシーシステムに起因するトラブルリスクも３倍になると推定すると、レガシーシステムによる経済損失は最大で約12兆円／年にのぼると推定。

171

5．DXレポート2（中間取りまとめ）

令和2年12月28日
デジタルトランスフォーメーションの加速に向けた研究会

エグゼクティブサマリ

経済産業省が2018年に公開した「DXレポート」では、老朽化・複雑化・ブラックボックス化した既存システムがDXを本格的に推進する際の障壁となることに対して警鐘を鳴らすとともに、2025年までにデジタル企業への変革を完了させることを目指して計画的にDXを進めるよう促した。

その後、経済産業省においては、企業におけるDX推進を後押しすべく、企業内面への働きかけ（DX推進指標による自己診断の促進やベンチマークの提示）と、市場環境整備による企業外面からの働きかけ（デジタルガバナンス・コードやDX認定、DX銘柄によるステークホルダーとの対話の促進、市場からの評価等）の両面から政策を展開してきた。

しかし、独立行政法人情報処理推進機構（IPA）がDX推進指標の自己診断結果を収集し、2020年10月時点での企業約500社におけるDX推進への取組状況を分析した結果、実に全体の9割以上の企業がDXにまったく取り組めていない（DX未着手企業）レベルか、散発的な実施に留まっている（DX途上企業）状況であることが明らかになった。自己診断に至っていない企業が背後に数多く存在することを考えると、我が国企業全体におけるDXへの取組は全く不十分なレベルにあると認識せざるを得ない。このことは、先般のDXレポートによるメッセージは正しく伝わっておらず、「DX＝レガシーシステム刷新」、あるいは、現時点で競争優位性が確保できていればこれ以上のDXは不要である、等の本質ではない解釈が是となっていたとも言える。

一方、2020年に猛威を振るった新型コロナウイルスの影響により、企業は事業継続の危機にさらされた。企業がこの危機に対応するなかで、テレワークをはじめとした社内のITインフラや就業に関するルールを迅速かつ柔軟に変更し環境変化に対応できた企業と、対応できなかった企業の差が拡大している。押印、客先常駐、対面販売等、これまで疑問を持たなかった企業文化、商習慣、決済プロセス等の変革に踏み込むことができたかどうかが、その分かれ目となっており、デジタル競争における勝者と敗者の明暗がさらに明確になっていくことになろう。

　コロナ禍が事業環境の変化の典型であると考えると、DXの本質とは、単にレガシーなシステムを刷新する、高度化するといったことにとどまるのではなく、事業環境の変化に迅速に適応する能力を身につけること、そしてその中で企業文化（固定観念）を変革（レガシー企業文化からの脱却）することにあると考えられる。当然ながらこうした変革は誰かに任せて達成できるものではなく、経営トップが自ら変革を主導することが必要である。

　テレワーク等をはじめとしたデジタル技術による社会活動は、コロナ禍によって人々の固定観念とともに大きく変化し、単なるコロナ環境下での一過性の代替策ではなく新たな価値を産み出した。既に人々はその利便性に気付き、コロナ禍で大いに利用し、順応している。そのような人々の動きや社会活動はもはやコロナ禍以前の状態には戻らないことを前提とすれば、人々の固定観念が変化している今こそ、「2025年の崖」問題の対処に向けて、企業文化を変革するある意味絶好（最後）の機会である。ビジネスにおける価値創出の中心は急速にデジタルの領域に移行しており、今すぐ企業文化を変革しビジネスを変革できない企業は、確実にデジタル競争の敗者としての道を歩むであろう。

　企業がレガシー企業文化から脱却し、変化に迅速に適応し続けるためには、DX推進という変革に向けて関係者間での共通理解の形成や社内推進体制の確立といった変革への環境整備に今すぐ取り組む必要がある。その際、DXを個社だけで実現しようとするのではなく、競合他社との協調領域を形成することや、DX推進にあたり対等な立場で伴走できる企業とのパートナーシップを構築することが重要となる。こうした流れのなかでベンダー企業も従来の受託開発型のビジネスモデルからの脱却が必要になる。当然、これらの変革を遂行する人材の確保も先送りできない状況にある。

　以上のような危機感に基づき、本レポートでは、枠組み論・あるべき論にとどまるのではなく、DX推進の本質はレガシー企業文化からの脱却にあるという認識の下、企業が取り組むべきアクションを具体的に示すことにより変革の加速を目指すとともに、企業の変革を後押しする政府の対応を示す。これにより、コロナ禍による急激な環境変化を契機とした企業における経営改革の中心としてDX推進を位置づけ、その取組の加速を目指す。

1　はじめに

1.1　デジタル社会の実現に向けて

　デジタル化の急速な進展に伴い、私たちの社会は大きく変化しようとしている。デジタル社会の実現に向けては、社会を構成する企業がデジタル技術を駆使して価値を創造し続けるデジタル企業へと変革していくことに加え、これまでの業種・業界ごとの縦割りの構造から、機能ごとの横割りの構造へと産業構造を変革していく必要性が「Society5.0の実現に向けたデジタル市場基盤整備会議」[※1]において示された。

　デジタル社会においては、価値創出の源泉がフィジカル（現実）空間からサイバー空間へと移行する。その空間の中で様々な企業や組織が連携し、社会課題の解決や新たな価値、体験の提供が迅速になされ、安心・安全な社会が実現する。またデジタルを活用してグローバルで活躍する競争力の高い企業や、カーボンニュートラルをはじめとした世界の持続的発展に貢献する産業が生まれる社会となる。

　一方、2020年初頭からの新型コロナウイルスの世界的な拡大により、企業は短期間に顧客の行動変化や「新しい生活様式」への対応を迫られた。その対応の過程では、押印を前提とする商慣習、客先常駐のビジネスモデル、テレワークのインフラやセキュリティ対策の不備等、企業の事業構造変革を阻むさまざまな問題が一度に表出した。今回のコロナ禍によって企業が直面した「新しい環境にあわせて自社のビジネスを迅速に変革していかなければ生き残ることができない」という問題は、2018年に公表したDXレポート[※2]で「2025年の崖」と表現した事業環境の激変そのものであった。

　DXレポートにおいては、2025年までにレガシー刷新に計画的に取り組むことの必要性とデジタル技術を前提とした企業経営の変革の方向性を指摘した。しかし、コロナ禍を踏まえ企業におけるデジタル化の遅れへの対策は待ったなしの状況となっており、2025年を待つ猶予はなくなった。個社のDXとデジタル社会の実現に向けた変革を加速すべく、企業経営とDX推進のあるべき方向性、DX推進のさらなる加速に向けた方策について、研究会を設置し議論を行い、一定の方向性を見いだした。

1.2　本レポートの構成

本レポートの全体構成は以下の通りである。

第1章では、研究会の設立経緯や目的について記載した。

第2章では、我が国企業のDX推進状況についての現状認識と、コロナ禍で表出した本質的な課題について示す。

第3章では、企業の目指すべき事業変革の方向性と、ベンダー企業の目指すべき変革の方向性について示す。

第4章では、企業の経営・戦略の変革の方向性について、コロナ禍を契機に企業が直ちに取り組むべきものや、DXを進めるための短期的、中長期的な対応について示す。

第5章では、第4章で示した変革を加速するための政府の取組について示す。

最後に、参考として第6章で2018年にDXレポートを公表して以降の政策展開の経緯について記載する。

※1　経済産業省「第1回 Society5.0の実現に向けたデジタル市場基盤整備会議」（2020年10月16日）
https://www.meti.go.jp/shingikai/mono_info_service/shijokibanseibi/001.html
※2　経済産業省「DXレポート 〜ITシステム「2025年の崖」の克服とDXの本格的な展開〜」（2018年9月）

2　DXの現状認識とコロナ禍で表出したこと

2.1　DX推進指標の自己診断から読み取れる我が国DXの現状

経済産業省は、各企業による簡易な自己診断を可能とする「DX推進指標[※3]」を2019年7月に策定し、情報処理推進機構（IPA）が中立機関として分析した企業の自己診断結果を、我が国企業におけるDX推進状況のベンチマークとして提供することとした。

経済産業省はDXレポートにおいて「2025年の崖」とDX の遅れに対する危機感を示したものの、2019年の自己診断結果を分析したところ、我が国のDXへの取組は想定以上に遅れていることが明らかになった。図2-1は指標値の現在平均値の分布を示しているが、自己診断を提出した企業の中でも、約95%の企業はDXにまったく取り組んでいないレベルにあるか、DXの散発的な実施に留まっているに過ぎない段階であり、全社的な危機

175

感の共有や意識改革の推進といったレベルにはいたっていない。この結果は、自己診断を行い、結果を提出した企業群の分析であり、自己診断にも取り組めていない企業が多数存在することを勘案すると、我が国企業全体におけるDX推進はまだ始まったばかりの段階と考えるべきである。

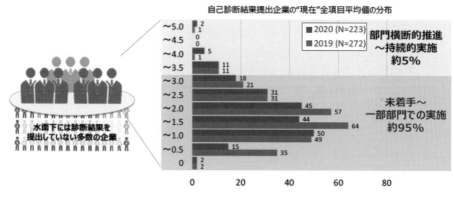

図 2-1 DX推進指標自己診断結果

※3　DX推進指標は6.1で示すように、DX推進の成熟度を0から5の6段階で評価する定性指標である。ここでは指標値の現在平均値が3以上の企業を先行企業と呼んでいる。

　続く2020年の自己診断では、新型コロナウイルスの感染拡大を受けた結果、事業継続に対する危機感の高まったことでDXが加速しているのではないかと期待されたが、残念ながら顕著な状況改善は見られなかった。このように9割以上の企業がDXに未着手であるか途上にある現状から考えると、これまでの政府のDX施策は、多くの企業がDXを全社横断的かつ持続的に取り組むデジタル企業へと転換するためのものとしては必ずしも十分なものではなかったと言える。
　現在の平均的な日本企業において特に取組が遅れている部分を推測するために、自己診断結果の分析をさらに進めたものが図2-2である。図中において丸囲みした部分は、先行企業と平均的な企業との間で顕著な差が見られる項目を示している。経営視点指標においては、平均的な企業は経営層による危機感・必要性の欠如に加えて、適切なガバナンス、DX人材の育成・確保に関する成熟度に課題があることがわかる。また、IT視点指標においては、経営のスピード・アジリティに対応したITシステムの構築や事業部門のオーナーシップに課題があると言える。これらの分析に加

えて、日本情報システム・ユーザー協会（JUAS）の調査からも企業の危機感の低さが垣間見られる。図2-3に示すように、デジタル化トップランナーと自己認識する企業が40％に達しているにもかかわらず、現在のビジネスモデルの抜本的な改革に取り組む必要性を感じている企業は少ない。さらに、データ分析に基づく経営判断についても部分的な活用にとどまっている。このような自己診断結果等から明らかになった実態は、DXの推進、あるいは、デジタル化への取組は既存ビジネスの範疇で行っているということであり、経営の変革という本質を捉え切れていないということが言える。このことを踏まえて、DXの加速に向けた施策の検討においては、従前の方針とは異なるアプローチを採用する必要がある。

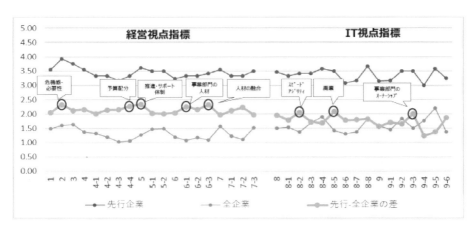

図2-2 各項目の先行企業と全企業との平均現在値の差
（出典）IPA「DX推進指標 自己診断結果 分析レポート」（2020年5月）

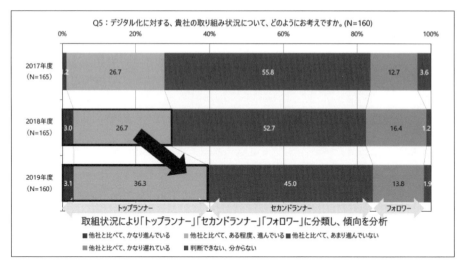

(a) デジタル化に関する取組状況

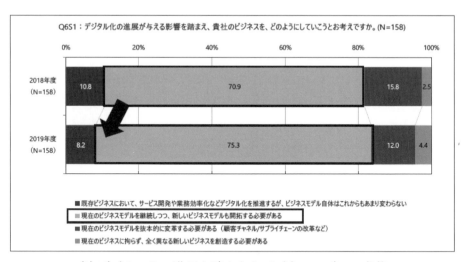

(b) デジタル化の進展を踏まえたビジネスモデルの変革

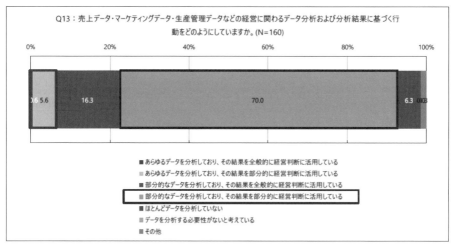

Q13：売上データ・マーケティングデータ・生産管理データなどの経営に関わるデータ分析および分析結果に基づく行動をどのようにしていますか。(N=160)

- ■あらゆるデータを分析しており、その結果を全般的に経営判断に活用している
- ■あらゆるデータを分析しており、その結果を部分的に経営判断に活用している
- ■部分的なデータを分析しており、その結果を全般的に経営判断に活用している
- ■部分的なデータを分析しており、その結果を部分的に経営判断に活用している
- ■ほとんどデータを分析していない
- ■データを分析する必要性がないと考えている
- ■その他

(c) 経営に対するデータの活用

図2-3 デジタル化の取組に関する調査

（出典）第1回研究会資料「レガシーシステムに関する問題提起」（元データは「デジタル化の取組みに関する調査2020」日本情報システム・ユーザー協会より）

2.2　コロナ禍で明らかになったDXの本質

　2020年初頭からの新型コロナウイルスの世界的な感染拡大により、企業は「感染拡大を防ぎ顧客・従業員の生命を守りながら、いかに事業を継続するか」という対応を否応なしに求められることとなった。感染拡大防止のため、多くの企業において出社が制限され、従前どおりの対面会議や紙を用いた事務処理等の業務プロセスが滞った。これと同時に、各社は、テレワーク制度の導入、PCの追加購入・支給、ネットワークインフラの増強等について至急の対応を迫られた（図2-4）。この中でテレワークを阻害する要因として、「同僚・取引先とのコミュニケーションに支障がある」「書類・伝票類（紙）を取り扱う業務（捺印、決済、発送、受領等）をテレワークの対象とできずに不便」「勤務先の事情で、リモートアクセスできないITシステムがあるため不便」といった問題が表出した※4。こうした事態に至ってはじめて、各企業は自社のデジタル化が遅れていることを現実の課題として実感したと考えられる。

※4　「ハンコ書類や同僚との対話、テレワークを阻害する 5 大要因」日経XTECH（2020年6月11日）
　　https://xtech.nikkei.com/atcl/nxt/column/18/01307/060900005/

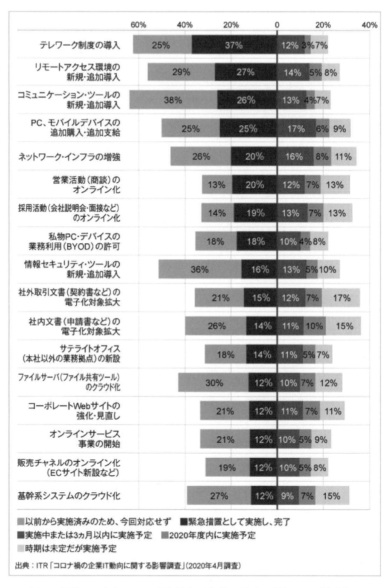

図2-4 新型コロナウイルス感染拡大が自社IT戦略の遂行に及ぼす影響
（出典）ITR「コロナ禍の企業IT動向に関する影響調査」（2020年4月）

　コロナ禍への対応は、ビジネス環境の変化へ迅速に対応できるかのリトマス試験紙であると言える。従前から東京オリンピック・パラリンピックに向けて、テレワーク・デイズ等のテレワーク推進施策が講じられていたが、3月時点で都内企業のテレワーク導入率は24%であった。その後、4月7日の緊急事態宣言（7都府県）を受けて、導入率は1ヶ月間で2.6倍と大幅に増加し、6割を超えた（図2-5）。このように、危機下においては経営トップの判断と指示が社内全体に対して大きな行動変容を可能にした。このような動きを異なる角度からみれば、経営トップの判断は、どんな時であっても大きな変革を短期間に達成できることが再確認されたと言える。そして、コロナ禍という危機を好機と捉え、経営トップのコミットメントの下で速やかにDXに取り組む契機とすることもまた同様に可能であることが明らかになった。

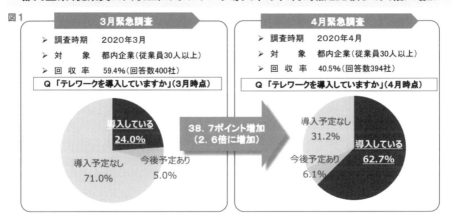

図2-5 コロナ禍を契機にしたテレワーク導入率の大幅増加
（出典）東京都テレワーク「導入率」緊急調査結果（2020年5月）

　このようにテレワークをはじめとした社内のITインフラや就業に関するルールを迅速に変更し変化に対応できた企業と、対応できなかった企業でDXの進捗に差が開いている。押印、客先常駐、対面販売等、これまでは疑問を持たなかった企業文化に対して、変革に踏み込むことができたかどうかが、その分かれ目となっている。
　先般のDXレポートでは「DX＝レガシーシステム刷新」等、本質的では

ない解釈を生んでしまい、また「現時点で競争優位性が確保できていれば
これ以上のDXは不要である」という受け止めが広がったことも否定でき
ない。コロナ禍が事業環境の変化の典型であると考えると、DXの本質と
は、単にレガシーなシステムを刷新する、高度化するといったことにとど
まるのではなく、事業環境の変化へ迅速に適応する能力を身につけると同
時に、その中で企業文化（固定観念）を変革（レガシー企業文化からの脱
却）することであると言える。

　今回コロナ禍に迅速かつ柔軟に対応し、デジタル技術を最大限に活用し
てこの難局を乗り切った企業と、コロナ禍が収束することを願いつつビジ
ネススタイルの一時的な変更にとどまり、既存のやり方に固執する企業と
の差は、今後さらに大きく拡大していく可能性が高い。

　製品やサービスを利用する企業においても、コロナ禍によって、テレ
ワーク等をはじめとしたデジタル技術による社会活動の変化に対応し、新
たな価値を次々と産み出している。これは、単なるコロナ環境下での一過
性の現象ではなく、人々の固定観念が大きく変化したことを表しているの
である。人々は新たな価値の重要性に気付き、コロナ禍において新しい
サービスを大いに利用し、順応している。そのような人々の動きや社会活
動はもはやコロナ禍以前の状態には戻らないことを前提とすれば、人々の
固定観念が変化した今こそ企業文化を変革する絶好の機会である。ビジネ
スにおける価値創出の中心は急速にデジタル空間へ移行しており、今すぐ
企業文化を刷新しビジネスを変革できない企業は、デジタル競争の敗者と
しての道を歩むことになるであろう。そして、デジタル技術によるサービ
スを提供するベンダー企業も、受託開発型の既存のビジネスモデルではこ
のような変革に対応できないことを認識すべきである。

3　デジタル企業の姿と産業の変革

　前章では、コロナ禍によって我が国企業における DX の遅れとこれま
での DX 政策の不十分な点が浮き彫りになり、変化に対して迅速に適応
すること、その中でもとりわけ企業文化を変革することの必要性につい
て述べた。

　本章では、デジタル化が進む現代社会において企業が目指すべき姿と、
特にベンダー企業の変革の方向性を示す。

3．1　企業の目指すべき方向性

　Society 5.0に向けた社会のデジタル化に伴い、デジタル技術を駆使した新形態のサービスが日々創出されており、様々なデジタルサービスによって提供される新たな価値を享受することが今や当たり前の状況になっている。そして、今般のコロナ禍において、社会におけるデジタルサービスの浸透は一層加速している。

　人と人との接触を極力減らし、遠隔・非対面での社会活動が強く推奨される中で、従来と同様の生活水準を維持する必要に迫られた。この結果、これまでデジタル技術が適用できるとは考えられていなかった領域においてもデジタル化が進んだほか、デジタル技術をあまり活用してこなかった層もデジタルサービスを利用するようになった。例えば、三井住友カード株式会社らの調査（2020）によると、ECモール・通販が購買に占める割合は高齢者を含むほとんどの世代において 2020年1月から3月にかけて増加している[5]。

　新型コロナウイルスが世界中の企業に対して急激かつ深刻な影響を与えている現在の状況の中であっても、デジタル技術を活用している企業の中には世界的に大きく売上を伸ばしている企業もある。例えばAmazonはデジタル企業の好例と言えるが、2020年7〜9月期の売上高と純利益は四半期として過去最高値を更新している[6]。また、衣料品大手のファーストリテイリングは、国内ユニクロ事業について、2020年6月〜8月の売上高は前年同時期比20%以上の増加、その中でもEコマースによる売上高は前年比29.3%の増収を上げたと発表している[7]。

　このように、ビジネスにおける価値創出のためにデジタル技術の活用が必須となっている今日、これまで以上の迅速性を持って変革し続ける企業こそがデジタル企業として競争優位を獲得できている。

　ビジネスにおける価値創出の源泉はデジタルの領域に移行しつつあり、この流れはコロナ禍が終息した後も元には戻らないと考えられる。公益財団法人日本生産性本部の調査（2020年5月）によると、コロナ禍終息後もテレワークを継続したいと考えている国内雇用者の割合は約 60%であり、従来のように出勤を前提とするビジネス形態に戻るとは考えにくい[8]。

　このように、デジタル志向の顧客が増加している中、その変化に企業も対応することが必須である。逆に、今このタイミングでビジネスを変革することができない企業は、デジタル競争を勝ち抜くことができず、仮にコロナ禍を乗り切ることが出来たとしても、ポストコロナの社会で競争力を維持することはできなくなってしまうだろう。

　しかし、企業が置かれた事業環境や顧客・社会の課題は様々であること
に加え、その環境・課題は常に変化していく。そのため、具体的にどのよ
うにすれば競争優位を獲得できるかということに決まった一つの答はない。
企業は顧客・社会の課題を解決するための仮説となるプロダクトやサービ
スを繰り返し市場に提示し、データに基づいて顧客・社会の反応を把握し
ながら、迅速にプロダクトやサービス、あるいはその提供体制にフィード
バックし続ける必要がある。

　DX の定義として、2019 年 7 月に取りまとめられた「DX 推進指標とそ
のガイダンス」では、「企業がビジネス環境の激しい変化に対応し、デー
タとデジタル技術を活用して、顧客や社会のニーズを基に、製品やサービ
ス、ビジネスモデルを変革するとともに、業務そのものや、組織、プロセ
ス、企業文化・風土を変革し、競争上の優位性を確立する」こととしてい
る。企業が競争上の優位性を確立するには、常に変化する顧客・社会の課
題をとらえ、「素早く」変革「し続ける」能力を身に付けることが重要で
ある。

　ここで、企業が変革を進めるにあたっては、レガシー化したシステムの
みならず、従来から続く企業文化こそが「レガシー企業文化」として変革
の足かせとなっている可能性に注意しなければならない。例えば、現在の
ビジネスモデルを継続しながら新しいビジネスモデルを開拓する、という
ことは、現行の業務と密接に結びついた IT システムを是とした検討にと
どまってしまうことを意味する。従って、既存の IT システムに問題が
あったとしても、改善点があるのではないかという視点が欠如してしまい、
機能追加や部分的な改修で可能となる範囲を DX として取り組むことに
なってしまう。

　従って、周囲の環境が変わっているにもかかわらず、これまで続けてき
た業務形態やビジネスモデルは所与のものであるという固定観念に囚われ
てしまうと、抜本的な変革を実現することはできない。特に今般のコロナ
禍を受けて社会の変化のスピードが格段に上がっている中、企業は生き残
りのために、中長期的な課題も見据えながら短期間の事業変革を達成し続
ける必要がある。そのためにはまず、短期間で実現できる課題を明らかに
し、ツール導入等によって解決できる足元の課題には即座に取り組み、
DX のスタートラインに立つことが求められる。その上で、競争優位の獲
得という戦略的ゴールに向かって繰り返し変革のアプローチを続けること
こそが企業に求められる DX であると考えるべきである。

※5 三井住友カード「コロナ影響下の消費行動レポート〜高年齢層のECサイト活用加速と変化する
　　巣ごもり消費〜」（2020年7月10日）
　　https://www.smbc-card.com/cashless/knowledge/covid-19_report01.jsp
※6 時事通信「「GAFA」3社最高益 アマゾン、売上高10兆円—7〜9月期」（2020年10月30日）
　　https://www.jiji.com/jc/article?k=2020103000382
※7 ファーストリテイリング「2020年8月期業績／2021年8月期業績見通し」（2020年10月）
※8 公益財団法人日本生産性本部「新型コロナウイルスの感染拡大が働く人の意識に及ぼす調査」
　　（2020年5月22日）
　　https://www.jpc-net.jp/research/assets/pdf/5f4748ac202c5f1d5086b0a8c85dec2b.pdf

3.2　ベンダー企業の目指すべき方向性

　前節で述べた通り、企業は事業環境の変化に対してデジタル技術を活用して迅速に対応し続けることが重要である。言い換えれば、顧客や社会の課題の変化にあわせ柔軟・迅速に企業のITシステムを変革していくことが必要である。これまで企業のITシステムを担ってきたのはベンダー企業であり、ベンダー企業は引き続き企業のDXを進める上で重要な役割を担う。

　これまで多くのベンダー企業は、ユーザー企業が持つITシステムを個別に開発・納入する受託開発型のビジネスを展開してきた。多くのシステム開発において、大手ベンダー企業がユーザー企業から業務を請け負い、そのうち一部を下請企業に開発委託する多重下請構造が取られてきた。ここには、ユーザー企業とベンダー企業の商習慣に起因する、4.3.2にて後述する解決すべき課題が存在するため、ベンダー企業にとって、生産性の向上や新規技術の習得にインセンティブが働かない、という問題は無視できない。

　これに対して、デジタル社会においては、ベンダー企業とユーザー企業は共に、高収益な領域で利益率の高いビジネスへとDXを推進していく必要がある。そのために、現行ビジネスの維持・運営（ラン・ザ・ビジネス）から脱却する覚悟を持ち、価値創造型のビジネスを行うという方向性に舵を切るべきである。

　価値創造型のビジネスにおいては、ユーザー企業は絶えず変化する顧客のニーズに対応するために自社のITシステムを迅速に更新し続ける必要がある。そのためには、最もニーズの高い機能を迅速に開発し、フィードバックしながら変化に迅速に対応できるアジャイル型に開発を変革しなければ変化の速さに対応できない。すなわち、従来のウォーターフォール開発による受託開発型のビジネスに固執するベンダー企業は、今後ユーザー企業のニーズ・スピード感に応えられなくなる可能性が高い。

　顧客や社会の課題を正確にとらえるために、ベンダー企業はユーザー企業とDXを一体的に推進する共創的パートナーとなっていくことが求められる。米国では、システム開発をユーザー企業で行う等、ベンダー企業との分野の境目がなくなる形で変化が加速している。しかし、わが国ではIT人材がベンダー企業に偏り、雇用環境も米国とは異なるため、ベンダー企業自身が提供する IT に関する強みを基礎として、デジタル技術を活用して社会における新たな価値を提案する新ビジネス・サービスの提供主体となっていくことも期待される。

　以上を踏まえると、顧客のビジネス変化が速く、かつ、要求も変化し続ける中で、デジタル社会における将来のベンダー企業には、顧客企業と自社のDXをともに進めていくことが求められる。このようなことから、今後の新たなベンダー企業像としての形態を表すとすれば、主に以下の4つが考えられる。

（1）ユーザー企業の変革を共に推進するパートナー
- ・　新たなビジネスモデルを顧客と共に創出する
- ・　DXの実践により得られた企業変革に必要な知見や技術を広く共有する
- ・　レガシー刷新を含め、DXに向けた変革を支援する

（2）DXに必要な技術・ノウハウの提供主体
- ・　最先端のデジタル技術等を習得し、特定ドメインに深い経験・ノウハウ・技術を有する専門技術者を供給する
- ・　専門家として、技術、外部リソースの組合せの提案を行い、デジタル化の方向性をデザインする

（3）協調領域における共通プラットフォーム提供主体
- ・　中小企業を含めた業界ごとの協調領域を担う共通プラットフォームをサービスとして提供する
- ・　高度なソフトウェア開発（システムの構築技術・構築プロセス・体制）を核にしたサービス化とエコシステムの形成を行う

（4）新ビジネス・サービスの提供主体
- ・　ベンダー企業という枠を超え、デジタル技術を活用して新ビジネス・サービスの提供を通して社会への新たな価値提供を行う

4　企業の経営・戦略の変革の方向性

　企業がデジタル企業へと変革するためには、DXを推進する関係者間での共通理解の形成や社内推進体制の整備といった事業変革の環境整備に取り組む必要がある。また、DXは個社だけで実現できるものとは限らず、競合他社との協調領域の形成や変革を対等な立場で伴走できる企業とのパートナーシップの構築にも取り組む必要がある。さらに、これらの変革を遂行する人材の確保も必要である。

　本章では、デジタル企業への変革に向け企業が今後行うべき取組を、超短期（直ちに）・短期・中長期の3つの時間軸に分けて示す。

4.1　コロナ禍を契機に企業が直ちに取り組むべきアクション

4.1.1　製品・サービスの導入による事業継続・DXのファーストステップ

　企業は新型コロナウイルスの感染拡大防止を図り、従業員・顧客の安全を守りながら事業継続を図っていく必要性に迫られている。コロナ禍での事業継続を一例とする急速な事業環境の変化に対し、最も迅速な対処策として市販製品・サービスの活用による迅速な対応を検討すべきである。

　こうしたツールの迅速かつ全社的な導入には経営トップのリーダーシップが重要であり、企業が経営トップのリーダーシップの下、企業文化の変革を進めていくうえでのファーストステップとなる。一方で、こうしたツール導入が完了したからといってDXが達成されるわけではないことにも十分に留意する必要があり、後述する短期的、中長期的対応の取組へと発展させるべきである。

　コロナ禍での事業継続という課題については、経済産業省の中小企業デジタル化応援隊事業において、事業継続性確保や事業基盤強化、事業開発に資するツールとして、54の製品カテゴリを挙げている[9]。以下に示すカテゴリの製品・サービスは、コロナ禍における事業継続に資するだけでなく今後企業がDXを推進する上でも有効なツールである。

（1）業務環境のオンライン化

　事業継続のためにまず検討すべきアクションとして、業務をオンラインで実施できるITインフラの導入が挙げられる。これらは4.2.1で示す社外を含めた多様な人材とのコラボレーションのためのインフラともなる。

・　テレワークシステムによる執務環境のリモートワーク対応

・　オンライン会議システムによる社内外とのコミュニケーションのオンライン化

（2）業務プロセスのデジタル化

　各個別業務がオンラインで実施できるよう、以下のような業務に必要な情報の電子化や、業務を支援する製品・サービスの導入を行うことが挙げられる。これらは、4.2.2で示す業務プロセスの再設計を行う際のツールともなる。

・　OCR 製品を用いた紙書類の電子化
・　クラウドストレージを用いたペーパレス化
・　営業活動のデジタル化
・　各種 SaaS を用いた業務のデジタル化
・　RPA を用いた定型業務の自動化
・　オンラインバンキングツールの導入

（3）従業員の安全・健康管理のデジタル化

　従業員の安全・健康管理を遠隔で実施できるよう、以下のような製品・サービスを導入することが挙げられる。これらは、4.2.2で示す業務プロセスの再設計を行う際のツールともなる。

・　活動量計等を用いた現場作業員の安全・健康管理
・　人流の可視化による安心・安全かつ効率的な労働環境の整備
・　パルス調査ツールを用いた従業員の不調・異常の早期発見

（4）顧客接点のデジタル化

　顧客に対して自社の製品・サービスの「デジタルの入口」を提供することは、実店舗等による対面での対応の代替となるだけでなく、実店舗では実現できない遠隔地の顧客への接点や、データを活用した製品・サービスへのフィードバック等、さまざまな変革の起点となる。

・　電子商取引プラットフォームによるECサイトの開設
・　チャットボット等による電話応対業務の自動化・オンライン化

4.1.2　DXの認知・理解

　DXは製品・サービスの導入のみで達成されるものではなく、企業の経営者が自ら考え取組を進める必要がある。本レポートに限らず、DXレポート、DX推進指標とそのガイダンス、デジタルガバナンス・コード、

さらには民間より発行されている事例集等を参考にDXの理解を深めることは重要である。

※9 令和2年度中小企業デジタル化応援隊「利用についての手引書<中小企業等向け>
　"本事業の対象となるデジタル化支援対象領域について"」（2020年11月）

4.2.　DX推進に向けた短期的対応

4.2.1　DX推進体制の整備

DX 推進に向けた関係者間の共通理解の形成

DXの推進にあたっては、経営層、事業部門、IT部門が協働してビジネス変革に向けたコンセプトを描いていく必要がある。しかし、そもそもDXとはどういうもので、自社のビジネスにどのように役に立つか、どのような進め方があるのか等について最低限の共通理解がなければ議論を進めることができない。すなわち、DXを推進する関係者の間で基礎的な共通理解を初めに形成することが必要である。

デジタルを用いたビジネス変革には、経営層の課題をデータとデジタル技術を活用していかに解決していくかという視点と、デジタルを活用することで可能となるまったく新たなビジネスを模索するという2つの視点がある。前者の視点は経営層や事業部門が、後者の視点についてはデジタル技術に詳しいIT部門が、互いに業務変革のアイディアを提示し、仮説検証のプロセスを推進していくことが求められる。

IT部門が既存の業務システムを管理するだけの役割にとどまっている例も聞かれるが、こうした対話がスムーズに実現できるためには、IT部門が経営層や事業部門と対等な立場で議論できるようマインド・環境を経営層が変えていく必要がある。

また、関係者間での協働を促すためにも、アジャイルマインド（俊敏に適応し続ける精神）や、心理的安全性を確保すること（失敗を恐れない・失敗を減点としないマインドを大切にする雰囲気づくり）が求められる。

CIO/CDXO の役割・権限等の明確化

DX推進のために経営資源の配分について経営トップと対等に対話し、デジタルを戦略的に活用する提案や施策をリードする経営層がCIO/CDXO（Chief DX Officer）［CDO（Chief Digital Officer）を含む］である。

189

　まず、CIO/CDXO がどのような役割・権限を担うべきか明確にした上で、これに基づき、DXを推進するための適切な人材が配置されるようにするべきである。

　DXの推進においては経営トップの適切なリーダーシップが欠かせない。競争領域に該当しない業務については業務プロセスの標準化を進めパッケージソフトウェアやSaaSを活用することによってIT投資を削減することができる。しかし、適切なリーダーシップが欠如しているとIT部門が事業部門の現行業務の支援に留まり、業務プロセスが個別最適で縦割りとなってしまうため、DXの目標である事業変革を妨げる原因となってしまう。さらに、この結果として大規模スクラッチ開発を採用せざるを得ない、またはパッケージを導入しても多数のカスタマイズが必要になる、といったことも発生している。

　デジタル化に係る投資を行うためには、事業部門の業務プロセスの見直しを含めたIT投資の効率化にとどまらず、場合によっては不要となる業務プロセスと対応するITシステムの廃止・廃棄にまでつなげることが必要であり、こうした決断には経営トップのリーダーシップが欠かせない。

遠隔でのコラボレーションを可能とするインフラ整備

　新型コロナウイルスの感染を防止しながら事業を継続するためのツールとして、リモートワークを実現するITインフラの整備が急速に進んでいる。こうした遠隔でのコラボレーションを可能とするインフラは感染防止の観点にとどまらず、今後のイノベーション創出のインフラとなる可能性がある。

　企業がDXを進めるにあたり、製品・サービスを短期間で市場に投入するスピードが重要であり、スピードを確保するためには必然的にシステムは「作る」よりは、他社を含めた既存のサービス等を「使う」、「つなげる」ことにより迅速に価値創出する発想が必要となる。また、企業がシステムを内製化するとしても、必要となる技術要素のすべてについて社内で十分な技術者を確保できるとは限らない。こうしたケースにおいても、特定の技術領域で強みを持つ外部の技術者とのコラボレーションによって価値創出を素早く実現することができる。

　こうしたコラボレーションを効率的に実現していくにあたり、これまでの同時同所にいなければコラボレーションができなかった業務環境に対し、遠隔でのコラボレーションを可能とするインフラを活用することにより、地理的に離れた人材の能力を柔軟に活用できることになる。

デジタルの活用により、現実の場所を問わずに働くことが可能となるため、これを機に遠隔でのコラボレーションのあり方を議論していくことが重要である。

4.2.2　DX戦略の策定

業務プロセスの再設計

新型コロナウイルスの感染拡大防止のため、押印など出社を要する業務の見直しが社員の安全を確保するために極めて緊急度の高いテーマとして注目された。その結果「そもそも本当に押印が必要だったのか？」というゼロベースでの議論が社会全体で活発になり、業務効率の大幅な向上として結実しつつある。このことは、社会や企業においてこれまで当たり前のこととされていた業務プロセスの中には、前例を踏襲しているだけで実は見直しによって効率化可能なものや、過去の検討の結果積み重ねられてきた個別ルールによりかえって非効率となっているものが潜んでいる可能性があるということを示唆している。

今般のコロナ禍によって、顧客・社会の行動様式は大きく変容している。特に、従業員の安全を確保するためにも、これまでの業務プロセスを抜本的に見直すことが必要である。コロナ禍以前の「人が作業することを前提とした業務プロセス」を、デジタルを前提とし、かつ顧客起点で見直しを行うことにより大幅な生産性向上や新たな価値創造が期待できる。さらに、それに伴うシステムやデータについても見直しや廃棄へとつなげることによって、迅速なDXの実現が可能となる。

また、このように、業務プロセスの見直しを一度実施したとしても、そこで見直しの活動を停止してしまえば業務プロセスがレガシー化してしまうため、いずれまた事業環境が変化した際には、企業の競争力の低下を招き、変革の足かせになってしまいかねない。業務プロセスが顧客への価値創出に寄与しているか否かという視点をもち、恒常的な見直しが求められる。

4.2.3　DX推進状況の把握

DX推進指標を活用することで、DXの推進状況について関係者間での認識の共有や、次の段階に進めるためのアクションを明確化することが可能である。

また、アクションの達成度を継続的に評価するためにもDX推進指標に

よる診断を定期的に実施することが望ましい。

4.3.　DX推進に向けた中長期的対応

4.3.1　デジタルプラットフォームの形成

　企業は、今後のシステムの利用に際し、自社の強みとは関係の薄い協調領域とビジネスの強みである競争領域を識別するとともに、協調領域におけるIT投資を効率化・抑制し、生み出した投資余力を競争領域へと割り当てていくことが必要である。

　我が国企業と米国企業を比較すると、我が国企業のシステムは受託開発によってシステムを構築している割合が高い。また、パッケージソフトウェアを利用する場合もカスタマイズが多い。一方、米国ではユーザー企業がパッケージを極力カスタマイズせずに利用し、複数のパッケージを組み合わせることでスピーディに現場に導入することが一般的である。当然、組み合わせに不具合があった場合はユーザー企業の責任ということになる。

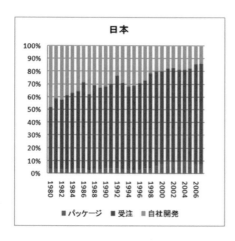
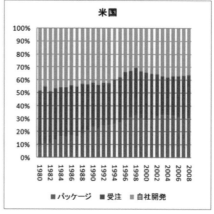

図4-1 日米のソフトウェアタイプ別投資額構成
（出典）元橋一之「ITと生産性に関する日米比較」（2010年1月）

　企業は、協調領域については自前主義を排し、経営トップのリーダーシップの下、業務プロセスの標準化を進めることでSaaS、パッケージソフトウェアを活用し、貴重なIT投資の予算や従事する人材の投入を抑制

すべきである。

　さらに、IT投資の効果を高めるために、業界内の他社と協調領域を形成して共通プラットフォーム化することも検討すべきである。個社の投資余力が小さくても複数社が投資を行うことによって、充実したプラットフォームを整備することも期待できる。

　共通プラットフォームは、特定業界における協調領域をプラットフォーム化した業界プラットフォームや、特定の地域における社会課題の解決のための地域プラットフォーム等が想定される。

　こうした共通プラットフォームによって生み出される個社を超えたつながりは、社会課題の迅速な解決と、新たな価値の提供を可能とするため、デジタル社会の重要な基盤となる。

4.3.2　産業変革のさらなる加速

変化対応力の高い IT システムを構築するために

　社内の業務プロセス等をシステム化したいわゆるSoR（Systems of Record）においては、要求の変化がゆるやかであり、要件を確定させやすいため、受託開発によってシステム化することが多い。一方で、デジタル時代の特徴として、顧客や社会との接点（Engagement）を通して顧客や社会の課題を発見し、解決することで新たな価値提案を行うためのシステム、すなわち、SoE（Systems of Engagement）の領域が広がっている。SoEにおいては、顧客・社会の課題に対してどのような提案が有効なのかを確実にとらえることは難しく、また、顧客・社会の課題は時間の経過とともに変化してしまう。このため、スモールスタートで迅速に仮説としての製品・サービスを市場に提示し、データドリブンで仮説の検証を実施するとともに、その結果を用いて製品・サービスの改善へとつなげる、というサイクルを繰り返すことで、より良い価値提案が可能となる。こうしたサイクルをいかに短期間に、かつ効率的に実施できるかが経営のアジリティを左右する重要な要素となる。

　前述のような迅速に仮説・検証を繰り返していく必要があるSoEの領域において、大規模なソフトウェアを外部に開発委託することは、これまでの受発注形態では対応が困難な可能性が高い。なぜなら、ソフトウェア開発における従来のような受発注には、図4-2で示すような本質的な困難さがあると考えられるためである。

要求をあいまいさなく定義する

- ✓ 要件全体を定義することが困難であるにも関わらず、要件を定義したこととして発注する
- ✓ 価値検証を正しく行えず、現新比較など間接的な定義に依存する

作業量を見積もる

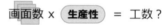

- ✓ 作業量を見積もることが困難にもかかわらず、人月単価 x 工数 x 値引き（生産性向上）で売値を決めている
- ✓ ソフトウェアの価値は何によって決めるべきか？

大規模なソフトウェアを受託開発する

- ✓ 成果物の価値が明らかになるまで時間がかかる

欲しい人と作る人が分かれている

- ✓ 受発注、フェージングや工程分担により「伝言ゲーム」が起きる
- ✓ 本来顧客が求める価値ではなく（不十分に定義された）要求を満たすことを目指す

図4-2 ソフトウェアの受発注における本質的な困難さ

　競争領域を担うシステムの構築においては、仮説・検証を俊敏に実施するため、大規模なソフトウェア開発を一括発注し長期間をかけて開発するのではなく、アジャイルな開発体制を社内に構築し、市場の変化をとらえながら小規模な開発を繰り返すべきである。

　競争力を担うITシステムの開発体制については、企業が自ら変革を主導していくことが重要である。しかし、こうした開発体制の変革は一朝一夕には実現できない。これらのことを念頭に置くと、変革を確実に推進させるために対等な立場で活動してくれる企業や、必要な技術・ノウハウを提供してくれる企業とのパートナーシップを構築することが重要である。

ベンダー企業の事業変革

　大規模システムにおいては、数年ごとに大規模更改を繰り返すことが一般的である。数年に一度の更新となるため、必然的に盛り込まれる要求の量も多くなり、多数のエンジニアが開発プロジェクトに従事することとなる。

　こうした開発サイクルの下では大規模更改の開発期間にはエンジニア需要が高まり、一方運用期間に入った後はエンジニア需要が減退するというエンジニア需要の大きな波が生まれることになる。雇用の流動性が低い我が国企業にとって、こうした需要の波があるエンジニアを自社内で雇用することは困難である。このようなエンジニアの需要変動を吸収する必要性に加えて、IT関連の費用が歴史的に投資ではなくコストとして捉えられ

てきたこともあって、我が国企業の多くはソフトウェア開発を外部へと委託してきた。ベンダー企業はこうしたエンジニア需要の変動を吸収する役割を担ってきたと言える。

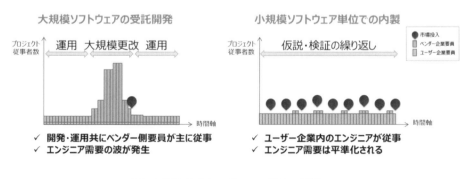

図4-3 変化対応力の高いシステムの構築

　利用可能なパッケージソフトウェアやSaaSが存在しない業務領域で、大規模な開発規模になる場合においては、受託開発は合理的な選択であったと考えられる。

　しかし、これまで受託開発で個社ごとに構築されてきたシステムであっても、協調領域に関するITシステムはパッケージソフトウェアやSaaSの利用に代替されるとともに、競争領域のITシステムについては経営の迅速さを最大限に引き出すためにユーザー企業で内製化されるようになると考えられるため、今後、大規模な受託開発は減少していくものと考えられる。

ユーザー企業とベンダー企業との新たな関係

　我が国においてはユーザー企業からの発注をベンダー企業が受託し、社内または再委託先のエンジニアによってシステム開発を行い、完成したシステムを納品する取引形態が一般的である。この取引においては、専らシステムの構築にかかった労働量（工数）に対する対価として支払金額が決定されてきた。

　他方、米国においては、事業会社が内部に有するエンジニアチームでアジャイル開発を行う形態が一般的である。また、ベンダー企業は、自らプロダクトを開発し、プラットフォームとして幅広い企業に提供している。この場合、事業会社とベンダー企業の間の取引は、労働量の対価ではなく、価値に対する対価に基づく。

　ちなみに、国内企業であっても、Webサービス開発を行う一部のユーザー企業では、社内にアジャイル開発を行うエンジニアチームを有し、米国ベンダー企業が提供するプラットフォームを活用しながらサービスを内製している。また、このようなWebサービス事業者に対して、ベンダー企業はパートナーとしてエンジニアを供給している。

　今後、ユーザー企業においてDXが進展すると、受託開発の開発規模や案件数が減少するとともに、アジャイル開発による内製が主流になると考えられる。しかし、内製化する過程で必要となるアジャイル開発の考え方や、クラウドネイティブな開発技術等について、ユーザー企業の内部人材ではすぐに対応できないことが多いため、ベンダー企業が内製開発へ移行するための支援や、伴走しながらスキル移転することに対するニーズが高まるものと考えられる。ベンダー企業はこうした事業機会を顧客企業への客先常駐ビジネスとするのではなく、対等なパートナーシップを体現できる拠点において、ユーザー企業とアジャイルの考え方を共有しながらチームの能力を育て（共育）、内製開発を協力して実践する（共創）べきである。同時に、こうしたパートナーシップを維持することで、ユーザー企業の事業を深く理解し、新たなビジネスモデルをともに検討するビジネスパートナーへと関係を深化させていくべきである（図4-4）。

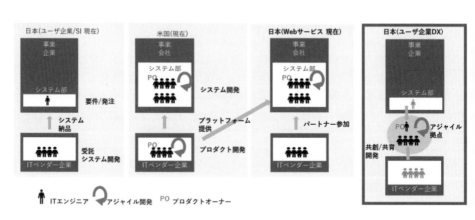

図4-4 アジャイル開発の形（受託から共創/共育へ）
（出典）第1回研究会資料「永和システムマネジメントDX支援の取組 ご紹介」

　さらに、ベンダー企業はデジタル技術における強みを核としながら、ビジネス展開に必要な様々なリソース（人材、技術、製品・サービス）を提供する企業、業種・業界におけるデジタルプラットフォームを提供する企業や、さらにはベンダー企業という枠を超えた新たな製品・サービスによって直接社会へ価値提案を行う企業へと進化していくことが期待される。これにより、ベンダー企業は、ユーザー企業個別の受託開発ビジネスや従来技術を用いたシステムの維持管理といった旧来のシステム開発の現場から、多くの人材・資金を解放することが出来るようになり、より高付加価値な企業体質へと移行することができると考えられる。

　大規模ソフトウェアの受託開発についての問題点は、顧客が求めるスピード感や変化への対応が困難になっていることだけでなく、開発費用が労働量に対する対価となっている結果、生産性を向上すると稼働する労働量が減ってしまい売上が下がってしまうという構造的なジレンマがある。需要の変動を吸収する役割を担ってきたベンダー企業は、エンジニアの安定的な供給観点から、自社に不足しているエンジニア分の稼働を下請企業との取引で補っている。ユーザー企業とベンダー企業との間の契約ではエンジニアの単価が固定されていることが多いため、ベンダー企業が下請企業に再委託する際には管理費等が差し引かれ、より安価な発注となってしまう。結果として、多重下請構造という社会問題を構成している。

　これに対して、価値の取引が中心になれば、新技術の導入等による開発の効率化はベンダー企業に対して利益率の向上をもたらすため、生産性向上へのインセンティブが働く。このような価値中心の取引は、パッケージソフトやSaaSのような協調領域を担うITシステムの導入を加速するため、ユーザー企業とベンダー企業の双方における内製化とアジャイル開発への移行との相乗効果により、エンジニア需要が平準化すると考えられる。結果として、多重下請構造の解消も期待できる。こうしたビジネスモデル変化は、受託開発よりも高い収益性を実現し、大きな事業成長の機会へとつながるものと考えられる。これまでのITの強みを活かしながらデータとデジタル技術を活用して市場に新たな価値提案を行っていく中で、ユーザー企業のDXを起点に、ベンダー企業自身も変革していくことが重要である。

4.3.3　DX人材の確保

ジョブ型人事制度の拡大

コロナ禍で多くの企業がテレワークをある意味強制的に導入することと

なったが、同時に、個人に割り当てられた仕事の範囲を明確に線引きしないようなこれまでの働き方がうまく機能しない事態に直面した。今後は、テレワーク環境下においても機能するジョブ型の雇用に移行する方向で考えるべきである。

　ジョブ型雇用の考え方は、特に、DXを進めるに際して、社外を含めた多様な人材が参画してコラボレーションするようなビジネス環境として重要なものになる。

　ただし、とにかく雇用をジョブ型にすれば良いということではなく、まずはジョブ（仕事の範囲、役割、責任）を明確にし、そのうえでさらに成果の評価基準を定めることから始めることが現実的である。

DX人材の確保

　DXは企業が自ら変革を主導することにより達成されるものである。DXを推進するには、構想力を持ち、明確なビジョンを描き、自ら組織をけん引し、また実行することができるような人材が必要となる。このため、DXを推進するために必要となる人材については（外部のベンダー企業に任せるのではなく）企業が自ら確保するべきである。

　また、DXの推進においては、企業が市場に対して提案する価値を現実のシステムへと落とし込む技術者の役割が極めて重要である。同時に、技術者のスキルの陳腐化は、DXの足かせとなってしまう。

　従って、常に新しい技術に敏感になり、学び続けるマインドセットを持つことができるよう、専門性を評価する仕組みや、リカレント学習の仕組みを導入すべきである。

　また、副業・兼業を行いやすくし、人材流動や、社員が多様な価値観と触れる環境を整えることも重要である。

5　政府の政策の方向性

　ここまで述べたDXの現状認識と企業の目指すべき事業変革の方向性の下、政府は、企業がレガシーカルチャーから脱却して個社のDXを確実に前進させるため、DXに関する共通理解の形成やDX戦略の立案の支援といった「事業変革の環境整備」の支援に踏み込む必要がある。さらに、個社のみでは対応しきれない顧客・社会課題を迅速に解決するためには、個社の垣根を越えた協調領域のプラットフォーム形成の支援や、デジタル市

場の将来像を見据えた産業構造の再設計といった「デジタル社会基盤の形成」を促すべきと考える。こうした変革の推進には担い手となる人材の確保が重要であり、我が国として「人材変革」にも取り組む必要がある。DXの推進においては、あるべき論を語るのではなく、自ら変革をけん引し現実の課題の解決や新たな価値の提案を推進するような、実行力のある人材が求められる。また、過去の企業文化を打破するためには、新しい発想を持つ若手人材や外部人材が活躍できる環境整備も必要である。また、デジタル社会を実現することによる恩恵が我が国全体にあまねく行き渡るためには、市場原理に委ねるだけでは解決が難しい産業変革が不可欠であり、地域の中小企業への支援も含めた「産業変革の制度的支援」も重要な取組である。

　以上の観点から、本章では「事業変革の環境整備」「デジタル社会基盤の形成」「人材変革」「産業変革の制度的支援」の４つの領域において、政府の政策の方向性を示す。

5.1.　事業変革の環境整備

5.1.1　DXの認知・理解

DX の認知・理解向上に向けた施策

必要性

　地域未来牽引企業[※10]を対象としたアンケートによれば、DXを実施しているのは全体の９％にとどまり、全体の約５割はDXをよく知らない・聞いたことがないと回答している。

　DXは地域・中央の差や企業規模の大小に関係なく成長のツールとなるものであり、こうした企業におけるDXの認知・理解向上策は重要である。

対応策

　DXの認知向上に向けては、デジタル化を行うきっかけとなるツールとして、事例集を作成する。

　DXの理解向上に向けては、後述の共通理解形成のためのポイント集を活用する。また、中小企業においては、DXを社内のリソースだけで推進することが難しいと考えられることから、DXに取り組む企業が集まり経験やノウハウの共有を通じてDXを推進する場の形成支援等を検討する。

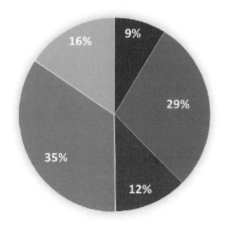

- DXを知っており、実践中
- DXを知っており、取組開始に向けて検討中
- DXを知っているが、取組の予定はない
- DXを聞いたことはあるが、内容はよく知らない
- DXを聞いたことがない

図5-1 地域未来牽引企業におけるDXの認知割合（n=925）
（出典）経済産業省調べ（2020年10-11月アンケート実施）

※10 地域経済の中心的な担い手となりうる企業を経済産業省が「地域未来牽引企業」として選定。
https://www.meti.go.jp/policy/sme_chiiki/chiiki_kenin_kigyou/index.html

5.1.2　DX推進体制の整備

共通理解形成のためのポイント集の策定

必要性

　DXの推進に向けては、経営層、事業部門、IT部門が対話を通じて同じ視点を共有し、協働してビジネス変革に向けたコンセプトを描いていく必要がある。そのために、まずは経営者が、将来のビジネスを見据えた上で取組の方向性となるビジョンについて、関係者間の対話を通じて示すことが重要である。

　一方で、DXとは何か、会社のビジネスにどう役に立つのか、という基本的な事項についての共通理解が企業内で形成されておらず、DXという言葉を用いた場合に思い描くビジョン、コンセプトが様々な状況にあるため、具体的なアクションにつながらないという問題が見られる。

対応策

　DXの停滞要因は、各関係者間での対話不足に起因しているのではない

かと考えられる。DXの加速には経営層のマインドが重要であり、それらを社内外に発信・伝達するための対話が不可欠である。関係者間での対話の中身の勘所を示すにあたり、企業が抱える課題（Why、What、How）それぞれの「分からない」を「分かる」にするための意識向上施策として、経営層向けに対話の中身をとりまとめた「ポイント集」を整理する（図5-2）。

5-2（対話に向けた検討図ポイント集より）ポイント集の活用シーン
（出典）経済産業省「対話に向けた検討ポイント集」（2020年12月）

CIO/CDXO の役割再定義

必要性

　近年、DXを推進する経営レベルでのポジションとしてCDO（Chief Digital Officer）やそれに類したCDXOを設ける企業が我が国でも増えてきている。このため、CDO/CDXOの役割や従来からあるCIO（Chief Information Officer）との関係などを明確にする必要が出てきている。

　一般に、CDOはDXの戦略策定とその遂行に責任を負うが、そのための役割としては主に次の3つがある。

　(1) DXの戦略策定
　(2) DXの戦略を推進するための全社的なコーディネーション
　(3) DX推進のための企業文化の変革

　これに対して、CIOは既存のITシステム一般を効率化すること等に責任があるとされる。

　DX推進のためには現行の情報システムのモダナイゼーションが必要と

なることも多いため、CDOとCIOの役割には相互に関係がある。

　しかし、国内においてCIOとCDXOの役割に関する共通の認識が確立されていない。企業によってはCIOがDXを推進するCDXOを兼務している例もある。従って、DX推進を経営レベルで推進できるようにするためには、CDOやCIOの役割を明確にする必要がある。

　CIOの役割を広く捉えた「平成21年度IT人材育成強化加速事業（CIO育成カリキュラム策定事業）報告書」によると、目指すべき CIO像として　Chief Intelligence Officer、Chief Innovation Officer、Chief Information Officerとしての３つのミッションと役割が定義されている（図5-3）。この中で、Chief Innovation Officerの役割が主としてCDXOの役割に相当する。

図5-3 CIOの役割
（出典）「平成21年度IT人材育成強化加速事業（CIO育成カリキュラム策定事業）報告書」日本情報システム・ユーザー協会（2010年3月）

　一方で、役職として定義されたCIO（専任・兼任問わず）を置く企業は約14％にとどまっており、IT部門・業務を担当する役員が対応している企業や、IT部門・業務を担当する部門長が対応している企業、さらにはCIOがいない、あるいはCIOに対する実質的な認識はない企業が８割強を占めている（図5-4）。また、CDO（デジタル担当役員）の設置済みとす

る企業は4.2%、検討中の企業も7.7%と少なく、86.2%が未検討となっている（図5-5）。こうした企業においては、経営層にDXをけん引する役員がいないため、経営層における対話の不足はもとより、DXの推進が阻害されていることを経営層が認識できていない可能性がある。

対応策

DXをけん引する経営層の機能として、こうしたCxOが担うべき役割や、ガバナンスの対象事項について再定義を行うこととする。これにより、経営層や事業部門、現場等との意思疎通や合意形成が促進されるとともに、企業がDXを推進するにあたって適切な人材をアサインし、デジタル技術を有効に導入、活用できるようにする。

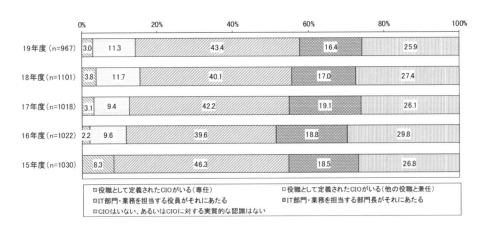

図5-4 年度別CIO（最高情報責任者）の配置状況
（出典）「企業IT動向調査報告書2020」一般社団法人日本システム・ユーザー協会
　　　（2020年4月）

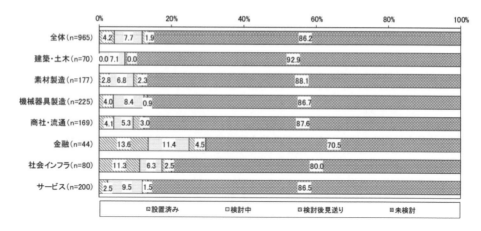

図5-5 業種グループ別CDO（デジタル担当役員）の設置状況
（出典）「企業IT動向調査報告書2020」一般社団法人日本システム・ユーザー協会
（2020年4月）

5.1.3　DX戦略の策定

DX 成功パターンの策定

必要性

　経営者は、経営とITが表裏一体であるとの認識を持った上で、次の二つの視点に基づいてDXに向けた戦略を立案する必要がある。

- ●ビジョンや事業目的といった上位の目標の達成に向けて、デジタルを使いこなすことで経営の課題を解決するという視点
- ●デジタルだからこそ可能になる新たなビジネスモデルを模索するという視点

　これに対して、一部の経営者からは、DXについて「具体的に何をすればよいのかわからない」といった声も聞かれる。

対応策

　DXの具体的な取組領域や、成功事例をパターン化し、企業において具体的なアクションを検討する際の手がかりとなる「DX成功パターン」を策定する。これを活用することにより、企業はDXの成功事例の中から自らのビジョンや事業目的の実現に資するものを選択することで、DXについての具体的な取組を推進できるようになる。

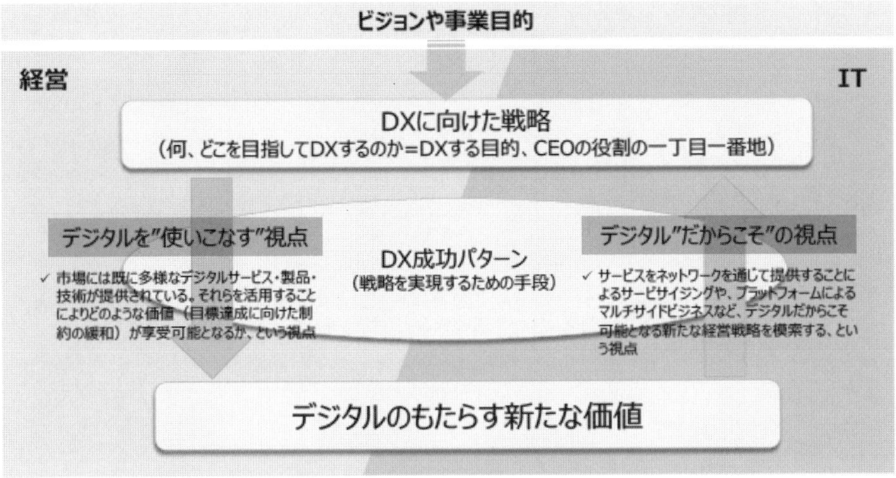

図5-6 DX 成功パターンの策定

DX成功パターンには、DXに向けた戦略の立案・展開にあたって前提となる「組織戦略」と「事業戦略」、「推進戦略」が含まれる（図5-7）。

(1) 組織戦略：DXの成功事例のうち、組織の観点で特徴があるものに、経営者・IT部門・業務部門が協調して推進する、というパターンがある。企業の方針を決めるにあたっては、このような三位一体の対話によって共通認識を形成すべきである。

(2) 事業戦略：「顧客や社会の問題の発見と解決による新たな価値の創出」と、「組織内の業務生産性向上や働き方の変革」という二つのアプローチを同時並行に進めることが重要である。いわゆる「両利きの経営」と言われるように、既存事業の効率化と新事業の創出は両輪で検討すべきである。既存事業の見直しにより産まれた投資余力を新事業の創出にあてることで、企業の競争力と経営体力を高めることが出来る。

(3) 推進戦略：重点部門を見極め、小さく始めて、段階的に全社的な取組みに広げることを検討すべきである。これによって、まず重点部門で成功事例を作り出してから組織全体へ展開し、あわせて、DXを推進する上での課題を早期に明らかにしつつ対応する、というアジャイル的なDXの推進が成功への鍵となる。

205

<組織戦略>　　　　　　　<事業戦略>　　　　　　　<推進戦略>

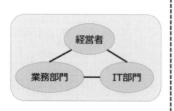
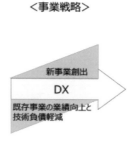
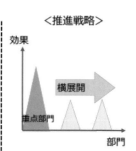

✓ 企業全体の方針を決めるにあたり、　✓ 既存事業の見直しにより生まれ　✓ **アジャイル的な**DX推進によ
　経営者・IT部門・業務部門が**対話し、**　　た投資余力を新事業の創出に　　り、段階ごとにスピード感を
　共通認識を持っておく　　　　　　　　あてる　　　　　　　　　　　持ってDXを実施する
　　　　　　　　　　　　　　　　　　✓ 両事業の投資バランスは、社内
　　　　　　　　　　　　　　　　　　　で予め決めておく

図5-7 DXに向けた戦略の立案・展開

　さらに、企業がDXの具体的なアクションを組織の成熟度ごとに設計できるように、DXをデジタイゼーション、デジタライゼーション、デジタルトランスフォーメーションという3つの異なる段階に分解する（図5-8）。ここでは、デジタイゼーションは、アナログ・物理データの単純なデジタルデータ化のことであり、典型的には、紙文書の電子化である。デジタライゼーションは個別業務・プロセスのデジタル化であり、さらに、デジタルトランスフォーメーションは全社的な業務・プロセスのデジタル化、および顧客起点の価値創造のために事業やビジネスモデルを変革することである。

206

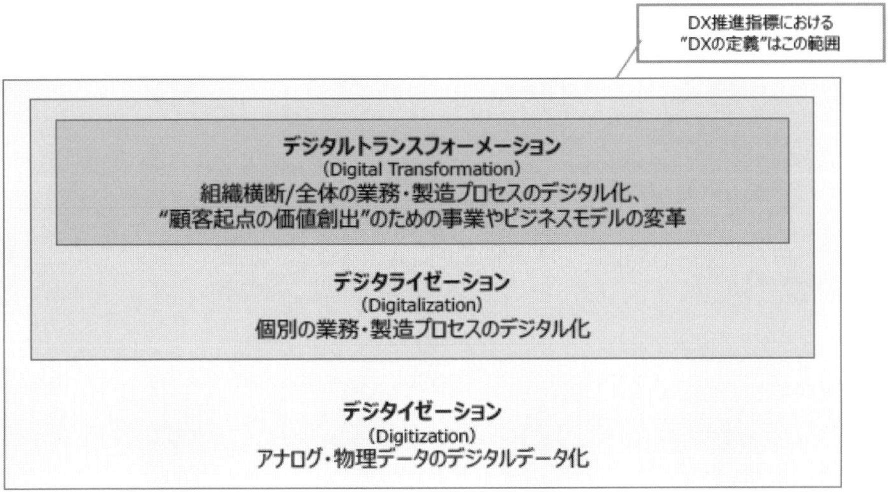

図5-8 DX の構造

　図5-8 に示すDXの構造はインダストリー4.0等で定義されている構造と同一であり、世界的に共通に認識されている定義と言える[11]。

　さらに、DXの取組領域を明らかにするために、DXの各アクションを取組領域とDXの段階に分けて整理したものを、DXフレームワークとする（図5-9）。

---

[11] C. G. Machado, et al., Industry 4.0 Readiness in Manufacturing Companies: Challenges and Enablers towards Increased Digitalization, Procedia CIRP, Vol. 81, 2119, pp. 1113-1118.

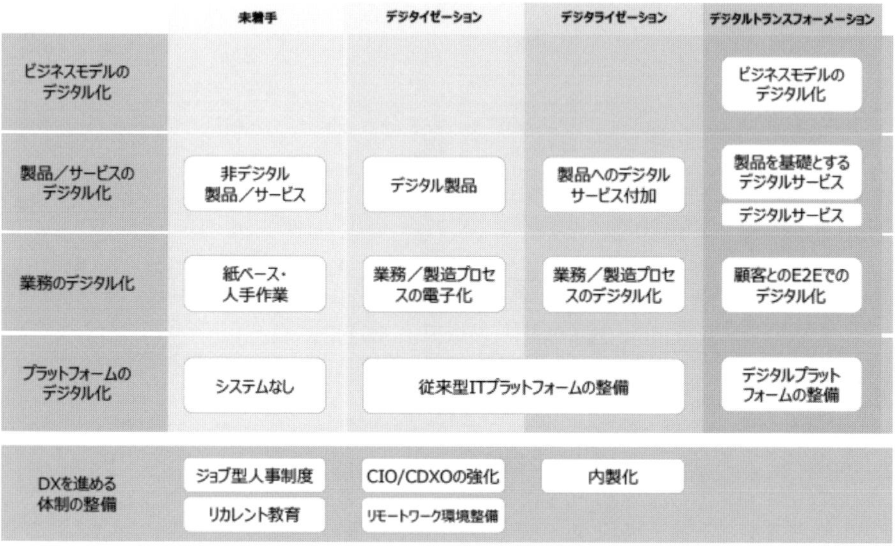

	未着手	デジタイゼーション	デジタライゼーション	デジタルトランスフォーメーション
ビジネスモデルの デジタル化				ビジネスモデルの デジタル化
製品／サービスの デジタル化	非デジタル 製品／サービス	デジタル製品	製品へのデジタル サービス付加	製品を基礎とする デジタルサービス デジタルサービス
業務のデジタル化	紙ベース・ 人手作業	業務／製造プロセ スの電子化	業務／製造プロセ スのデジタル化	顧客とのE2Eでの デジタル化
プラットフォームの デジタル化	システムなし	従来型ITプラットフォームの整備		デジタルプラット フォームの整備
DXを進める 体制の整備	ジョブ型人事制度 リカレント教育	CIO/CDXOの強化 リモートワーク環境整備	内製化	

図5-9 DXフレームワーク

　様々なDX事例をDX成功パターンとして形式化する際に、DXフレームワークを用いる。

　DX成功パターンの一例として、製造業における業務のデジタル化事例を図5-10に示す。各ステップはデジタイゼーションからデジタルトランスフォーメーションに向かって左から右へ進行するが、目指すデジタライゼーションやデジタルトランスフォーメーションをゴールに設定した上で、逆算して今後の取組を検討する際に参照されることを想定している。

　こうしたDX成功パターンは、業種や業態、事業規模等の単位で整理することとする。企業は自社の現状に応じたDX成功パターンを取捨選択し、組み合わせることで、自社のDX推進戦略の立案に活かすことが期待される。

・装置を占有する作業時間を減らし、1stロットの生産までにかかる時間を短縮したい
・職人のノウハウをデータ化して再利用可能にし、職人をより高付加価値な業務に充てたい

図5-10 DX成功パターンの例：製造プロセスのソフトウェア化

5.1.4　DX推進状況の把握

必要性

2019年より、DX推進指標の自己診断、及びベンチマークを推進してきたが、2年間で収集した自己診断結果はのべ500社程度に過ぎず、業種や規模も、製造業の大企業に偏っている。我が国の企業数が約421万社であることを考えると、さまざまな業種・業界、規模の組織における網羅的な調査には至っていない。我が国産業のDX推進状況を俯瞰的に把握し、効果的な政策につなげるには、DX推進指標のさらなる周知が必要である。

また、DXレポートでは、レガシーシステム刷新の必要性について問題提起したが、企業が自社のITシステムを評価し、対応が必要となるITシステムを正しく把握・構築する方法論の提示は課題となっていた。

対応策

DX推進指標の周知を進めることに加えて、DX推進施策の効果を測定する手段として利用する等、収集されたデータのさらなる活用について検討

する。

　また、既存のITシステムに関する技術的負債やDX対応度合いを可視化し、対策が必要なシステムを特定するための指標として、プラットフォームデジタル化指標を策定する。さらに、各企業のIT責任者や担当者が対策に関する計画を策定し、実行につなげられるように、システムを最適化する際にどのような技術が活用できるのかを整理して体系化したものとして、プラットフォーム変革手引書を策定する。これらは情報処理推進機構（IPA）において、試行評価も含めて策定中であるが、早期の完成を目指す。

5.2　デジタル社会基盤の形成

5.2.1　デジタルプラットフォームの形成

共通プラットフォーム推進

必要性

　4.3.1で述べた通り、企業が経営資源を競争領域に集中するためには、個社が別々にITシステムを開発するのではなく、業界内の他社と協調領域を合意形成して共通プラットフォームを構築し、協調領域に対するリソースの投入を最小限にすべきである。共通プラットフォームの検討に際しては、業界最大手が先導する方法、業界団体やフォーラムが旗振り役になる方法等、いくつかの進め方が考えられる。特に、共通プラットフォームを中心としたエコシステムの構築を最終的なゴールとするには、その中立性の担保が重要となるため、公的機関の役割も重要になると考える。政府全体の方針としては、非競争領域におけるシステム共通化事例の横展開を目指していくことがIT政策大綱（2019年6月）や成長戦略のフォローアップ（2020年7月）にも記載されている。政府が関与した事例としては、厚生労働省と経済産業省が進める水道標準プラットフォーム等がある。

　また、共通プラットフォームの形成は、大企業のみならず、中小企業の競争力強化にも有効なアプローチである。一般的には、中小企業が単独で競争上の優位性を確保するのは困難であるが、企業間連携等を通じて共通プラットフォームを構築することで、中小企業が競争領域に経営資源を集中することが期待される。

対応策

　幅広い業界へ共通プラットフォームの横展開が可能となるように、共通

プラットフォームの形成を阻害している要因の除去や、一層の加速のための施策について検討する。具体的には、関係者間での協調領域を合意形成するために議論の場を提供し、共通プラットフォーム開発に要する支援や、政府機関によるサービス運用、セキュリティやデータ利活用等に関する運用指針の策定を検討していく。

デジタルアーキテクチャ推進

必要性

デジタル社会の実現を見据えて、個社のみでは対応しきれない顧客や社会の課題を迅速に解決するために、デジタル企業同士が横連携してエコシステムを形成できるデジタルプラットフォームを形成することが重要である。このような基盤が実現されれば、我が国でプラットフォームを介してデータを活用したデータ駆動型ビジネスの産業が発展し、産業競争力の強化が期待される。その際には、個人情報等に配慮された安全・安心なデータ流通の確保に配慮する。

対応策

異なる事業者間や社会全体でのデータやITシステムの連携を容易にするために、2020年5月、情報処理推進機構にデジタルアーキテクチャ・デザインセンターを設立し、産学官の連携の下で、全体の見取り図である「アーキテクチャ」を設計するとともに、その設計を主導できる専門家の育成を進めている。今後は、アーキテクチャに基づいた新たなデジタルプラットフォームの社会実装を推進するための施策について検討する。

5.3 産業変革の制度的支援

5.3.1 製品・サービス活用による事業継続・DXのファーストステップ

ツール導入に対する支援

必要性

4.1.1では、コロナ禍を契機に企業が直ちに取り組むべきアクションとして、購入可能な市販製品・サービスの導入について述べた。DXが進まない企業、または何から始めればよいかわからない企業にとっては、このような製品導入の成功を「経営のリーダーシップにより企業文化を変革する小さな成功体験」とし、DXのファーストステップと位置付けることが

肝要である。

　特に、多くの中小企業では、DX以前の問題としてIT機器の導入をはじめとするデジタイゼーションの段階にさえも進んでいないのが現状である。中小企業は企業規模の小ささゆえに、経営者のビジョンを全社に浸透させやすく、かつ、DXの障壁となる大規模なレガシーシステムを抱えていないケースも多い。このため、一旦経営者がビジネス変革の方針を定めると一気呵成にDXを推進できる可能性もある。そして、現在、少子高齢化に伴う労働人口減少等の社会課題を抱える我が国がさらなる成長を遂げるにあたり、全企業の約99.7%を占める中小企業の生産性向上は極めて重要である。

　このような背景から、これまで政府は中小企業のデジタル化推進施策として、ものづくり補助金[12]とIT導入補助金[13]に加え、中小企業デジタル化応援隊[14]や地方版IoT推進ラボ[15]、ITコーディネータの普及[16]等を展開してきた。コロナ禍を受けた事業継続の支援に加えて、デジタル化による生産性の向上は、現在中小企業が抱える課題を解決するにあたって極めて重要である。

[12]「ものづくり補助事業ホームページ」http://portal.monodukuri-hojo.jp/
[13]「IT導入補助金ホームページ」https://www.it-hojo.jp/
[14]「中小企業デジタル化応援事業ホームページ」https://digitalization-support.jp/
[15]「地域版IoT推進ラボホームページ」https://local-iot-lab.ipa.go.jp/
[16]「ITコーディネータ協会ホームページ」https://www.itc.or.jp/

対応策

　中小企業をはじめとして、これまでDXを進められなかった企業への支援として、上記に示した既存施策の普及展開を図る。そして、デジタル化とDXの事例集については内容の拡充やアクセシビリティの向上を進め、情報を必要としている企業が必要な情報を入手できるよう、既存の情報提供の枠組みを活用しつつ展開する。

5.3.2　産業変革のさらなる加速

ユーザー企業とベンダー企業の共創の推進

必要性

産業変革のさらなる加速に向けては、ユーザー企業のDXを起点として

ベンダー企業の事業構造の変革を促すべきである。3.2、及び4.3.2で示したように、企業がラン・ザ・ビジネスからバリューアップへ軸足を移し、アジャイル型の開発等によって事業環境の変化への即応を追求すると、その結果として、究極的にはユーザー企業とベンダー企業の垣根はなくなるとの方向性を見出している。その中で、ベンダー企業は、受託開発型のビジネスとは決別し、ユーザー企業のDXを支援・伴走してけん引するようなパートナーに転換していく。一方で、現在、ベンダー企業とユーザー企業は相互依存関係にあるため、このような変化は一足飛びには起こらない。

対応策

ベンダー企業の事業変革の状況を把握し、抜本的な変革を後押しするためには、ユーザー企業とベンダー企業による共創の好事例等も踏まえながら、レガシー企業文化から脱却して変化に迅速に適応できる「優れた」ベンダー企業が有する機能・能力を明確にすべきである。そこで、政府としては、ベンダー企業の競争力を定量的または定性的に計測できる指標を策定する。その上で、従来型ビジネスモデルからの変化を阻害する要因を明確化し、今後の議論で政府としての具体的な方策について検討する。

デジタル技術を活用するビジネスモデル変革の支援

必要性

上述の通り、企業が社会とつながり、ウィズ・ポストコロナ時代において競争力強化を図るためには経営戦略とデジタル戦略の一体的な実施により、デジタル技術を活用したビジネスモデルの変革に取り組むことが重要である。他方で、こうした取組の成功確率は低く、コストも大きいため、政府による後押しが必要である。

対応策

(1) DX投資促進税制

産業競争力強化法に新たな計画認定制度を創設し、特定の部門・拠点だけでなく、全社レベルのDXに向けた計画を政府が認定する。その上で、DXの実現に必要なクラウド技術等を活用したデジタル関連投資に対し、税額控除または特別償却を認める措置を講じる。この措置の活用により、産業変革のさらなる加速を図る。

(2) 中小企業向けDX推進指標の策定

現在運用しているDX推進指標について、中小企業の実態に合った指標

として一部項目を中小企業向けに修正・再設定し、中小企業の経営者や企業内の関係者がDXの推進に向けた現状や課題に対する認識を共有できるようにする。自己診断の実施による社内のDX推進状況把握を各種補助金の要件として位置づける等、中小企業のDX加速に資する政策を一体的に推進していくことについても今後検討を進める。

(3) DX認定企業向けの金融支援

　中小企業は、大企業と比べると財務基盤が弱く、資金調達の手段も限られる場合が多い。中小企業がDX認定を受けた上で、DXを行う準備ができた場合であっても、投資のための資金が無ければ、DX推進にブレーキがかかる可能性がある。このことから、財政支援として、DX認定を取得した企業に対する金融支援（低利子融資）を検討する。

研究開発に対する支援

　コロナ禍において、積極的に研究開発投資を維持・拡大する企業を後押しするとともに、リアルデータやAIを活用してビジネスモデルを転換する企業を支援するために、研究開発税制について見直しを実施する。具体的には、控除上限を引き上げ、研究開発費を維持・増加させるための税額控除率の見直しを行うとともに、クラウドを通じてサービスを提供するソフトウェアに関する研究開発を対象に追加する。これらによって、経済のデジタル化への対応を進めるほか、オープンイノベーション型の運用改善等を行う。

5.4　人材変革

5.4.1　DX人材確保

リスキル・流動化環境の整備

必要性

　産業界におけるDXを進めるためには、各企業において社内のDX活動をけん引するDX人材の存在が不可欠である。ここでいう「DX人材」とは、自社のビジネスを深く理解した上で、データとデジタル技術を活用してそれをどう改革していくかについての構想力を持ち、実現に向けた明確なビジョンを描くことができる人材を指す。さらに、DX人材には、社内外のステークホルダーを自ら陣頭に立ってけん引し、DXを実行することが求められる。2018年に経済産業省が公表した「DX推進ガイドライン」にお

いても、DX推進のための体制整備の一環として「DXの実行のために必要な人材の育成・確保に向けた取組が行われているか」が重要である旨が述べられている。

　DX人材が備えるべき役割やスキルは、上述のようにITからビジネスまで、幅広い範囲に及んでいる。DX人材には、各企業でDXを推進するために必要となるデジタル技術を活用できるようなスキル転換が求められている。

　なかでも、こうした人材についてITスキルの点から見ると、我が国においては人材の流動性が低い上に、IT人材がIT企業に偏在しているため、現時点において、ユーザー企業がDXを実行するために必要な人材を自らの組織内に十分に確保できる状況にはなっていない。情報処理推進機構の2019年度調査結果によれば、国内IT人材125万3,000人のうち、77%にあたる95万9,000人までがIT企業に所属しており、ユーザー企業に所属するのはわずか29万4,000人である。

　情報処理推進機構「IT人材白書」によれば、ユーザー企業におけるIT人材の"質"に対する不足感は顕著に高まっている。特に1,001名以上のユーザー企業においては「大幅に不足している」割合が48.3%となり、前年比10.2ポイント上昇している（図5-11）。また、ユーザー企業におけるIT人材の"量"に対する過不足感についても年々高くなる傾向にあり、年度調査では「大幅に不足している」割合が33%、「やや不足している」を含めると89%となっている。経営トップが、どうやってIT人材を確保したらよいか分かっていないことに加えて、IT部門がコストセンターであるという意識が強いことが、ユーザー企業におけるIT部門の内製強化を妨げる一因であるとの指摘もある。

　一方、企業内でDX推進のためにリカレント教育を行っている企業では、DX人材の不足感が少なく、逆に、リカレント教育を行っていない企業ではDX人材の不足感が高いことが米国における調査で明らかになっている[17]。

※17 G. C. Kane, et al., The Technology Fallacy, MIT Press, 2019.

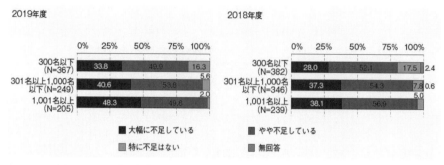

2019年度　　　　　　　　　　　　　　　　2018年度

図5-11 ユーザー企業のIT人材の"質"に対する不足感（従業員規模別）
（出典）「IT人材白書2020」情報処理推進機構

　マクロでみると、経済産業省「IT人材需給に関する調査」（2018年）においては、2030年までにIT人材の需要は158万人（約26%増）となる一方、供給は113万人までしか伸びず、45万人の需給ギャップが生じると試算されており、IT人材の全体数を増やすことが必要不可欠である。他方で、新卒者がIT人材となる数は微増に留まっており、IT人材の不足を補うには至らない状況である。例えば、大学新卒者がITエンジニアになる割合は徐々に増加しているものの、文系出身者が多く、理工系出身者は増えていない（図5-12）。

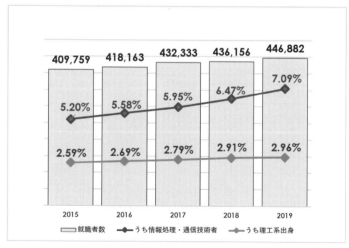

図5-12 大卒新卒者のうち情報処理・通信技術者として就職する者の割合
（出典）文部科学省「学校基本調査」をもとに経済産業省作成

対応策

　デジタル技術の進歩や、それに伴う社会の変化が加速する中、IT人材不足に応えるような人材の育成・確保を実現するためには、個々人が変化に対して自ら学べるように、社会全体として学び直し（リカレント教育）の仕組みを整備していくことが重要である。文系出身者によるITスキルの獲得や、ITエンジニアによる新たな技術の習得等、継続的かつ頻繁にスキルをアップデート（リスキリング）する場をいかに提供していくか、デジタル時代にふさわしい仕組みを産官学が協力して検討していくことが望まれる。

　また、提供された学びの場が活用され、個々人が年齢にとらわれず IT スキルのアップデートを行っていくためには、ITスキルの能力開発に関するモチベーションを向上させる仕組みが必要となる。企業における人材の活用が能力の成長に繋がり、優れた専門性が市場において評価され、能力開発が推進される環境が重要である。さらには、ITスキルにとどまらない業務の分析や再設計、あるいは新しいビジネスモデルの提案等、デジタル技術を前提とした事業や経営を進めるには、既存のIT人材を必ずしも出発点とせずに、様々なスキルを継続的に身に付けていく仕組みが必要となる。

　具体的には、デジタル人材市場における課題と、人材確保の在り方の再検討や、デジタル時代の人材評価・育成の在り方の再検討を進めていく必要がある。また、テレワークを活用したDX人材の活用や、社外との協業を通じたスキル向上等、人が会社を移るという形以外も含め、人材の流動性をどう高めていけるかも論点となりうる。

　上述のとおり、リスキリングの場の提供と、デジタル人材市場における必要な人材の確保に向け、人材のスキルを見える化し、マッチングを可能とする仕組みについても検討を進める。

5.5　今後の検討の方向性

　以下に示すように、今後、具体的な検討を進める予定である。各施策の普及展開においては、指標分析や統計調査等、データに基づく効果測定を定期的に行うことで、施策の効果を最大化すべくフィードバックを繰り返していくこととする。

	対応策	今後の検討の進め方
5.1 事業変革の環境整備	DXの認知・理解向上	認知向上に向けては、事例集の作成を検討。理解向上に向けては、共通理解形成のためのポイント集を活用。
	共通理解形成のためのポイント集	研究会WG1の成果物（ポイント集）を公開し、活用を推進。
	CIO/CDXOの役割再定義	継続議論。
	DX成功パターン	デジタルガバナンス・コードの業種別リファレンスとの整合性を図りながら、有識者との検討を進め、パターンを具体化。年度内目途で成案。
	デジタルガバナンス・コードの普及*	業種別、中小企業向けリファレンスガイドの作成。投資家サイドへの働きかけの検討。
	DX認定／DX銘柄の普及*	DX認定の本格開始、認定付与の際のインセンティブの検討。DX銘柄の普及とDX認定との連携。中小企業向けの選定の検討。
	DX推進指標等*	DXの加速をDX推進指標により継続的に評価。
	レガシー刷新の推進*	プラットフォームデジタル化指標の策定、及びプラットフォーム変革手引書の公開を年度内目処で実施。
5.2 産業変革の制度的支援	ツール導入に対する支援	既存施策の普及展開。デジタル化・DX事例集の内容の拡充と展開。
	ユーザー企業とベンダー企業の共創の推進	ユーザー企業とベンダー企業の共創関係の在り方について引き続き検討を進め、ベンダー企業が有する機能・能力の整理及び競争力に係る指標を策定。
	研究開発に対する支援	研究開発税制による税制優遇を創設。
	デジタル技術を活用するビジネスモデル変革の支援	産業競争力強化法（DX投資促進税制）、中小企業向けDX推進指標、DX認定企業向け金融支援について検討。
5.3 デジタル社会基盤の形成	共通プラットフォーム推進	社会インフラや民間事業の非競争領域における共通プラットフォームの構築を推進。
	アーキテクチャ推進	情報処理推進機構デジタルアーキテクチャ・デザインセンターを中心にアーキテクチャ設計と人材育成を推進。
5.4 人材変革	リスキル・流動化環境の整備	学びの場の形成、スキルの見える化等の仕組みを検討。

図5-13 今後の検討の方向性

6　DXレポートでの指摘とその後の政策展開

　本章では、2018年の「DXレポート～ITシステム「2025年の崖」克服とDXの本格的な展開～」（DXレポート）公表以降の政策展開の経緯について補足する。

6.1　レポートでの指摘

　2018年に公開したDXレポートにおいては、複雑化・ブラックボックス化した既存システムを解消できずDXが実現できない場合、デジタル競争の敗者になってしまうだけでなく、多額の経済損失が生じるとして警鐘を鳴らし（2025 年の崖）、この問題に対応するため、2025年までに集中的にシステム刷新を実施する必要があると指摘した。

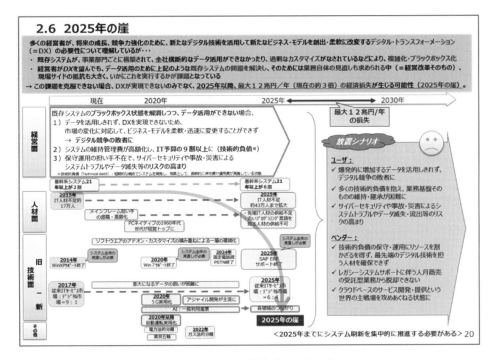

図6-1 DXレポートでの指摘「2025年の崖」
（出典）経済産業省「DXレポート～ITシステム「2025年の崖」克服とDXの本格的な展開～」

　そして、ユーザー企業がDXを推進する上で、具体的に何からどのように手をつけていけば良いのか、等に関するロードマップを明示するために、DXレポートの内容の具体化を図り、DXにおける必要な項目をまとめた「DX推進ガイドライン」を 2018年12月に公開した。翌年 7 月には、本ガイドラインに則る形で各企業による簡易な自己診断を可能とする「DX推進指標」を公開した。同指標は、経営者や社内の関係者がDXの推進に向けた現状や課題に対する認識を共有し、アクションにつなげるための気付きの機会を提供することを目指しており、各項目について、経営者、事業部門、DX部門、IT部門等が議論をしながら回答することを想定しており、DX推進のロードマップとして利用できるものである。

　各社の自己診断結果を、中立組織である情報処理推進機構が収集・分析することで、個社の診断結果と全体データとの比較が可能となるベンチマークが可能となった。

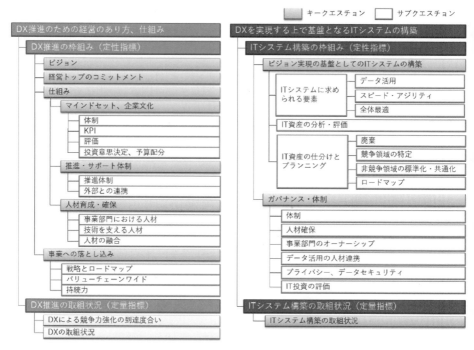

図6-2 DX 推進指標
（出典）経済産業省「「DX推進指標」とそのガイダンス」

6.2　DX実現シナリオで目指す産業構造変革

　ユーザー企業が技術的負債の解消と本格的なDXの実現に向けて、協調領域のクラウド・共通プラットフォーム活用や競争領域の内製化を進めることなどにより、企業のバリューアップに資するIT投資や経営の俊敏さが向上し、ユーザー企業で活躍するIT人材が増加することが期待される。また、ベンダー企業は受託型開発からサービス提供型等の高付加価値ビジネスへ移行することが求められる。

　従前のIT導入が効率化、コスト削減を主目的としていたのに対して、DXの本質的な価値は新たな価値創出である。DXを実現する上では、ビジネス部門とIT部門が一体となって戦略策定と実行、検証を繰り返していくことが重要であり、ビジネス戦略とITシステムを迅速かつ柔軟に対応させていくことが求められる。その際に重要となる要素として、データの活用が挙げられる。デジタル技術が生活のあらゆる面に作用し、影響を与

える変化が加速する現在、データをいかに有効活用して新しい価値を創出するか、その基盤となるIoT（Internet of Things）の活用、CPS（Cyber Physical System）の構築、さらにビッグデータを管理できるクラウドコンピューティングの活用等が課題となる。

　データは複数の主体が共有して活用する方が多様な価値を提供できるという共有財としての側面が強いことが特徴であり、ユーザー企業、ベンダー企業共にそれに適した産業構造への転換を意識することが重要となろう。

　一方、長年ビジネスを支えてきた既存システムは安定稼働しているため、一見すると問題がないように見える。しかし、実はその中には技術的負債が隠れており、ビジョン実現を妨げる要因となっているケースが多くある。これらの既存システムは長年の仕様追加・変更や開発担当の変更等により、システムが複雑化したり、ブラックボックス化したりすることにより、技術的負債化しつつある。技術的負債は、運用保守コストの増大や、新機能を追加する際の妨げとなり、デジタルトランスフォーメーションを阻害する要因となることが懸念される。

　これらのあるべき姿を実現する上で、現状抱えている産業構造に起因する課題を解決することが求められる。日本は米国等と比較し、ITやデジタルに関連するエンジニア等の人材がベンダー企業に偏在しており、ユーザー・ベンダー間の情報の非対称性により全体としての非効率性の発生や価値創出の障壁となっている。ユーザー企業が事業とITを結び付けられないことからベンダー企業丸投げとなりがちであり、それがベンダー企業の受託開発依存、多重下請構造の遠因となってきた。多重下請構造は生産性向上の障害となり、受託開発偏重はパッケージやクラウドなどベストプラクティスの蓄積が進まない要因となっている。また、多重下請構造により超過利潤を享受可能なプライムベンダー企業の変革が進まずその能力の低下、更新主体の開発を通じた技術的負債の積み増し等が発生している可能性が高い。これにより情報サービス産業の限界利益は低下するとともに破壊的イノベーションの取り込みへの遅れとグローバル競争の激化を背景に、業界全体としての収益性も90年代までと比較して低下している。

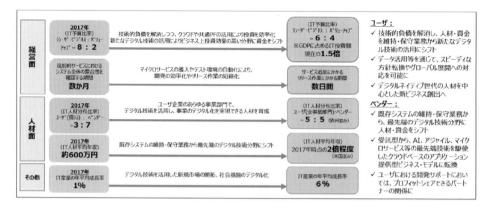

図6-3 DX 実現シナリオ

（出典）経済産業省「DXレポート～ITシステム「2025年の崖」克服とDXの本格的な展開～」

　このように、ユーザー企業に起因する問題（経営のIT知見の低さ、等）、ベンダー企業に起因する問題（関係の特殊性・ユーザー企業のベンダーロックインよる超過利潤享受による変革への誘因の低さ等）等が存在するが、DXを推進していく上では、ユーザー企業においてビジョンを明確にし、全社で共有するとともに、ビジネスとデジタル技術で戦略立案していくことが重要となると考えられる。

6.3　DX推進政策のこれまでの考え方

　DXの推進は企業の成長戦略に依存するものであり、一義的には企業個社の問題と言える。

　他方、日本において各企業によるDX推進に向けた行動変容がなされているとは言い難い状況にある。

　このような企業の行動変容が進まない理由は、生活習慣病のアナロジーで理解が可能である。誰しも、一般論としてメタボリックシンドロームの状態よりも痩せていたほうが良いことは理解している上、生活習慣病のリスクについても理解しているが、自分自身は健康だと信じている。企業のDXについても同様で、DXが必要だと理解はしていながらも、行動を変容できていない企業は多い。

　企業においてDXが進まない理由としては、以下が考えられる。

　　●デジタル技術の理解不足とそれに依るビジネス変革の遅れ

　　✧ 多くのユーザー企業においては、ベンダー企業等の専門家に自社のDXを丸投げしており、そのためにデジタル技術について理解が不足している。

　　✧ デジタル技術について理解が不足しているが故に、ビジネス変革が中途半端なままである。

●社内IT部門と経営や他部門の対話不足とそれに依るレガシーシステムの温存

　　✧ ユーザー企業においては、基本的に、社内のIT部門が唯一知見を保有する。

　　✧ しかしながら、IT部門と経営者、さらに事業部門との間で対話が不足している。

　　✧ 結果的に、ビジネスとITの融合が必要なDXが進まず、IT部門としても、レガシーなシステムを温存することとなる。

とりもなおさず、上記の「DXが進まない理由」を生み出しているのは、企業において「DXは進めた方が良いと理解している」ものの、「自社は健全である」との誤認であるといえよう。

そのような企業の行動を変容させるためには、以下の2点が必要となる。

●企業の内面への働きかけ（認識の入れ替え）

　　✧ 企業が自社で、自社のDX推進状況に対する立ち位置を客観的に把握し、（場合によっては）DXが進んでいないこと認識する。

●周辺環境の整備

　　✧ 企業の外側から、DX推進状況に対する評価を行うことで、DXを推進させる環境を整備する。

この認識に基づき、経済産業省は、DX推進施策として企業の内面へ働きかけるためのDX推進指標等の策定、および周辺環境の整備としてデジタルガバナンス・コードの策定とそれを用いた認定制度を施行している。このような経済産業省のDX推進施策の詳細については、次項にて記載することとする。

6.4　DX推進施策の展開

DXレポート以降の政策展開を図6-4に時系列で示す。その施策は「推進

に向けた法整備」「企業の内発的な DX 推進への働きかけ」「企業をとりまくステークホルダーとの関係への働きかけ」の3つに大別される。

　推進に向けた法整備として、2019年11月に情報処理の促進に関する法律（情報処理促進法）を改正の上、2020年5月には同法を施行した。本件は、(1)企業のデジタル面での経営改革、(2)社会全体でのデータ連携・共有の基盤づくり、(3)安全性の構築、等について規定したものである。

　企業の内発的なDX推進への働きかけとして、DX推進ガイドラインの作成、DX推進指標取締役会実効性評価項目の策定、ベンチマーク/プラットフォームデジタル化指標/プラットフォーム変革手引書の策定・作成を行い、2020年6月には情報処理推進機構により、DX推進指標分析レポートとして取りまとめた。本レポートは、各企業の自己診断結果を約300件収集し、DX推進指標の全体傾向、指標の各項目、企業の規模別に分析を行い、数値として現れた事実と、そこから得られた解釈・仮説として、以下を得たものである。

- 多くの企業で、全社戦略に基づくDX推進の変革を実施する段階への移行がこれから始まるとみられる
- 全企業の成熟度が低い指標(「予算配分」、「事業部門の人材」、「人材の融合」等)の成熟度を向上させるためには、企業文化や人事評価制度の変革が必要であり、短期的な施策によって達成するのではなく、継続した活動の成果として定着させることが重要である
- 経営視点の指標において、先行企業の「危機感共有」の成熟度は「経営トップのコミットメント」の成熟度より高く、一般企業が先行企業となることを目指す上では、参考にすべき特徴である
- IT視点の指標において、先行企業の「廃棄」の成熟度が高く、レガシー問題への対応力が表出している可能性がある

　この結果より、情報処理推進機構では、技術的に共通する課題の抽出と解決方法の確立のために、ITシステムの現状を詳細に把握するIT指標策定、および、ITシステムに内在する課題解決のための変革手引書の策定の取組を行っていく、としている[18]。

　企業をとりまくステークホルダーとの関係への働きかけとして、2019年にデジタルガバナンス・コード策定の方向性に関する報告書を作成、また情報システムモデル取引・契約書（改正民法・アジャイル）を作成した。これらの施策展開と、情報処理促進法の施行を受け、経済産業省と情報処理推進機構では、DX促進の認定制度を2020年の5月より開始した。これ

は、企業のデジタル面での経営改革を促進すべく、企業経営における戦略的なシステムの利用の在り方を提示した指針を踏まえた、優良な取組を行う事業者を認定する制度である[19]。さらに同年 8 月には、デジタル技術を前提としたビジネスモデル・経営変革に取り組む上場企業をDX銘柄として選定した。[20]

　さらに、同年11月には、経営者に求められる企業価値向上に向け実践すべき事柄を「デジタルガバナンス・コード」として取りまとめた（図6-5）。デジタルガバナンス・コードでは、持続的な企業価値の向上を図っていくために、

(1) ITシステムとビジネスを一体的に捉え、新たな価値創造に向けた戦略を描いていくこと
(2) ビジネスの持続性確保のため、ITシステムについて技術的負債となることを防ぎ、計画的なパフォーマンス向上を図っていくこと

　必要な変革を行うため、IT部門、DX部門、事業部門、経営企画部門など組織横断的に取り組むこと

　が重要であり、企業全体の組織構造や文化の改革、中長期的な投資を行う観点から、経営者の関与が不可欠なものであると指摘した。また、企業のDXを進める能力を無形資産と捉えた、経営者とステークホルダーの対話も十分に行われていないことから、特に、経営者の主要な役割として、ステークホルダーとの対話を捉え、対話に積極的に取り組んでいる企業に対して、資金や人材、ビジネス機会が集まる環境を整備していくこととしている。

※18 IPA「DX推進指標 自己診断結果 分析レポート」（2020年6月）
　　https://www.ipa.go.jp/ikc/reports/20200528.html
※19 IPA「DX認定制度」（2020年11月） https://www.ipa.go.jp/ikc/info/dxcp.html
※20 経済産業省「「DX銘柄2020」「DX注目企業2020」を選定しました」（2020年8月）
　　https://www.meti.go.jp/press/2020/08/20200825001/20200825001.html

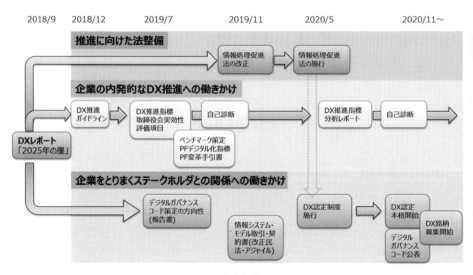

図6-4 DX推進施策の展開

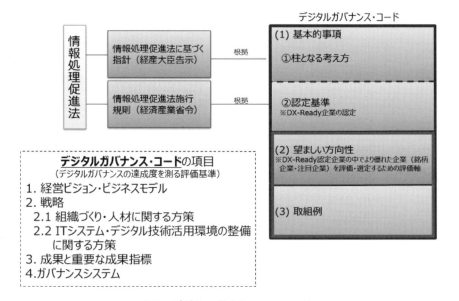

図6-5 デジタルガバナンス・コード

引用文献一覧

1. 経済産業省「DXレポート 〜IT システム「2025年の崖」克服とDXの本格的な展開〜」（2018年9月）

2. 経済産業省「デジタルトランスフォーメーションを推進するためのガイドライン」（2018年12月）

3. 独立行政法人情報処理推進機構「DX推進指標 自己診断結果 分析レポート」（2020年5月）

4. 一般社団法人日本システム・ユーザー協会「企業IT動向調査報告書2020」（2020年4月）

5. 株式会社アイ・ティー・アール「コロナ禍の企業IT動向に関する影響調査」（2020年5月）

6. 東京都「テレワーク「導入率」緊急調査結果」（2020年5月）

7. 三井住友カード「コロナ影響下の消費行動レポート〜高年齢層のECサイト活用加速と変化する巣ごもり消費〜」（2020年7月10日）

8. 公益財団法人日本生産性本部「新型コロナウイルスの感染拡大が働く人の意識に及ぼす調査」（2020年5月22日）

9. 時事通信「「GAFA」3社最高益 アマゾン、売上高10兆円−7〜9月期」（2020年10月）

10. ファーストリテイリング「2020年8月期業績／2021年8月期業績見通し」（2020年10月）

11. 中小企業庁「令和2年度中小企業デジタル化応援隊 利用についての手引書<中小企業等向け>」（2020年11月）

12. 元橋一之「ITと生産性に関する日米比較」（2010年1月）

13. 経済産業省「対話に向けた検討ポイント集」（2020年12月）

14. 日本情報システム・ユーザー協会「平成21年度IT人材育成強化加速事業（CIO育成カリキュラム策定事業）報告書」（2010年3月）

15. C. G. Machado, et al., Industry 4.0 Readiness in Manufacturing Companies:Challenges and Enablers towards Increased Digitalization, Procedia CIRP, Vol. 81,2119, pp. 1113-1118

16. 独立行政法人情報処理推進機構「IT人材白書2020」（2020年8月）

17. G. C. Kane, et al., The Technology Fallacy, MIT Press, 2019.

18. 経済産業省「「DX 推進指標」とそのガイダンス」（2019年7月）

6．DXレポート2.1（DX レポート2 追補版）

令和 3 年 8 月 31 日
デジタル産業の創出に向けた研究会

エグゼクティブサマリ

　新型コロナウイルス感染症により経済が大きな被害を受けた中、遠隔・非対面・非接触という新しい環境への適応に躊躇する企業が引き続き多く、依然として回復が順調であるとは言えない。このような状況を打開するには、個社単位の変革には限界があり、データとデジタル技術の活用による産業全体の変革を促していくことが求められる。既存産業を従来以上の競争力のあるデジタル産業として変革させるためには、DX をより一層加速させることが不可欠であるが、そのような新産業の創出には長期の時間を要する。本レポートは、デジタル産業の創出に向けて、官民の区別なく時間をかけて完成形を提示する従来のスタイルを見直し、いち早く取り組むべき方向性を提示するものである。

　経済産業省が 2020 年 12 月に公開した「DX レポート 2」において、政府による政策の方向性として「レガシー企業文化からの脱却」、「ユーザー企業とベンダー企業の共創の推進」の必要性を示した。しかし、「ユーザー企業とベンダー企業の共創の推進」という言葉自体、暗黙のうちに"ユーザー企業"と"ベンダー企業"という区別が残存するというレガシーマインドに縛られたものである。ユーザー企業とベンダー企業の関係性は、ユーザー企業から見れば委託による IT コストの削減、ベンダー企業から見れば受託による低リスク長期安定のメリット享受であり Win-Win の構図と言える。しかし、デジタル技術が進展し、経営のスピード・アジリティに対応した IT システムの構築が必要となった今、ユーザー企業にとってみれば IT による変化対応力の喪失、ベンダー企業にとってみれば低利益率による技術開発投資の不足により、両者がデジタル競争で勝ち抜いていくことが困難な「低位安定」の関係に固定されてしまっている。

　社会課題の解決や新たな価値・体験の提供が迅速になされ、グローバルで活躍する競争力の高い企業や世界の持続的発展に貢献する企業が生まれ、資本の大小や中央・地方の別なく価値創出に参画できる―こうした目指すべきデジタル社会を実現する原動力となるのは、ソフトウェアやインターネットのもたらす強みを最大限に活用してビジネスを行うデジタル産業の企業である。

228

　これらの企業はデジタルケイパビリティ（価値を創出するための事業能力をソフトウェアによってデジタル化したもの）を有し、インターネットを介してそれを顧客に提供する。これによって、労働量によらない収益拡大（＝高い生産性）と、グローバル規模でのビジネス拡大が実現される。つまり、DX の終着点における企業の姿とは、価値創出の全体にデジタルケイパビリティを活用し、デジタルケイパビリティを介して他社・顧客とつながり、エコシステムを形成している姿と考えられる。

　上述のようなデジタル産業の創出が DX により目指すべき方向性であることを確認し、いち早く変革の環境整備を行う観点から、本レポートでは、デジタル産業とその中での企業の姿を示した後、企業が現在の低位安定を脱し変革を加速させるための政策の方向性を示す。ここでの方向性は、具体的には、企業類型ごとに自社の成熟度の評価を可能とするデジタル産業指標(仮)やデジタル企業への変革の道筋を抽象化した DX 成功パターンに関するものであり、これらについては、本文中にて策定方針や要件の検討結果を取りまとめている。

1　はじめに

　データやデジタル技術を駆使し、急速に成長する企業が現れている。こうした企業は、ソフトウェアやインターネットの技術革新を最大限に活用したデジタル前提の発想により事業を世界規模まで拡大させるとともに、データの活用に基づく顧客との価値共創を通じて継続的に新たな価値を提供している。その過程では、これまでにないビジネスモデルにより市場においてデジタル・ディスラプションと呼ばれるゲームチェンジをいくつも起こしている。

　DX レポート 2[1]においては、企業の経営・戦略の変革の方向性として「レガシー企業文化からの脱却」、「ユーザー企業とベンダー企業の共創の推進」の必要性を示した。ただし、ユーザー企業とベンダー企業は「相互依存関係」にあるため、一足飛びでは変革を進めることが難しいことも示した。また、企業がラン・ザ・ビジネスからバリューアップへ軸足を移し、アジャイル型の開発等によって事業環境の変化への即応を追求すると、その結果として、ユーザー企業とベンダー企業の垣根がなくなっていくという究極的な産業の姿が実現されるとの方向性を示した。他方、DX レポート 2 にて示した変革推進の難しさについて、共通の理解は深まったものの、具体的な取り組みが活性したとは言いがたい状況である。そもそも、DX

レポート 2 の中でも、今回「デジタル産業」と表現したデジタル変革後の新たな産業の姿やその中での企業の姿がどういったものであるかといった点までは議論を進められていない。

　しかし、そもそも「ユーザー企業とベンダー企業の共創の推進」という言葉自体、暗黙のうちに"ユーザー企業"と"ベンダー企業"という区別が残存するというレガシーマインドに縛られたものである。ユーザー企業とベンダー企業の垣根がなくなっていく姿が産業の将来像であるとしたとき、こうした産業の創出を遠い未来のこととしたうえで、「ユーザー企業とベンダー企業の共創」を議論していては、双方が変革の足枷となる相互依存関係を脱することはできないという考えに至った。

　前述のような反省と危機感を起点に、「デジタル産業の創出に向けた研究会」（座長：青山幹雄 南山大学理工学部ソフトウェア工学科 教授）及びワーキンググループを立ち上げ、デジタル変革後の産業の姿やその中での企業の姿、そして企業の変革を加速するための課題や政策の方向性について、2021 年 2 月から 3 月にかけて有識者によって議論を行った。
本レポートはその結果を取りまとめたものである。

1 経済産業省「DX レポート 2 （中間取りまとめ）」（2020 年 12 月）
https://www.meti.go.jp/press/2020/12/20201228004/20201228004.html

2　ユーザー企業とベンダー企業の現状と変革に向けたジレンマ

2.1　ユーザー企業とベンダー企業の相互依存関係

　目指すべきデジタル社会やその構成員たる企業の姿は、ユーザー企業やベンダー企業という区別がなく、各企業がそれぞれのデジタルケイパビリティを磨き、新たな価値を創出する中で成長していく姿と考えられる。それに対して、DX レポート 2 において、現在のユーザー企業とベンダー企業には「相互依存関係」があるとした。この相互依存関係は、研究会の中で具体的に議論した結果、次のような「低位安定」の関係であると指摘された。

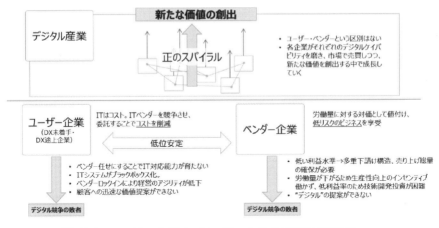

図 2-1 ユーザー企業とベンダー企業の相互依存関係

ユーザー企業

IT をコストと捉え、ベンダー企業を競わせることでコスト削減を実現。
その一方で、

・IT をベンダー企業任せにすることで IT 対応能力が育たない
・IT 対応能力不足により IT システムがブラックボックス化し、また、ベンダーロックインにより経営のアジリティが低下する
・経営のアジリティ低下により、顧客への迅速な価値提供ができない

ベンダー企業

労働量に対する値付けを行うことで、低リスクのビジネスを実現。その一方で、

・利益水準が低くなり、多重下請け構造を含め、売上総量の確保が必要
・売上総量の確保が必要であるため、労働量が下がるような生産性を向上させるインセンティブが働かず、同時に、低利益率のため技術開発投資が困難
・技術開発投資が困難であるため、新たな能力が獲得できず、"デジタル"の提案ができない

　この関係が「低位安定」であるとしているのは、ユーザー企業においては「コスト削減」を達成し、ベンダー企業においては「低リスク・長期安定のビジネス」を実現するという一見 Win-Win の関係でありながら、こ

231

の関係を継続することで両者がともにデジタル時代において必要な能力を獲得できない危機的な状態に陥ってしまうからである。

　ユーザー企業であれ、ベンダー企業であれ、この低位安定の構造を認識するとともに、この構造から自ら脱する方策を検討すべきである。

2.2　デジタル産業を目指す企業の3つのジレンマ

　既存産業の企業によるデジタル産業の企業への変革を困難にしていることとして、ユーザー企業とベンダー企業における「低位安定」の関係に加えて、ユーザー企業には2つのジレンマの存在が、ベンダー企業には3つのジレンマの存在が研究会の議論で指摘された。

1. 危機感のジレンマ
　目先の業績が好調のため変革に対する危機感がない。投資体力があるうちに変革を進めていくことが重要であるが、危機感が高まったときはすでに業績が不調であり、変革に必要な投資体力を失っている。

2. 人材育成のジレンマ
　技術が陳腐化するスピードが速く、時間をかけて学んだとしても、習得したときには古い技術となっている。即座に新技術を獲得できる人材は引き抜かれてしまう。

3. ビジネスのジレンマ（ベンダー企業）
　受託型ビジネスを現業とするベンダー企業が、ユーザー企業のデジタル変革を伴走支援する企業へと変革しようとすると、内製化への移行により受託型ビジネスと比べて売上規模が縮小する。また、ベンダー企業がユーザー企業をデジタル企業へ移行する支援を行うことにより、最終的には自分たちが不要になってしまう。

　こうしたジレンマを打破してDXを進めるためには、企業経営者のビジョンとコミットメントが必要不可欠である[2]。一方で、ベンダー企業が取り組んできたIT技術やシステム開発の能力は、最新技術がコモディティ化されたとしても、これからのデジタル産業において継続的に必要なものである。そして、ベンダー企業にとっては、その先の最新技術に精通し続けることで、こうした資産（能力）を手放すことなく変革を進めていくことが重要である。

2　経産省「デジタルガバナンス・コード」
https://www.meti.go.jp/policy/it_policy/investment/dgc/dgc.html

3　デジタル産業の姿と企業変革の方向性

3.1　デジタル社会とデジタル産業の姿

　DX レポート 2 でも述べた通り、社会課題の解決や新たな価値・体験の提供が迅速になされるデジタル社会を目指すべきである。そこでは、デジタルを活用してグローバルで活躍する競争力の高い企業や、カーボンニュートラルをはじめとした世界の持続的発展に貢献する企業が生まれるのである。加えて、本研究会では、「資本の大小や中央・地方の別なく価値創出に参画することができる」を「目指すべきデジタル社会の姿」に追加した。

　こうした将来像は未来の姿として望ましいだけでなく、後述するデジタル産業によって実現される姿と考えられる。

目指すべきデジタル社会の姿
➢社会課題の解決や新たな価値・体験の提供が迅速になされる
➢グローバルで活躍する競争力の高い企業や世界の持続的発展に貢献する企業が生まれる
➢資本の大小や中央・地方の別なく価値創出に参画することができる

　2020 年以降、新型コロナウイルス感染症の影響により、遠隔・非対面・非接触があらゆる社会活動において求められている。例えばテレワークをはじめとしたデジタル技術を駆使した社会活動が広く浸透した結果、多くの人がデジタル技術の持つ新たな価値に気付き始め、人々の価値観が大きく変化している。これらから言えることは、デジタル社会に向けた不可逆的な変化が一気に押し寄せているということである。

　社会全体でデジタル化が進む中で、企業はこの不可逆的な変化に適応し、データとデジタル技術を駆使して新たな価値を産み出すことが求められている。

　デジタル社会の具体的な特徴について、以下の 4 点が考えられる。

デジタル社会の具体的な特徴
➢様々なプロセスにおいて、人による主観的な判断は、データに基づく客観的な判断へと変化する
➢クラウドサービスとして価値が提供され、環境の変化に伴ってサービスが常にアップデートされる
➢インターネットを介して、サービスが世界規模でスケールする

➤サービスがオープンなアーキテクチャーのもとで相互に接続する。企業
　は、この相互接続を用いて他社のバリューチェーンに参画したり、他社
　のサービスを活用して価値を創出したりする。

　これらを実現する機能を社会にもたらすものがデジタル産業であり、そ
の姿としては以下の5点が考えられる。

デジタル産業の姿

➤課題解決や新たな価値・顧客体験をサービスとして提供する

➤大量のデータを活用して社会・個人の課題を発見し、リアルタイムに価
　値提供する

➤インターネットに繋がってサービスを世界規模でスケールする

➤顧客や他社と相互につながったネットワーク上で価値を提供することで、
　サービスを環境の変化に伴って常にアップデートし続ける

➤データとデジタル技術を活用し、マルチサイドプラットフォームなどの
　これまで実現できなかったビジネスモデルを実現する

3.2　デジタル産業を構成する企業の姿

　既存産業の企業は主としてビジネスケイパビリティ（価値を創出するた
めの事業能力）により価値創出を行ってきた。これに対して、デジタル企
業はデジタルケイパビリティ（ビジネスケイパビリティをソフトウェアに
よってデジタル化したもの）を活用して価値創出を行う。

　デジタル産業を構成する企業は、価値創出の全体にデジタルケイパビリ
ティを活用し、それらを介して他社・顧客とつながり、エコシステムを形
成している。

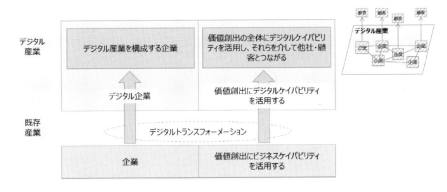

図 3-1 デジタル産業を構成する企業の姿

　デジタル産業は以下のような新たなビジネスモデルも活用しながら、社会や顧客の課題を解決していく。

課題解決や新たな価値・顧客体験をサービスとして提供する

　デジタル産業において、企業は顧客への価値を、ネットワーク上でのサービス（例えばクラウドサービス）として提供する。企業は、こうしたサービスの提供者として単独で他社の価値創出を支えたり、市場のサービスを組み合わせることで迅速に新たな価値・顧客体験を創出したりする。

大量のデータを活用して社会・個人の課題を発見し、リアルタイムに価値提供する

　これまで、企業は顧客をマスまたは大まかなセグメントとしてしかとらえることができなかった。一方で、デジタル産業を構成する企業は、ネットワーク上でのサービスとして価値を提供することにより、継続的に顧客の利用状況をデータで捕捉することができる。こうしたデータを分析することにより、企業は、一人ひとりの顧客の属性や置かれたコンテキストを識別し、それに応じた最適な価値提供を行うことが可能になる。

　例えば、広告分野においては、Web サイトの閲覧履歴や購買履歴、リアル店舗での購買履歴などのデータに基づいて顧客の興味・関心との合致度を計算し、Web サイトにおいて最適な広告をリアルタイムに表示させるようなターゲティング広告が登場した。

　また、決済分野においては、数億件を超える取引データから不正取引の傾向を分析するとともに、分析結果に基づき作成されたルールと個別の取

引情報をリアルタイムに照合して不正取引の傾向に合致した場合には、即取引を中止させる仕組みが登場している。

　このようにデータドリブンで顧客をより詳細な項目で把握したり、そのデータをより短い時間間隔で蓄積・分析したりすることで、企業は顧客の嗜好や行動をより正確に把握し、最適な価値を提供することが可能になる。

インターネットを介してサービスを世界規模でスケールする

　インターネットを介して迅速に規模拡大（スケール）する仕組みを追求する企業がデジタル産業を構成することになる。ソフトウェアによって実現されたサービスを提供することで労働量に依存しない収益拡大が可能となり、さらにインターネットを通じて提供することでサービス提供の対象者を容易に拡大することが可能となる。こうしたソフトウェアやインターネットの強みを最大限に活用することで、サービスを世界規模でスケールすることが可能となる。

　こうしたスケールを支える技術的基盤として「クラウド」が挙げられる。ITサービスを提供する際、クラウドの登場以前では、サービスの需要を事前に予測し、ピーク需要を十分にカバーするだけのハードウェアを事前に購入するという設備投資が必要であった。需要が見通しにくい黎明期のサービスでは設備投資が深刻なリスクとなるほか、大規模に展開するにあたってもその成長スピードを大きく制約していた。一方で、クラウドサービスであればクラウド事業者が確保する巨大なリソースプールの中から、「使った分だけ」使用料を払うモデルが利用できるため、サービスの需要による収益と提供にかかる費用を近づけることができる。これによりリスクを減らしながら、サービスをスモールスタートし、需要に応じて世界規模までスケールしていくことが可能になっている。

顧客や他社と相互につながったネットワーク上で価値を提供することで、サービスを環境の変化に伴って常にアップデートし続ける

　従来の製品販売のビジネスにおいては、製品を売った時点で顧客との関係が終わりとなってしまう。一方で、クラウドサービスのようなビジネスモデルはサブスクリプション型ビジネスとなるため、顧客がサービスを利用し続ける限り、サービスを介して顧客とのつながりの維持を確認することができる。このようなサービスを提供する企業は、このつながりの中で一方向にサービスを提供するだけでなく、顧客の反応をデータとして収集する。その結果、顧客の反応に基づいて常にサービスをアップデートすることが可能となる。

　企業は、サービスの形で市場に仮説を投げかけ、顧客がどのように受け取り、どのように反応したかをデータに基づいて把握することで仮説を検証するとともに、その結果を次のサービス改善へとつなげていく。こうした仮説検証のループをデータとデジタル技術を用いて迅速にまわすことで、激しい環境の変化に対応することができる。その結果、継続的にビジネスを変革することができ、競争力を高めることができる。

データとデジタル技術を活用し、マルチサイドプラットフォームなどのこれまで実現できなかったビジネスモデルを実現する

　データとデジタル技術を活用して実現できるビジネスモデルの１つに、マルチサイドプラットフォームがある。マルチサイドプラットフォームは２つのグループ（例えば、売り手と買い手）を結びつけるものである。例えば、Uber は運転して収入を得たいグループと車で移動したいグループをソフトウェアにより結びつけている。企業は、運転手を雇用したり、タクシーの車両を保有したりといったスケールしない領域には投資せずに市場から調達することとし、マッチングのためのソフトウェアのようなスケールすることが可能な領域に注力することで、グローバルにビジネスを拡大することが可能となる。

3.3　デジタル産業と既存産業の比較

　インターネットやスマートフォンの普及により、ウェブサービスやスマートフォンアプリといったデジタル技術によって生み出された新たな顧客接点の重要性が高まっている。デジタル産業の企業は、こうした新たな顧客接点を介して、顧客の行動履歴をデータとしてリアルタイムに取得できるため、顧客の反応に基づきウェブサービスやスマートフォンアプリをタイムリーに改善することができる。それによって、顧客体験の迅速な向上を可能とし、市場の変化を牽引する。

　上記のような環境変化が起きた結果、企業は既存産業ではなく、デジタル産業を意識した対応が求められる。
　デジタル産業においては、最終的に価値を受け取る顧客は消費者・個人である。こうした顧客とのインタラクションやコラボレーションによって、課題を発見し解決することや、顧客体験を向上していくことが価値の源泉となる。これらをオンラインサービスやデジタルサービスを介することで、迅速な対応を実現していく。

	デジタル産業	既存の産業 (例：ITベンダ産業)
顧客	消費者・個人	発注者
チャネル	オンライン/デジタルサービス	オフライン
価値の源泉	顧客とのインタラクションとコラボレーション	労働力
キーアクティビティ	課題の解決・顧客体験の向上	要件の実現
スピード	リアルタイム	バッチ

図 3-2 デジタル産業と既存産業の比較①

　デジタル産業の企業は労働量ではなく価値による取引を行い、顧客価値を中心とした価値創出のネットワークで企業同士がつながっている。そのネットワークにおけるつながりは、顧客価値に対するビジョン・共感を基準としたものとなるほか、ネットワークへの参入にあたっては尖った強みが必要であり、その尖った強みは何らかの知的財産として明確化していくことが望ましい。

　また、顧客の求める価値を正しく把握するためには、顧客の情報だけではなく、顧客の反応をデータとして収集し、分析していくことが重要である。同時に、顧客へ価値を迅速に提供するためには、自社ですべてを開発するのではなく、他社のサービスを自社のサービスに組み合わせて活用するためにエコシステムのパートナーが重要である。

	デジタル産業	既存の産業 (例：ITベンダ産業)
何を提供するか	価値	労働量
商流	価値を中心としたつながり	固定的な取引関係
収益の流れ	価値の受け取り手→創出者	元請け→下請け
産業構造	ネットワーク型	ピラミッド型
選定基準	ビジョン・共感	調達コスト・労働分配
参入要件	尖った強み	"何にでも対応できる"
キーリソース	データ・知財・エコシステムパートナー	労働力

図 3-3 デジタル産業と既存産業の比較②

　要望に合わせてサービスを迅速に実現するためには、競争の差異化要素
とならない部分はなるべく作らず、既存の仕組みを組み合わせることによ
り実現することが重要となり、費用を抑えることにもつながる。また、小
さく作り、迅速にスケールすることや、その中で顧客の変化への即座の対
応が重要になる。これらを支えるクラウド技術や、アジャイルでの内製開
発、DevOps といった手法の活用が今後さらに重要となる。

	デジタル産業	既存の産業 (例：ITベンダ産業)
コンピューティング 基盤	クラウド	オンプレ
プラットフォーム	エコシステム	囲い込み
メソドロジ	アジャイル/内製/DevOps	大規模WF型受託開発
コスト構造	限界費用小	限界費用大

図 3-4 デジタル産業と既存産業の比較③

3.4　デジタル産業の構造と企業類型

　既存産業の業界構造は特定の大企業を頂点とした多重下請け型（ピラ
ミッド型）の構造をとっている。一方、デジタル産業が創出する価値は市
場との対話の中で迅速に変化する必要性や、1 社で対応できない多様な価
値を結びつける必要性から固定的ではないネットワーク型の構造となる。
既存産業の業界構造とデジタル産業の業界構造の対比を図 3-5 に示す。

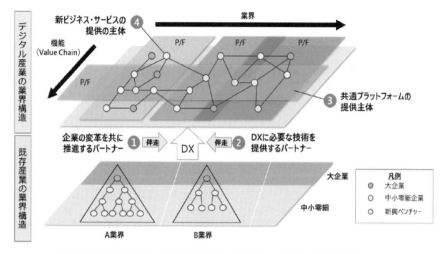

図 3-5 既存産業の業界構造とデジタル産業の業界構造

デジタル産業を構成する企業は、その特色を踏まえて4つに類型化できる。

① 企業の変革を共に推進するパートナー

　この類型の企業は、DX を通じてビジネスモデルそのものの変革を目指す企業や、DX 推進のための組織変革を目指す企業など、ビジネス面での変革を目指す企業に対して、「伴走支援」を行う。従来のユーザー企業とベンダー企業の関係性においては、ユーザー企業はベンダー企業へ開発を丸投げすることで内製することを避け、ベンダー企業はユーザー企業から言われたことしかやらず顧客への提案を避けるという関係性であった。ここでは、そういった関係性から脱し、相手に歩み寄って進むという意味を込めて「伴走支援」という表現を用いている。この類型の企業は、例えば、次のような機能を有する。

・ 新たなビジネスモデルを顧客とともに形成
・ DX の実践により得られた企業変革に必要な知見や技術の共有
・ レガシー刷新を含めた DX に向けた変革の支援

② DX に必要な技術を提供するパートナー

　この類型の企業は、DX に必要な技術を獲得しようとする企業に対して、伴走支援を行う。例えば、次のような機能を有する。

・トップノッチ技術者（最先端の IT 技術など、特定ドメインに深い経験・ノウハウ・技術を有する）の供給
・デジタルの方向性、DX の専門家として、技術や外部リソースの組合せの提案

③ 共通プラットフォームの提供主体

　この類型の企業は、個別業界の共通プラットフォームや、業界横断の共通プラットフォームを提供する。例えば、次のような機能を有する。

・中小企業を含めた業界ごとの協調領域を担う共通プラットフォームのサービス化
・高度な IT 技術（システムの構築技術・構築プロセス）や人材を核にしたサービス化・エコシステム形成

④ 新ビジネス・サービスの提供主体

　この類型の企業は、新たなビジネス・サービスを市場に供給する。プラットフォーム上のサービスを組み合わせて個別のサービスを実現することで、迅速な価値提供を可能とする。同時に、プラットフォームの活用により、環境の変化をプラットフォームが吸収することの恩恵を受けることができるため、持続性の高いサービスの提供が可能となる。さらに、プラットフォーム間の連携はプラットフォームを横断したサービスの連携を可能とするため、個別のサービスはより広範囲にスケールする可能性を享受できる。例えば、次のような機能を有する。

・IT の強みを核としつつ、新ビジネス・サービスの提供を通じた社会への新たな価値提供

4　変革に向けた施策の方向性

4.1　デジタル産業指標(仮)の策定

必要性

　本レポートで示したデジタル産業の企業類型への変革を推進するためには、自社がデジタル産業の企業に該当するのかどうかを判断できる必要がある。また、該当する場合には、その成熟度を評価できることが望ましい。企業が実践的に変革を進めるためには、これらの企業類型の姿を明らかに

する必要があるが、ここでは定性的な評価軸だけでなく定量的な項目についても明らかにすべきである。

対応策

　企業類型ごとの目指すべき姿を明らかにし、これらの本質的かつ重要な違いを、既存の産業との比較を下敷きとして、「アジャイルソフトウェア開発宣言[3]」のようなわかりやすい宣言や原則の形でまとめる。

　また、企業類型ごとに企業が自社の成熟度を評価することができるデジタル産業指標（仮）を策定する。これは、DX 推進指標の”定量指標”として企業が活用することを想定する。

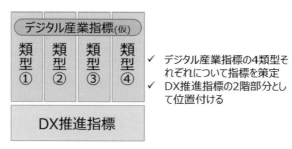

図 4-1 デジタル産業指標（仮）

3 アジャイルソフトウェア開発宣言
https://agilemanifesto.org/iso/ja/manifesto.html

4.2　DX 成功パターンの策定

必要性

　現在、DX 事例として公表されているものを参照すると、取組みのレベルが、デジタル産業へと至る変革の道筋のどの段階にあるのか全体感のある解説がなされているものは少ない。企業が DX の具体的な戦略を定め、着実に歩みを進めていくために、DX の全体の地図やゴールに向けた変革の道筋としてどのようなパターンがあるのかを示す必要がある。

対応策

　本レポートにおいて明らかにしたデジタル産業の姿に向け、そこに至る企業の変革の道筋を、抽象化したパターンとして明らかにする。

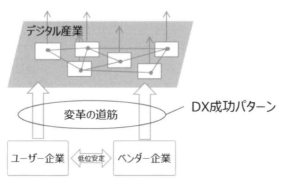

図 4-2 DX 成功パターン

　DX 成功パターンは DX フレームワークをベースに進めるものが一案として考えられる。

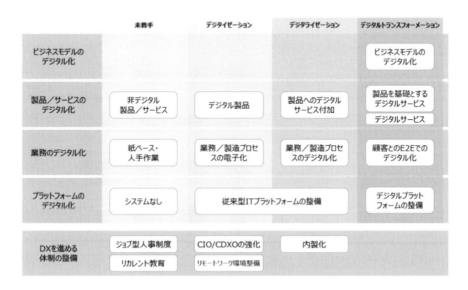

図 4-3 DX フレームワーク

4.3　変革の加速に向けたその他の取り組み

　経済産業省では、半導体・デジタル産業戦略[4]を 2021 年 6 月にとりまとめた。半導体・デジタル産業戦略においては、「経済・社会・民主主義を支えるデジタル産業基盤の確保について、これまでエネルギーや食料の確保に講じてきた政策と同様、資本主義や自由貿易を重視しつつ、一般的な民間事業支援の枠を越え、国家事業として取り組む」とした。その中では、デジタル産業基盤を、データを収集し、伝達し、処理し、記憶し、共有する基盤としてとらえ、半導体、データセンター・クラウドの一体的整備を図ることとしている。

　同戦略においては、社会のデジタル化を支える、クラウド事業者やプラットフォーム事業者、サイバーセキュリティ事業者をデジタル産業と捉えている。本レポートにおいては、価値創出の全体にデジタルケイパビリティを活用し、それらを介して他社・顧客とつながり、エコシステムを形成している全ての企業を含めた広がりを「デジタル産業」としている。同戦略の推進は本レポートにおけるデジタル社会の実現を大いに加速するものである。

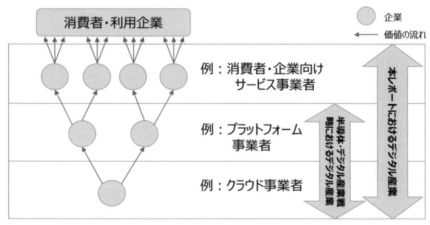

図 4-4　デジタル産業の広がり

4 経済産業省「半導体・デジタル産業戦略」（2021 年 6 月）
https://www.meti.go.jp/policy/mono_info_service/joho/conference/semicon_digital.html

5　施策の検討状況

DX レポート 2 で示した各施策の検討状況を以下に示す。

対応策		検討の状況
事業変革の環境整備	DXの認知・理解向上	認知向上に向けては、リファレンスシナリオ等を今年度中に策定。理解向上に向けたポイント集を公表。(2020年12月)
	共通理解形成のためのポイント集	理解向上に向けたポイント集を公表。(2020年12月)
	CIO/CDXOの役割再定義	「第5回 Society5.0時代のデジタル・ガバナンス検討会」において案を提示。
	DX成功パターン	デジタルガバナンス・コードの業種別リファレンスシナリオ（手引き）との整合性を図りながら、今後有識者との検討を進め、パターンを具体化。今年度中をめどに公表予定。
	デジタルガバナンス・コードの普及*	業種別、中小企業向けリファレンスシナリオ（手引き）の作成。投資家サイドへの働きかけの検討。
	DX認定／DX銘柄の普及*	DX認定事業者がPR等に活用可能なロゴを策定。DX認定事業者に対する金融支援措置以外のインセンティブの検討。DXの普及に向けたDX銘柄とDX認定の連携。（DX認定を要件化）中堅・中小企業向けの選定の検討。
	DX推進指標等*	2020年版分析レポートを公表。(2021年6月)
	デジタル産業指標(仮)	デジタル産業指標(仮)を今年度中に策定。
	レガシー刷新の推進*	IPAからプラットフォームデジタル化指標及びプラットフォーム変革手引書の初版を公表。(2021年4月)
産業変革の制度的支援	ツール導入に対する支援	既存施策の普及展開。デジタル化・DX事例集の内容の拡充と展開。
	ユーザー企業とベンダー企業の共創の推進	「デジタル産業の創出に向けた研究会」を設置して議論。（本とりまとめ）
	研究開発に対する支援	研究開発税制による税制優遇を創設。
	デジタル技術を活用するビジネスモデル変革の支援	産業競争力強化法の改正により、DX投資促進税制を創設。中小企業向けDX推進指標を今年度中に策定予定。IT活用促進資金の対象を拡充（DX認定事業者を対象とする低利融資）。
デジタル社会基盤の形成	共通プラットフォーム推進	社会インフラや民間事業の非競争領域における共通プラットフォームの構築を推進。
	アーキテクチャ推進	情報処理推進機構デジタルアーキテクチャ・デザインセンターを中心にアーキテクチャ設計と人材育成を推進。
人材変革	リスキル・流動化環境の整備	実践的な学びの場の提供等を行うデジタル人材育成プラットフォームの構築、スキルの見える化等の仕組みを検討。

図 5-1 各施策の検討状況

以上の各施策のさらなる推進に関しては、今後、上述の方針に従って検討を重ね、本レポートの続編として取りまとめる予定である。

デジタル産業の創出に向けた研究会と WG の開催実績
　（略）

参考文献一覧

1. 経済産業省「DX レポート 2 （中間取りまとめ）」（2020 年 12 月）
   https://www.meti.go.jp/press/2020/12/20201228004/20201228004.html

2. 経済産業省「デジタルガバナンス・コード」
   https://www.meti.go.jp/policy/it_policy/investment/dgc/dgc.html

3. アジャイルソフトウェア開発宣言
   https://agilemanifesto.org/iso/ja/manifesto.html

4. 経済産業省「半導体・デジタル産業戦略」（2021 年 6 月）
   https://www.meti.go.jp/policy/mono_info_service/joho/conference/semicon_digital.html

7. DXレポート2.2 (概要)

令和4年7月
デジタル産業への変革に向けた研究会

DX レポート 2.2 の背景と概要

「デジタル産業への変革に向けた具体的な方向性やアクションを提示」
　　↓

> ・具体的には、企業に向けて以下3点のアクションを提示
> ✓デジタルを、省力化・効率化ではなく、収益向上にこそ活用すべきであること
> ✓DX 推進にあたって、経営者はビジョンや戦略だけではなく、「行動指針」を示すこと
> ✓個社単独では DX は困難であるため、経営者自らの「価値観」を外部へ発信し、同じ価値観をもつ同志を集めて、互いに変革を推進する新たな関係を構築すること
> ・上述を実現するための仕掛けとして、「デジタル産業宣言」を策定
> ・さらに、宣言の実効性を高めるうえで、デジタルガバナンス・コードへの組み込みを検討

産業全体として変革する必要性

・DX レポート 2.1 で示した通り、ユーザー企業とベンダー企業はともに「低位安定」の関係に固定されてしまっているため、我が国においては、個社単独での DX が困難な状況にある。
・そのため、産業全体での変革が必要であり、目指すべき産業の姿として「デジタル産業」を示した。

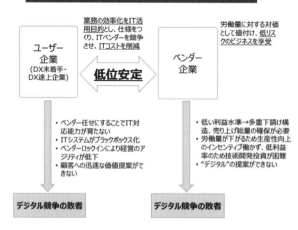

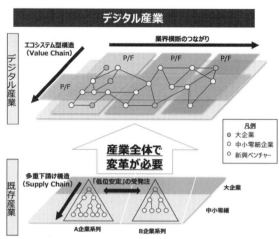

出典）経済産業省 DX レポート 2.1（2021 年）

248

DX 推進指標の経年推移からみる DX 推進の取り組み状況

- ・「2025 年の崖」問題の克服状況は順調ではないとの指摘がある一方で、DX 推進指標による自己診断結果の提出状況を定量的に俯瞰すると、自己診断に取り組む企業は着実に増えており、かつ、先行企業（成熟度レベル 3 以上）の割合も増加し続けている。
  ※成熟度レベル 3：DX を全社戦略のもと部門横断で推進
- ・さらに、毎年提出している企業は確実にスコアを伸ばしていることを考えると、DX 推進の取り組みは着実に前進している、と言える。

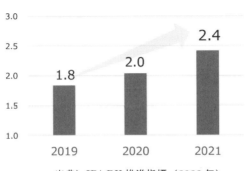

出典）IPA DX 推進指標（2022 年）

DX レポート後も変わらない効率化中心の投資

・DX 推進に取り組むことの重要性は広がる一方で、デジタル投資の内訳は DX レポート発出後も変化がなく、既存ビジネスの維持・運営に約 8 割が占められている状況が継続。
・DX 推進指標の自己診断結果を提出した企業の平均スコアは伸びてはいるものの、「企業のデジタル投資は、主に、既存ビジネスの効率化中心に振り向けられている」という状況に変わりはなく、DX 推進に対して投入される経営資源が企業成長に反映されていないと考えられる。自己診断結果を提出していない企業が水面下に多数いることを考えると、この状況はさらに深刻な段階にある可能性。

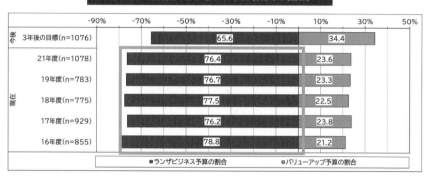

出典）JUAS 企業 IT 動向調査報告書 2022（2022 年）

250

バリューアップ（サービスの創造・革新）の取り組み状況

- バリューアップ（サービスの創造・革新）の取り組みにおいては、実際に成果がでている企業は1割未満に留まっている。
- サービスの創造・革新（既存ビジネスの効率化ではない取組み）の必要性は理解しているものの、目指す姿やアクションを具体化できていないため、成果に至らず、バリューアップへの投資が増えていかないのではないか。

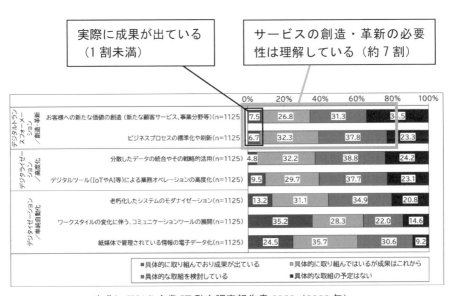

出典）JUAS 企業 IT 動向調査報告書 2022（2022 年）

DX を成功させるための方向性

・DX 推進の規範的企業への調査結果から、共通する目指す方向性としては、「既存ビジネスの効率化・省力化」ではなく、「新規デジタルビジネスの創出」や、既存ビジネスであっても「デジタル技術の導入による既存ビジネスの付加価値向上（個社の強みの明確化・再定義）」であり、その結果、全社的な収益向上を達成している。

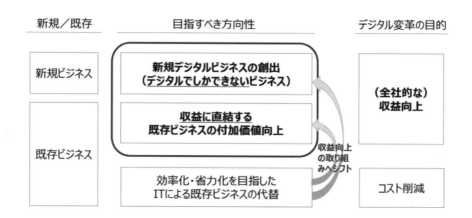

デジタルで収益向上を達成するための要因①

・デジタル企業への変革を達成する際には、**CEO/CDO/CIO** が DX 推進に
関して、ビジョンや戦略だけではなく、「行動指針（社員全員のとるべ
きアクション）」も具体的に示しており、それらの分析と結果共有が、
変革アプローチの参考になるのではないか。

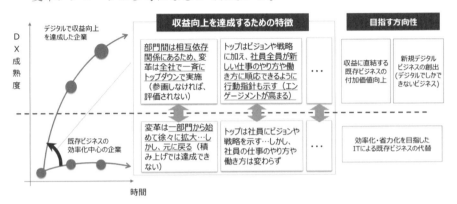

デジタルで収益向上を達成するための要因②

・「低位安定」の関係の打破に向けては、DX 推進に向けての「行動指針」
を個社から産業全体へ広げ、同じ価値観をもつ企業同志が相互に高め
合っていくような仕掛け（社会運動論的アプローチ）が考えられる。

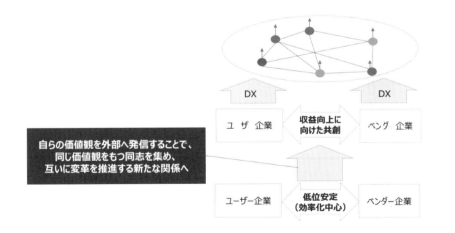

デジタル産業宣言の策定とそのねらい

- ①デジタルで収益向上を達成するような特徴を「行動指針」として全社へ浸透させることに加えて、②社会運動論的アプローチの実践にあたり、経営者自らの「価値観」を外部へ発信させるために、「宣言」という形式を採用し、「デジタル産業宣言」を策定。
- 宣言の各項目は、DX 推進の規範的企業に対する調査から得られた項目に対して、経営者への理解を高めるため、5項目に集約。
- さらに、経営者が「自らの宣言」として練り上げることを意図している。

※宣言の作成意図や内容を正しく理解いただくために、「デジタル産業宣言」および「デジタル産業宣言のガイダンス」を合わせて参照いただきたい。

254

【参考】デジタル産業宣言

デジタル産業宣言

私たちは、世界中でイノベーションが進む状況において日本企業が既存ビジネスを維持することにこだわり、デジタルの力をその改善のためだけに利用していることに危惧の念を抱いている。

DXの本質は、新たな高収益ビジネスを創出し続けることにこそある。

私たちは、その先にある「デジタル産業」の実現に向けて、以下の通り宣言する。

01 ビジョン駆動
過去の成功体験や柵（しがらみ）を捨て、自らが持つビジョンを目指す。

02 価値重視
コストではなく、創出される価値に目を向ける。

03 オープンマインド
より大きな価値を得るために、自社に閉じず、あらゆるプレイヤーとつながる。

04 継続的な挑戦
失敗したらすぐに撤退してしまうのではなく、試行錯誤を繰り返し、挑戦し続ける。

05 経営者中心
DXは、経営者こそが牽引してはじめて達成しうるという理解のもとに、その実現に向かって（全員で）積極貢献する。

「デジタル産業」の競争力は、このエコシステムに集う企業の数によって強化されていく。

私たちはこの宣言を実践していくとともに、宣言の賛同者を増やすことを通じてあらゆる産業の「デジタル産業」への変革を加速させていく。

三谷 慶一郎　石原 直子　亀山 満　喜多羅 滋夫　冨安 寛
友岡 賢二　平鍋 健児　福田 譲　宮村 和谷　鷲崎 弘宜

デジタル産業実効性向上　〜デジタルガバナンス・コードとの連携〜

・既存 DX 政策体系を補強する形で、①個社に対する DX を加速し、②企業同志の相互の高め合いを促進する観点にて連携が見込まれる。

既存DX政策体系

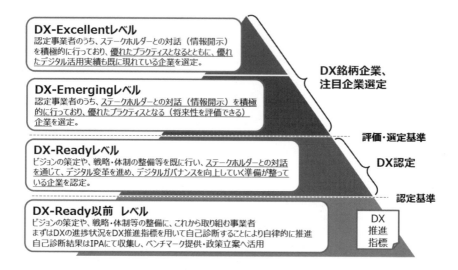

補強の観点

①個社に対するDXを加速する

以下を促す仕掛け
・デジタルを効率化だけではなく、収益向上へ向ける
・全社一体化に向けて、ビジョン・戦略に加えて、「行動指針」を策定する

②企業同志の相互の高め合いを促進する

デジタル産業への変革に向けて自社だけではなく他社も牽引する

【参考】 デジタルで収益向上を達成するための特徴

効率化中心の企業
デジタルで収益向上を達成した企業

No.	デジタルで収益向上を達成するための特徴
1	部門間は互いに関係しあっているため、個別部門から順番に変革しても未変革の他部門に影響を受けるため、全体の変革が完了しない。このため、変革を推進するためには、全社を対象にトップダウンで一斉に実施しなければならない。 補足）例えば、分社化して出島にするということは、一斉に一気に実施して成功事例を定着させるための方法である。（小さく始めるための方法ではない）
2	経営者は、ビジョンや戦略を示すだけでは不十分であり、社員が新しい仕事のやり方や働き方に順応できるように、判断の拠りどころとなる行動指針を示さなければならない。
3	競争領域の取り組みは、国内の同業他社事例に頼るのではなく、異業種であってもグローバルに通用するような事例を参考にデジタル化戦略を定める。 補足）個別領域や個別地域のルールを重視しつつ、データやデジタル技術の効用をいかに自社へ導入するかを考えることが重要。
4	変革は、立ち止まることなく、顧客や市場の反応に合わせて継続しなければならない。 補足）DX を先送りする理由や経営課題としての優先度を下げる理由はいくらでも出てくるが、立ち止まることで競合他社との差が開いていく、または、何もしないだけで遅れていくという認識が不足している。
5	DX における競争優位性は、製品・サービス中心ではなく、顧客志向を徹底することにある。その際には、顧客行動をデータでどれだけ可視化（再現）できているかが差別化要因になる。
6	同じく、DX における競争優位性は、個人単位の強みに頼るのではなく、組織レベルで集積されてこそ発揮されるものである。その際には、組織や業務を横断してどれだけ広範囲にデータが共有され、活用できているかが重要である。
7	自社の強みを外部に発信できなければ、顧客や他社とつながるエコシステムに自社が組み込まれることもなく、持続的な成長を期待することもできない。
8	他社サービス（特に、プラットフォーム）は、競争領域と考えるのではなく、協調領域として積極活用すべきである。（自社の強みが明確になっていれば、協調領域が同時に明確になっているため）

８．人間中心のAI社会原則

平成31年３月29日
統合イノベーション戦略推進会議決定

1　はじめに

　現代社会は地球環境問題、格差の拡大、資源枯渇等、人類の存続に関わる問題に直面している。我が国においては、少子高齢化、人手不足、過疎化、財政支出増大等、成熟型社会の直面する社会課題に最初に直面する国となっている。AIはこれらの問題の解を導き、SDGs（Sustainable Development Goals）で掲げられている目標を達成し、持続可能な世界の構築するための鍵となる技術と考えられている。

　我が国は、AIの活用により、経済発展と共に社会課題を解決するSociety5.0[※1]の実現を通して、日本の社会と経済の活性化を実現し、国際的にも魅力ある社会を目指すと共に、地球規模でのSDGsへの貢献も果たしていく。

　多くの科学技術と同様、AIも社会に多大なる便益をもたらす一方で、その社会への影響力が大きいがゆえに、適切な開発と社会実装が求められる。AIを有効に活用して社会に便益もたらしつつ、ネガティブな側面を事前に回避又は低減するためには、我々はAIに関わる技術自体の研究開発を進めると共に、人、社会システム、産業構造、イノベーションシステム、ガバナンス等、あらゆる面で社会をリデザインし、AIを有効かつ安全に利用できる社会を構築すること、すなわち「AI-Readyな社会」への変革を推進する必要がある。

　この文書における中心的課題である「AI（Artificial Intelligence, 人工知能）」の定義については研究者によっても様々な考え方があり、現在のところ明確な定義はない。例えばECハイレベルエキスパートグループ報告書[※2]においては、「環境や入力に対応して知的な動作（一定の自律性を有することもある）を行うシステム」とされている。しかし、「知的な動作」の実体は解釈に依存する側面もある。また、2016年に米国で発表されたAI100報告書[※3]では、学問分野としてのAIを、「知能を持った機械を

258

作る研究であり、知能とは置かれた環境中で適切に、かつ何らかの洞察を持って機能すること」という Nils J. Nilsson の定義[4]を引用しているが、この定義も大きな曖昧性を持ったものである。実際、同報告書では、AI の定義が曖昧であること自体が、AI の研究を加速している肯定的な側面があるともしている。これらの状況を鑑みると、何を以て「AI」または「AI 技術」と判断するかに関して、一定のコンセンサスはあるものの、それをことさらに厳密に定義することには現時点では適切であるとは思われない。

　また一般に「AI」と呼ばれる様々な技術が単体で使われることは少なく、情報システムの一部として組み込まれて使われることが一般的である。本文書では、高度で複雑な情報システムには、広範に何らかの AI 技術または、本原則に照らし合わせて同等の特徴と課題が含まれる技術が組み込まれると言う前提に立ち、本原則は、このような技術を包含した「高度に複雑な情報システム一般」に適応されると考えられる。このような考察の下で、我々は、特定の技術やシステムが「AI」かを区別するのではなく、広く「高度に複雑な情報システム一般」がこのような特徴と課題を内包すると捉え、社会に与える影響を議論した上で、AI 社会原則の一つの在り方を提示し、AI の研究開発や社会実装において考慮すべき問題を列挙する。来るべき Society 5.0 がより良いものとなるためには、関係ステークホルダーが対話しながら協力していくことが必要不可欠である。

※1　Society 5.0 とは、情報社会（Society 4.0）に続く、我が国が目指すべき未来社会の姿である。Society 5.0 で実現する社会とは、AI、IoT（Internet of Things）、ロボット等先端技術が社会に実装され、今までにない新たな価値を生み出し、多様な人々がそれぞれの多様な幸せを尊重し合い、実現でき、持続可能な人間中心の社会である。

※2　High-Level Expert Group on Artificial Intelligence, Draft Ethics Guidelines for Trustworthy AI, および A definition of AI: Main capabilities and scientific disciplines, European Commission, Directorate-General for Communication, December 2018

※3　Stone, P., et al., Artificial Intelligence and Life 2030. One Hundred Year Study on Artificial Intelligence: Report of the 2015-2016
Study Panel, Stanford University, Stanford, CA, Sept. 2016.

※4　Nils J. Nilsson, The Quest for Artificial Intelligence: A History of Ideas and Achievements, Cambridge, UK: Cambridge University Press, 2010.

本文書の全体構成を図 1 に示す。

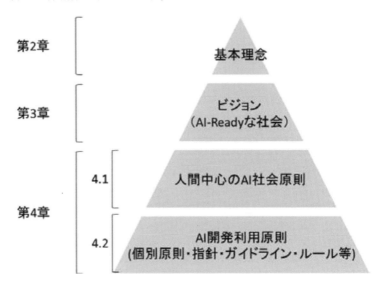

第2章　基本理念

　　人間の尊厳が尊重される社会（Dignity）
　　多様な背景を持つ人々が多様な幸せを追求できる社会
（Diversity & Inclusion）持続性ある社会（Sustainability）

第3章　Society 5.0 実現に必要な社会変革「AI-Readyな社会」[※5]

　　「人」、「社会システム」、「産業構造」、「イノベーションシステム（イノベーションを支援する環境)」、「ガバナンス」

第4章　人間中心の AI 社会原則

　4.1 AI社会原則
　　(1)人間中心の原則、(2)教育・リテラシーの原則
　　(3)プライバシー確保の原則、(4)セキュリティ確保の原則
　　(5)公正競争確保の原則、(6)公平性、説明責任及び透明性の原則
　　(7)イノベーションの原則
　4.2 AI開発利用原則

図 1 : 本文書の全体構成

※5 「AI-Ready な社会」とは、社会全体が AI による便益を最大限に享受するために必要な変革が行われ、AI の恩恵を享受している、または、必要な時に直ちにAIを導入しその恩恵を得られる状態にある、「AI活用に対応した社会」を意味する。このために、個人、企業組織、社会のイノベーション環境等、社会全体が変革する必要があり、具体例として、個人では、すべての人が仕事や生活でAIを利用できるようなリテラシーを身に着け、企業では、AI活用を前提とした経営戦略に基づいたビジネスを展開し、イノベーション環境では、あらゆる情報がAI解析可能なレベルでデジタル化、データ化され、AI開発やサービス提供のために活用できる状態となることなどが挙げられる。

2 基本理念

　AIは、Society 5.0の実現に大きく貢献することが期待される。我々は、単にAIの活用による効率性や利便性から得られる利益が人々や社会に還元されることにとどまらず、AIを人類の公共財として活用し、社会の在り方の質的変化や真のイノベーションを通じて、SDGsなどで指摘される地球規模の持続可能性へとつなげることが重要と考える。

　我々は、以下の３つの価値を理念として尊重し、その実現を追求する社会を構築していくべきと考える。

　（1）人間の尊厳が尊重される社会（Dignity）

　我々は、AIを利活用して効率性や利便性を追求するあまり、人間がAIに過度に依存したり、人間の行動をコントロールすることにAIが利用される社会を構築するのではなく、人間がAIを道具として使いこなすことによって、人間の様々な能力をさらに発揮することを可能とし、より大きな創造性を発揮したり、やりがいのある仕事に従事したりすることで、物質的にも精神的にも豊かな生活を送ることができるような、人間の尊厳が尊重される社会を構築する必要がある。

　（2）多様な背景を持つ人々が多様な幸せを追求できる社会（Diversity & Inclusion）

　多様な背景と価値観、考え方を持つ人々が多様な幸せを追求し、それらを柔軟に包摂した上で新たな価値を創造できる社会は、現代における一つの理想であり、大きなチャレンジである。AIという強力な技術は、この理想に我々を近づける一つの有力な道具となりえる。我々はAIの適切な開発と展開によって、このように社会のありかたを変革していく必要がある。

（3）持続性ある社会（Sustainability）

　我々は、AIの活用によりビジネスやソリューションを次々と生み、社会の格差を解消し、地球規模の環境問題や気候変動などにも対応が可能な持続性のある社会を構築する方向へ展開させる必要がある。科学・技術立国としての我が国は、その科学的・技術的蓄積をAIによって強化し、そのような社会を作ることに貢献する責務がある。

3　Society 5.0実現に必要な社会変革「AI-Readyな社会」

　Society 5.0の実現への貢献が期待される技術には、IoT、ロボティックス、超高速広帯域通信網等と並んでAIがある。AIを用いて複雑な処理を機械にある程度任せられることが可能になっても、「何のためにAIを用いるのか」という目的設定は、人間が行う必要がある。AIは、社会を良くするために使うことも可能であれば、望ましくない目的達成のために使われたり、無自覚に不適切に使われたりすることもありうる。そのため、我々は、「何のためにAIを用いるのか」に答えられるような「人」、「社会システム」、「産業構造」、「イノベーションシステム」、「ガバナンス」の在り方について、技術の進展との相互作用に留意しながら考える必要がある。これらの5つの観点は、Society5.0実現する上で同等に重要である。

（1）「人」

　AIが社会の隅々に浸透してくることに対応する「AI-Ready な社会」において、人間がどのように対応していくかがAIを十分に活用できる社会の実現の鍵となる。そのために人間に期待される能力及び役割は、以下のようなものになる。

A）AIの長所・短所をよく理解しており、とりわけAIの情報リソースとなるデータ、アルゴリズム、又はその双方にはバイアスが含まれること及びそれらを望ましくない目的のために利用する者がいることを認識する能力を人々が持つことが重要である。なお、データのバイアスには、主として統計的バイアス、社会の様態によって生じるバイアス及びAI利用者の悪意によるバイアスの3種類があることを認識していることが望まれる。

B）AIの利用によって、多くの人々が創造性や生産性の高い労働に従事できる環境が実現できることが望ましい。そのためには、出自、

文化、趣向等の観点で、多様な人々が各々の目指す多様な夢やアイデアをAIの支援によって実現する能力を獲得できることが期待される。このことを実現するための教育システム及びそれらの達成に資する社会制度が実現されなければならない。

C）データやAIの基礎教養から実装及び設計等の応用力を、幅広い分野の横断的、複合的及び融合的な枠組みで身につけた人材が十分に存在することが重要である。そのような人材は、社会のあらゆる活動の原動力となり、かつその人々の能力がAIを活用した生活環境の構成に寄与することが期待される。このような生活環境の整備によって、多くの人々がより豊かで充実した人生を送れるような社会制度が実現されなければならない。

（2）「社会システム」

AIを利用することで、個々のサービス・ソリューションの進化を促進し、効率化・個別化による多様なメリットを生み出すことが期待される。この変化から生じるメリットを社会の側において十分に受け止めるため、医療、金融、保険、交通、エネルギー等の社会システム全体が、AIの進化に応じて柔軟に変化し、対応できるようなものになっている必要がある。これには、社会的に受け入れられた既存の目的（利便性の向上や単純労働からの解放など）に照らした単純な効率化だけではなく、目的自体の多様化・流動化によって生まれる新たな価値の実現や、AIの進化によってもたらされる可能性のある負の側面（不平等や格差の拡大、社会的排除等）への対応が含まれる。

そのためには、我々は、それぞれの社会システムのソフト面・ハード面の双方において、拡張性や相互接続性、発展的な秩序形成への仕組み等を備えた柔軟なアーキテクチャ設計を実現する必要がある。さらに、我々は、特に相互接続性・連携性を保証するために、様々な社会システムに共通のデータ利活用基盤を整備する必要がある。

（3）「産業構造」

多様な人々が多様な夢やアイデアを実現できるよう、労働、雇用環境や創業環境が柔軟で国際的に開かれたものになっていることが必要である。そのために企業は公正な競争を行い、柔軟な働き方を促進していること、また人間の創造力が産業を通じても発揮され続けており、スタートアップ

への投資が促進されていることが求められる。

　　（4）「イノベーションシステム(イノベーションを支援する環境)」
　大学・研究機関・企業、さらに一般の人々に至るまで、分野や立場を超えてAIの研究開発、利活用及び評価に参加し、互いに刺激し合いながら、イノベーションが次々に生まれる環境ができていることが必要である。

　そのためには、リアル空間も含めたあらゆるデータが新鮮かつ安全にAI解析可能なレベルで利用可能であり、かつ、プライバシーやセキュリティが確保されることで、誰もが安心してデータを提供し流通させることができ、提供したデータから便益を得られる環境ができていることが求められる。

　研究開発者に加えユーザも含め、安心してAIを研究開発し利活用できる環境が整い、研究開発と利活用のサイクルが迅速に回ることによって、望ましい発展が加速していることが望ましい。また、AIの利活用によって、新たな発想やさらなる可能性が生まれ、イノベーションの地平が格段に広がっていることが求められる。

　　（5）「ガバナンス」
　社会情勢の変化や技術の進展に伴い、上記に挙げた「人」、「社会システム」、「産業構造」、「イノベーションシステム」で議論されるべき内容や目的設定は、常に更新し続ける必要がある。
　そのため、政府、企業、大学、研究機関、一般の人々等、多様なステークホルダーが協働してルール、制度、標準化、行動規範等のガバナンスについて問題を設定し、影響を評価し、意思決定を行うと共に実装できる体制が整っていることが必要である。また、また、社会的に声の挙げにくい人たちを含む、多様なステークホルダーの声を拾い上げて、常に最先端の社会的、技術的な課題に取り組む体制を構築できていることが求められる。こうしたガバナンスの実現に際しては、法律によるのみならず、技術的手段を含む企業の自主的な取組によるなど、柔軟かつ実効的な方法がとられていることが求められる。また、ガバナンスのための国際的な整合が重要であり、各国におけるガバナンスに加えて、国境を越える問題に対処するための国際協力体制が整っていることが求められる。

4　人間中心のAI社会原則

　我々は、「AI-Readyな社会」を実現し、AIの適切で積極的な社会実装を推進するためには、各ステークホルダーが留意すべき基本原則を定めることが重要と考える。

　我々は、この基本原則について、AIが社会に受け入れられ適正に利用されるため、社会（特に、国などの立法・行政機関）が留意すべき「AI社会原則」※6と、AIの研究開発と社会実装に従事する開発・事業者側が留意すべき「AI 開発利用原則」に体系化する。第２章に掲げた３つの基本理念を備えた社会を実現するために必要となるAI社会原則並びに開発者及び事業者が考慮すべきAI開発利用原則は、以下のとおりである。

※6 欧州委員会「信頼できるAIのための倫理ガイドライン（案）」においては、ハイレベル専門家会合においても合意に達していない重大な懸念事項（Critical Concerns raised by AI）として、「同意のない個人の特定」、「隠されたAIシステム」、「同意のない一般市民の評価」、「自律型致死兵器システム」、「将来にわたっての潜在的な懸念」が挙げられている。これらの事項については、我が国においても、今後必要に応じて検討すべき課題と考えられる。

4.1　AI社会原則

　AI社会原則は、「AI-Readyな社会」において、国や自治体をはじめとする我が国社会全体、さらには多国間の枠組みで実現されるべき社会的枠組みに関する原則である。

（1）人間中心の原則

　AIの利用は、憲法及び国際的な規範の保障する基本的人権を侵すものであってはならない。

　AIは、人々の能力を拡張し、多様な人々の多様な幸せの追求を可能とするために開発され、社会に展開され、活用されるべきである。AIが活用される社会において、人々がAIに過度に依存したり、AIを悪用して人の意思決定を操作したりすることのないよう、我々は、リテラシー教育や適正な利用の促進などのための適切な仕組みを導入することが望ましい。

　　　✓ AIは、人間の労働の一部を代替するのみならず、高度な道具として人間を補助することにより、人間の能力や創造性を拡大する

ことができる。

　✓ AIの利用にあたっては、人が自らどのように利用するかの判断と決定を行うことが求められる。AIの利用がもたらす結果については、問題の特性に応じて、AIの開発・提供・利用に関わった種々のステークホルダーが適切に分担して責任を負うべきである。

　✓ 各ステークホルダーは、AIの普及の過程で、いわゆる「情報弱者」や「技術弱者」を生じさせず、AIの恩恵をすべての人が享受できるよう、使いやすいシステムの実現に配慮すべきである。

（2）教育・リテラシーの原則

　AIを前提とした社会において、我々は、人々の間に格差や分断が生じたり、弱者が生まれたりすることは望まない。したがって、AIに関わる政策決定者や経営者は、AIの複雑性や、意図的な悪用もありえることを勘案して、AIの正確な理解と、社会的に正しい利用ができる知識と倫理を持っていなければならない。AIの利用者側は、AIが従来のツールよりはるかに複雑な動きをするため、その概要を理解し、正しく利用できる素養を身につけていることが望まれる。一方、AIの開発者側は、AI技術の基礎を習得していることが当然必要であるが、それに加えて、社会で役立つAIの開発の観点から、AIが社会においてどのように使われるかに関するビジネスモデル及び規範意識を含む社会科学や倫理等、人文科学に関する素養を習得していることが重要になる。

　このような観点から、我々は、以下のような原則に沿う教育・リテラシーを育む教育環境が全ての人に平等に提供されなければならないと考える。

　✓ 人々の格差や弱者を生み出さないために、幼児教育や初等中等教育において幅広くリテラシー等の教育の機会が提供されるほか、社会人や高齢者の学び直しの機会の提供が求められる。

　✓ AIを活用するためのリテラシー教育やスキルとしては、誰でもAI、数理、データサイエンスの素養を身につけられる教育システムとなっているべきであり、全ての人が文理の境界を超えて学ぶ必要がある。リテラシー教育には、データにバイアスが含まれることや使い方によってはバイアスを生じさせる可能性があることなどのAI・データの特性があること、AI・データの持つ公平性・公正性、プライバシー保護に関わる課題があることを認識できるような、セ

キュリティやAI技術の限界に関する内容を備えることも必要である。

✓ AIが広く浸透した社会において、教育環境は、一方的かつ均一的に教える教育の在り方から、個々人の持つ関心や力を活かす在り方へと変化すると考えられる。そのため、社会は、これまでの教育環境における成功体験に拘ることなく、常に最適な形へと柔軟に変化し続ける意識を全体として共有する。教育において、落伍者を出さないためのインタラクティブな教育環境や学ぶもの同士が連携できる環境がAIを活用して構築されることが望ましい。

✓ このような教育環境の整備に向けて、行政や学校（教員）に負担を押し付けるのではなく、民間企業や市民も主体性をもって取り組んでいくことが望ましい。

（3）プライバシー確保の原則

全てのAIが、パーソナルデータ利用に関するリスクを高めるわけではないが、AIを前提とした社会においては、個人の行動などに関するデータから、政治的立場、経済状況、趣味・嗜好等が高精度で推定できることがある。これは、重要性・要配慮性に応じて、単なる個人情報を扱う以上の慎重さが求められる場合があることを意味する。パーソナルデータが本人の望まない形で流通したり、利用されたりすることによって、個人が不利益を受けることのないよう、各ステークホルダーは、以下の考え方に基づいて、パーソナルデータを扱わなければならない。

✓ パーソナルデータを利用したAI及びそのAIを活用したサービス・ソリューションにおいては、政府における利用を含め、個人の自由、尊厳、平等が侵害されないようにすべきである。

✓ AIの使用が個人に害を及ぼすリスクを高める可能性がある場合には、そのような状況に対処するための技術的仕組みや非技術的枠組みを整備すべきである。特に、パーソナルデータを利用するAIは、当該データのプライバシーにかかわる部分については、正確性・正当性の確保及び本人が実質的な関与ができる仕組みを持つべきである。これによって、AIの利用に際し、人々が安心してパーソナルデータを提供し、提供したデータから有効に便益を得られることになる。

✓ パーソナルデータは、その重要性・要配慮性に応じて適切な保護がなされなければならない。パーソナルデータには、それが不

当に利用されることによって、個人の権利・利益が大きく影響を受ける可能性が高いもの（典型的には思想信条・病歴・犯歴等）から、社会生活のなかで半ば公知となっているものまで多様なものが含まれていることから、その利活用と保護のバランスについては、文化的背景や社会の共通理解をもとにきめ細やかに検討される必要がある。

（4）　セキュリティ確保の原則

　AIを積極的に利用することで多くの社会システムが自動化され、安全性が向上する。一方、少なくとも現在想定できる技術の範囲では、希少事象や意図的な攻撃に対してAIが常に適切に対応することは不可能であり、セキュリティに対する新たなリスクも生じる。社会は、常にベネフィットとリスクのバランスに留意し、全体として社会の安全性及び持続可能性が向上するように務めなければならない。

　✓ 社会は、AIの利用におけるリスクの正しい評価やそのリスクを低減するための研究等、AIに関わる層の厚い研究開発（当面の対策から、深い本質的な理解まで）を推進し、サイバーセキュリティの確保を含むリスク管理のための取組を進めなければならない。

　✓ 社会は、常にAIの利用における持続可能性に留意すべきである。社会は、特に、単一あるいは少数の特定AIに一義的に依存してはならない。

（5）　公正競争確保の原則

　新たなビジネス、サービスを創出し、持続的な経済成長の維持と社会課題の解決策が提示されるよう、公正な競争環境が維持されなければならない。

　✓ 特定の国にAIに関する資源が集中した場合においても、その支配的な地位を利用した不当なデータの収集や主権の侵害が行われる社会であってはならない。

　✓ 特定の企業にAIに関する資源が集中した場合においても、その支配的な地位を利用した不当なデータの収集や不公正な競争が行われる社会であってはならない。

　✓ AIの利用によって、富や社会に対する影響力が一部のステークホルダーに不当過剰に偏る社会であってはならない。

（6）公平性、説明責任及び透明性の原則

「AI-Ready な社会」においては、AIの利用によって、人々が、その人の持つ背景によって不当な差別を受けたり、人間の尊厳に照らして不当な扱いを受けたりすることがないように、公平性及び透明性のある意思決定とその結果に対する説明責任（アカウンタビリティ）が適切に確保されると共に、技術に対する信頼性（Trust）が担保される必要がある。

　　✓ AIの設計思想の下において、人々がその人種、性別、国籍、年齢、政治的信念、宗教等の多様なバックグラウンドを理由に不当な差別をされることなく、全ての人々が公平に扱われなければならない。

　　✓ AIを利用しているという事実、AIに利用されるデータの取得方法や使用方法、AIの動作結果の適切性を担保する仕組みなど、用途や状況に応じた適切な説明が得られなければならない。

　　✓ 人々がAIの提案を理解して判断するために、AIの利用・採用・運用について、必要に応じて開かれた対話の場が適切に持たれなければならない。

　　✓ 上記の観点を担保し、AIを安心して社会で利活用するため、AIとそれを支えるデータないしアルゴリズムの信頼性（Trust）を確保する仕組みが構築されなければならない。

（7）イノベーションの原則

　　✓ Society 5.0を実現し、AIの発展によって、人も併せて進化していくような継続的なイノベーションを目指すため、国境や産学官民、人種、性別、国籍、年齢、政治的信念、宗教等の垣根を越えて、幅広い知識、視点、発想等に基づき、人材・研究の両面から、徹底的な国際化・多様化と産学官民連携を推進するべきである。

　　✓ 大学・研究機関・企業の間の対等な協業・連携や柔軟な人材の移動を促さなければならない。

　　✓ AIを効率的かつ安心して社会実装するため、AIに係る品質や信頼性の確認に係る手法、AIで活用されるデータの効率的な収集・整備手法、AIの開発・テスト・運用の方法論等のAI工学を確立するとともに、倫理的側面、経済的側面など幅広い学問の確立及び発展が推進されなければならない。

　　✓ AI技術の健全な発展のため、プライバシーやセキュリティの確保を前提としつつ、あらゆる分野のデータが独占されることなく、国境を越えて有効利用できる環境が整備される必要がある。また、AIの研究促進のため、国際的な連携を促進しAIを加速するコンピュータ資源や高速ネットワークが共有して活用されるような研究開発環境が整備されるべきである。

　　✓ 政府は、AI技術の社会実装を促進するため、あらゆる分野で阻害要因となっている規制の改革等を進めなければならない。

4.2　AI開発利用原則

　我々は、開発者及び事業者において、基本理念及び上記のAI社会原則を踏まえたAI開発利用原則を定め、遵守するべきと考える。

　AI開発利用原則については、現在、多くの国、団体、企業等において議論されていることから、我々は早急にオープンな議論を通じて国際的なコンセンサスを醸成し、非規制的で非拘束的な枠組みとして国際的に共有されることが重要であると考える。

5　おわりに

　「AI-Readyな社会」を世界に先駆けて構築していくため、我が国は、本原則を政府、関係企業、団体等で共有し、政策等に反映させるべきである。

　また、国際的な議論の場において、我が国は、本原則を世界各国と共有した上で、国際的な議論のリーダーシップをとり、コンセンサスの形成を目指すべきであり、それによってSDGsの実現を支える Society5.0の社会像を世界に示し、国際社会の協調的かつ創造的な新たな発展に寄与すべきである。

　なお、本原則は、今後、AI関連技術の進展、社会の変化、世界の情勢等に応じて、今後柔軟に進化・発展させるものである。

［別添］

「人間中心のAI社会原則会議」の設置について

平成31年2月15日
AI戦略実行会議決定

1．AI戦略実行会議の下、AIをより良い形で社会実装し共有するための基本原則を検討し、AI戦略に反映させることを目的として、「人間中心のAI社会原則会議」（以下「会議」という。）を設置する。会議は人工知能技術戦略会議の下に設置された「人間中心のAI社会原則検討会議」における議論を基に、「人間中心のAI社会原則」を検討し、統合イノベーション戦略推進会議に提案する。

2．会議の議長、副議長及び構成員は別紙のとおりとする。

3．会議は原則として公開とする。ただし、議長が会議を公開しないことが適当であるとしたときは、この限りではない。

4．議長は、会議における審議の内容等を、議事録等の公表その他の適当な方法により公表する。ただし、議長が審議の内容等を公表しないことが適当であるとしたときは、その全部又は一部を非公表とすることができる。

5．会議の庶務は、関係行政機関の協力を得て、内閣府において処理する。

6．前各項に掲げるもののほか、会議の運営に関する事項その他必要な事項は、議長が定める。

第３章

DXオフィサー認定試験
サンプル問題

Digital Transformation

第1課題　DXの現状

問題1．DXに関する以下のアからエまでの記述のうち、最も<u>適切ではない</u>ものを1つ選びなさい。

ア．DXの概念は、進化したIT技術を浸透させることで、人々の生活をより良いものへと変革させることであると、2004年にスウェーデンのエリック・ストルターマン氏が提唱した。

イ．「DX推進ガイドライン」に記されているDXの定義は、「企業がビジネス環境の激しい変化に対応し、データとデジタル技術を活用して、顧客や社会のニーズを基に、製品やサービス、ビジネスモデルを変革し、競争上の優位性を確立すること」である。

ウ．「令和元年版情報通信白書」では、「従来の情報化／ICT利活用」とDXの違いを、「従来の情報化／ICT利活用」においては、ICT（情報通信技術）が、確立された産業の効率化や価値の向上を実現する補助ツールであるのに対し、DXにおいては、ICTが産業と一体化することで、ビジネスモデル自体を変革する事業のコアとなる、としている。

エ．「DXレポート」の巻頭にある、「各企業は、（　　）のために、デジタルトランスフォーメーション（DX：Digital Transformation）をスピーディーに進めていくことが求められている。」の（　　）に入る語句は「競争力維持・強化」である。

解説　DXとは

ア適　切。DXの概念は、スウェーデンのウメオ大学教授であったエリック・ストルターマン氏が2004年に提唱した。

イ不適切。本肢の記述は「業務そのものや、組織、プロセス、企業文化・風土の変革」の記述が落ちている。「DX推進ガイドライン」に記されているDXの定義は、「企業がビジネス環境の激しい変化に対応し、データとデジタル技術を活用して、顧客や社会のニーズを基に、製品やサービス、ビジネスモデルを変革するとともに、業務そのものや、組織、プロセス、企業文化・風土を変革し、競争上の優位性を確立すること」である。

ウ適　切。総務省の「令和元年版情報通信白書」では、「従来の情報化／ICT利活用」とDXの違いを、「従来の情報化／ICT利活用」においては、ICT（情報通信技術）が、確立された産業の効率化や価値の向上を実現する補助ツールであるのに対し、DXにおいては、ICTが産業と一体化することで、ビジネスモデル自体を変革する事業のコアとなる、としている。

エ適　切。「DXレポート」の巻頭には、「あらゆる産業において、新たなデジタル技術を利用してこれまでにないビジネス・モデルを展開する新規参入者が登場し、ゲームチェンジが起きつつある。こうした中で、各企業は、競争力維持・強化のために、デジタルトランスフォーメーション（DX：Digital Transformation）をスピーディーに進めていくことが求められている。」とある。

正解　イ

問題２．「DX レポート２」における企業の目指す方向性等に関する以下のア
　　　　からエまでの記述のうち、最も<u>適切ではない</u>ものを１つ選びなさい。

　　ア．コロナ禍において、従来デジタル技術をあまり活用してこなかった層
　　　　もデジタルサービスを利用するようになり、その例として、ECモー
　　　　ル・通販が購買に占める割合が、ほとんどの世代において2020年１
　　　　月から３月にかけて増加していることが挙げられている。

　　イ．コロナ禍においても、デジタル技術を活用している企業の中には世界
　　　　的に大きく売上を伸ばしている企業もあり、その例としてAmazonと
　　　　ファーストリテイリングのユニクロ事業が好調であることが挙げられ
　　　　ている。

　　ウ．企業が変革を進めるにあたっては、現在のビジネスモデルを継続しな
　　　　がらも新しいビジネスモデルを開拓する姿勢が不可欠であり、そのよ
　　　　うな姿勢をもってIT システムの機能追加・改修を行う必要がある。

　　エ．企業には、DXのスタートラインに立つことが求められ、そのために
　　　　短期間で実現できる課題を明らかにし、ツール導入等によって解決で
　　　　きる足元の課題に即座に取り組む必要がある。

解説　企業の目指す方向性

ア適　切。「今般のコロナ禍において、社会におけるデジタルサービスの浸透は一層加速している。（中略）デジタル技術をあまり活用してこなかった層も デジタルサービスを利用するようになった。例えば、三井住友カード株式会社らの調査（ 2020 ）によると、 EC モール・通販が購買に占める割合は高齢者を含むほとんどの世代において 2020 年1月から3月にかけて増加している。」とある。

イ適　切。「新型コロナウイルスが世界中の企業に対して急激かつ深刻な影響を与えている現在の状況の中であっても、デジタル技術を活用している企業の中には世界的に大きく売上を伸ばしている企業もある。例えば Amazon はデジタル企業の好例と言えるが、 2020 年7～9月期の売上高と純利益は四半期として過去最高値を更新している。また、衣料品大手のファーストリテイリングは、国内ユニクロ事業について、 2020 年6月～8月の売上高は前年同時期比 20% 以上の増加、その中でも E コマースによる売上高は前年比 29.3% の増収を上げたと発表している。」とある。

ウ不適切。「現在のビジネスモデルを継続しながらも新しいビジネスモデルを開拓する」姿勢は同レポートでは是とされていない。「企業が変革を進めるにあたっては、レガシー化したシステムのみならず、従来から続く企業文化こそが「レガシー企業文化」として変革の足かせとなっている可能性に注意しなければならない。例えば、現在のビジネスモデルを継続しながら新しいビジネスモデルを開拓する、ということは、現行の業務と密接に結びついた IT システムを是とした検討にとどまってしまうことを意味する。」とある。

エ適　切。「企業は生き残りのために、中長期的な課題も見据えながら短期間の事業変革を達成し続ける必要がある。そのためにはまず、短期間で実現できる課題を明らかにし、ツール導入等によって解決できる足元の課題には即座に取り組み、DX のスタートラインに立つことが求められる」とある。

正解　ウ

問題 3．「2025 年の崖」に関する次の a から d までの記述のうち、<u>適切ではないもの</u>はいくつあるか。以下のアからエまでのうち 1 つ選びなさい。

a．複雑化・老朽化・ブラックボックス化した既存システムが残存した場合、2025 年までに予想されるリスクの高まり等に伴う経済損失は、2025 年以降、最大 3 兆円／年にのぼる可能性がある。

b．複雑化・老朽化・ブラックボックス化した既存システムが残存した場合、ユーザ企業は、爆発的に増加するデータを活用しきれずにDXを実現できず、デジタル競争の敗者となる恐れがある。

c．複雑化・老朽化・ブラックボックス化した既存システムが残存した場合、IT システムの運用・保守の担い手が不在になり、多くの技術的負債を抱えるとともに、業務基盤そのものの維持・継承が困難になる恐れがある。

d．複雑化・老朽化・ブラックボックス化した既存システムが残存した場合、ベンダー企業は、成長領域であり主戦場となっているクラウドベースのサービス開発・提供へ業務移行することとなる。

ア．1 つ　　イ．2 つ　　ウ．3 つ　　エ．4 つ

解説　2025 年の崖

a 不適切。「最大 3 兆円／年」が誤りで、正しくは「最大12兆円／年」である。複雑化・老朽化・ブラックボックス化した既存システムが残存した場合、2025 年までに予想されるIT人材の引退やサポート終了等によるリスクの高まり等に伴う経済損失は、2025 年以降、最大12 兆円／年にのぼる可能性がある。

b 適　切。記述の通り。

c 適　切。記述の通り。

d 不適切。ベンダー企業は、既存システムの運用・保守にリソースを割かざるを得ず、成長領域であり主戦場となっているクラウドベースのサービス開発・提供を攻めあぐねる状態になる。

a と d の 2 つが不適切である。

正解　イ

問題4．オープン API に関する以下のアからエまでの記述のうち、最も<u>適切ではないもの</u>を1つ選びなさい。

ア．API とは、あるアプリケーションの機能や管理するデータ等を他のアプリケーションから呼び出して利用するためのインターフェイスであり、API を公開することにより他社のアプリケーションで特定の機能を利用することができるようになる。

イ．API を他の企業等に公開することを「オープン API」と呼び、銀行によるオープン API は、金融機関以外の事業者が金融サービスを提供することを可能にする。

ウ．オープン API によるデータ連携では、サービスの利用者は、銀行のログイン ID やパスワードをサービス提供事業者に預けることにより、銀行のシステムを通してサービスを利用することができる。

エ．銀行法では、銀行にオープン API の導入に係る体制の整備を行う旨の努力義務を課している。

解説　金融業のDX

ア適　切。API（Application Programming Interface）は、あるアプリ
　　　　　ケーションの機能や管理するデータ等を他のアプリケーション
　　　　　から呼び出して利用するための接続仕様・仕組みである。

イ適　切。銀行によるオープンAPIは、銀行と外部の事業者との間の安
　　　　　全なデータ連携を可能にする取組みである。金融機関がシステ
　　　　　ムへの接続仕様を外部の事業者に公開し、あらかじめ契約を結
　　　　　んだ外部事業者のアクセスを認めることで、金融機関以外の事
　　　　　業者が金融機関と連携して、利便性の高い、高度な金融サービ
　　　　　スを展開しやすくなる。

ウ不適切。「サービス提供事業者に預けることにより」が誤りで、正しく
　　　　　は「サービス提供事業者に預けることなく」である。オープン
　　　　　APIの実現以前にも、家計簿サービス等の個人資産管理サービス
　　　　　において、銀行のデータと連携する仕組みは存在していたが、
　　　　　従来の仕組みの場合、サービス提供事業者に銀行のインター
　　　　　ネットバンキング等のログインIDやパスワードを預ける必要
　　　　　があった。オープンAPIによるデータ連携では、ログインID
　　　　　やパスワードをサービス提供事業者に預けることなく、利用者
　　　　　自身が銀行のシステムを通して、利用したいサービスに対して
　　　　　データ連携に関する許可を与えるため、安全かつ正確なデータ
　　　　　連携が可能な仕組みとなっている。

エ適　切。2017年5月に成立した「銀行法等の一部を改正する法律」に
　　　　　より、銀行等にはオープンAPIの導入に係る体制の整備を行
　　　　　う旨の努力義務が課せられることとなった（銀行法附則（平成
　　　　　二九年六月二日法律第四九号）11条）。

正解　ウ

問題5．「デジタルトランスフォーメーション銘柄（DX銘柄）2023」に選定
された企業における DX の取組みに関する以下のアからエまでの記
述のうち、最も<u>適切ではない</u>ものを1つ選びなさい。

ア．株式会社ブリヂストンは、日本国内の輸送事業者向けに、タイヤの空
気圧と温度を遠隔モニタリングするデジタルソリューションツール
「Tirematics」（タイヤマティクス）を活用したサービスの提供を開
始し、タイヤ起因の運行トラブルの未然防止を図っている。

イ．AGC 株式会社は、実プラントの運転データをプラント情報管理シス
テム経由でプロセスシミュレータにリアルタイムに取り込み、即時に
高速計算することで、仮想空間上にプラントの現在の状態を再現する
テクノロジーであるマスカスタマイゼーションの活用により、運転状
態や装置性能などを可視化することを可能とした。

ウ．株式会社IHIは、全事業領域を製品の特性から、プロジェクト管理の
精緻化とリードタイム短縮・生産性向上を実現する「インデント系
（個別受注系）」、固変分離思想に基づく「準量産系」、生産工程のボ
トルネックの解消によるターンアラウンドタイム短縮を実現する「量
産系」の3つに分類し、各々の特性に合わせた業務プロセス改革を進
めている。

エ．味の素株式会社は、DX を推進するステージとして、DX1.0「全社オ
ペレーション変革」、DX2.0「エコシステム変革」、DX3.0「事業モデ
ル変革」から DX4.0「社会変革」につながる DX（n.0）モデルを採
用して、グループ全体で目指すべき姿を明確化した。

解説　製造業のDX

ア適　切。株式会社ブリヂストンは、2022年9月より日本国内の輸送事業者向けに、タイヤの空気圧と温度を遠隔モニタリングするデジタルソリューションツール「Tirematics」（タイヤマティクス）を活用した新サービス「リアルタイムモニタリング」の提供を開始した。「リアルタイムモニタリング」により、タイヤの空気圧と温度をリアルタイムにモニタリングすることで、日々のタイヤ点検の精度が向上し、タイヤ起因の運行トラブルの未然防止につながる。

イ不適切。「マスカスタマイゼーション」が誤りで、正しくは「プロセスデジタルツイン」である。プラントの運転データをプラント情報管理システム（PIMS）経由でプロセスシミュレータにリアルタイムに取り込み、即時に高速計算することで、仮想空間上にプラントの現在の状態を再現するテクノロジーであるプロセスデジタルツインの活用により、これまで取得できていなかったデータや、リアルタイムに参照できなかった数値をシミュレーション上で推算し、運転状態や装置性能などを可視化することを可能とした。

ウ適　切。株式会社IHIは、全事業領域を製品の特性から「インデント系（個別受注系）」「準量産系」「量産系」の3つに分類し、各々の特性に合わせた業務プロセス改革を進めている。「インデント系」については、ものづくりとデジタルの融合による製造・建設の直結によるプロジェクト管理の精緻化とリードタイム短縮・生産性向上を実現する。「準量産系」については、固変分離思想に基づき、デジタルを活用してリードタイム短縮と製品バリエーションの両立を実現する。「量産系」については、デジタルを活用し、生産工程のボトルネックの解消によるターンアラウンドタイム（TAT）短縮を実現する。

エ適　切。記述の通り。海外を含めた同社グループ全体としてDXの共通ゴールとステップを定めることで、安易なデジタル化に流されることのないよう、グループ全体で目指すべき姿を明確化した、としている。

正解　イ

問題6．小売業の DX に関する以下のアからエまでの記述のうち、最も<u>適切ではないもの</u>を1つ選びなさい。

ア．D2C とは、企業が自社で商品を企画・製造し、独自の販売チャネルで、直接顧客に販売するビジネスモデルのことであり、通常の EC よりも顧客の動向分析を行う際に有効であり、実店舗で商品を購入せずスマートフォンから EC で購入する顧客を実店舗に呼び戻すことを目的としている。

イ．オンライン接客とは、インターネットを通じたフェイス・トゥ・フェイスの接客のことであり、専門性を持つスタッフによるオンラインによる接客は、消費者にとって情報の非対称性を解消する有益な手段となっている。

ウ．ショールーミングとは、実店舗で商品の現物をチェックし EC で購入する消費行動を指し、従来は実店舗側からはネガティブな印象を持たれていたが、近年は消費者の新たな生活様式に即した販売スタイルとして積極的に促す取組みも行われている。

エ．　BOPIS とは、EC 購入商品の店舗受け取りのことであり、消費者にとっては送料負担がない、好きなタイミングで商品を受け取ることができるなどのメリットがあり、企業側にとっても物流コストの低減化、顧客との接客機会の創出などのメリットがある。

解説　小売業のDX

ア不適切。小規模の店舗であっても、ECを立ち上げることで直接販売も可能になってきたため、企業と顧客の接点づくりを行うために、直営店の運営が必須ではなくなってきた。D2C（Direct to Consumer）はこうした背景をもとに、ECを含めた自由な発想で直接消費者に商品を届けるモデルであり、店舗への顧客呼び戻しを目的としているわけではない。

イ適　切。オンライン接客とはその名の通りインターネットを通じたフェイス・トゥ・フェイスの接客である。効能や特性の違いがわかりづらい商品は、専門性を持つスタッフによるオンラインによる接客が消費者にとって情報の非対称性（商品やサービスの売り手と買い手の間で保有する情報に格差があること）を解消できる有益な手段となっている。新型コロナウイルス感染症拡大を契機にアパレル販売や化粧品販売を中心に広まり、家具販売や家電販売、食品販売といったさまざまな業種でも導入が進んでいる。

ウ適　切。ショールーミングとは、実店舗で商品の現物をチェックしECで購入する消費行動を指す。以前からショールーミングの消費行動は広く認識されており、実店舗側からはネガティブな印象で捉えられていたことが多いが、新型コロナウイルス感染症拡大を契機に消費者の新たな生活様式に即した販売スタイルとしてショールーミングを積極的に促す取組み（試着用商品のみを置き在庫は置かずに省スペースで運営するアパレル店舗や、試食に特化してECでの購入を促す食品の店舗など）も行われている。

エ適　切。EC購入商品の店舗受け取りは「BOPIS：Buy Online Pick-up In Store」といわれている。消費者にとっては送料負担がない、好きなタイミングで商品を受け取ることができる他、商品を探す時間の短縮や返品のしやすさといったメリットがある。一方、企業側にとっても物流コストの低減化、ECから実店舗への送客、顧客との接客機会の創出といったメリットがある。

正解　ア

問題7．BIM／CIMに関する以下のアからエまでの記述のうち、最も適切で<u>はないもの</u>を1つ選びなさい。

ア．建設業、土木業で生産性を低下させている要因として、2次元の紙の図面で各種作業を進めていることがあり、BIM／CIMの導入は、建設業、土木業における生産性の向上に寄与する。

イ．BIM／CIMは、関係者が多岐にわたるインフラなどの社会資本整備における迅速な合意形成に寄与する。

ウ．BIM／CIMにより行うことができる、フロントローディングの具体的な効果として、合理的な仮設工法の選定、施工手順のチェック等による施工段階での手戻り防止が挙げられる。

エ．BIM／CIMにより行うことができる、コンカレントエンジニアリングの具体的な効果として、設計成果の可視化による設計ミス防止、事前確認によるコンクリート構造物の鉄筋干渉回避が挙げられる。

解説　建設業のDX

ア適　切。BIM／CIMは、3次元モデル（3次元の電子データ）を用いるもので、3次元モデルに部材（部品）等の情報を結びつければ生産性の向上のみならず品質の向上も可能となる。

イ適　切。インフラなどの社会資本整備は、関係者が多岐にわたる。BIM／CIMモデルによるシミュレーションや仮想体験を利用する説明、情報共有は、関係者間の迅速な合意形成に寄与する。

ウ適　切。フロントローディングとは、初期の工程（フロント）において負荷をかけて事前に集中的に検討する手法である。後工程で生じそうな仕様変更や手戻りを未然に防ぎ、品質向上や工期の短縮化に効果がある。

エ不適切。設計成果の可視化による設計ミス防止、事前確認によるコンクリート構造物の鉄筋干渉回避は、フロントローディングの具体的な効果である。コンカレントエンジニアリングとは、製造業等での開発プロセスを構成する複数の工程を同時並行で進め、各部門間での情報共有や共同作業を行う手法である。

正解　エ

問題8．シェアリングエコノミーに関する以下のアからエまでの記述のうち、最も<u>適切ではない</u>ものを1つ選びなさい。

ア．シェアリングエコノミーのサービスには、C to Cのビジネスモデルが多いという特徴がある。

イ．シェアリングエコノミーは、民間の経済活動だけではなく、地方自治体等が主体となる地域課題の解決にも適している。

ウ．シェアリングエコノミーの経済効果の一つとして、これまで明確な需要はあったものの供給が不足していた製品・サービスの供給量の増加による、消費拡大が挙げられる。

エ．一般社団法人シェアリングエコノミー協会では、シェアリングエコノミーをモノのシェア、場所（空間）のシェア、乗り物（移動）のシェア、スキルのシェア、人材のシェア、の5種類に分類している。

解説　シェアリングエコノミー

ア適　切。シェアリングエコノミーサービスには、消費者同士で取引をするC to Cのビジネスモデルが多いという特徴がある。

イ適　切。シェアリングエコノミーは、民間の経済活動だけではなく、防災、遊休資産の活用といった地方自治体等が主体となる地域課題の解決にも適している。一般社団法人シェアリングエコノミー協会内の任意団体であるシェアリングシティ推進協議会には、2022年3月時点で80を超える全国の自治体会員が参加している。

ウ適　切。シェアリングエコノミーが進展することによって、これまで市場に出ていなかった遊休資産が市場に出ることになる。結果として、これまで明確な需要はあったものの供給が不足していた製品・サービスの供給量が増加し、プラットフォーム上で需給がマッチングされることによって、消費が増加することが期待される。

エ不適切。「人材のシェア」が誤りで、正しくは「お金のシェア」である。

正解　エ

問題9．プラットフォーマーに関する以下のアからエまでの記述のうち、最も<u>適切な</u>ものを1つ選びなさい。

ア．近年、GAFAMをはじめとするプラットフォーマーは、膨大な資金力により購入したデータをビジネス等に活用することにより、デジタル関連市場で強大な経済的地位を築いている。

イ．プラットフォーマーが提供しているサービスは、スイッチング・コストが低いとされているため、利用者はたとえ他に安くて質の高い代替的なサービスがあったとしても乗り換えをためらい、サービス間の競争の効果を弱め、GAFAMをはじめとするプラットフォーマーの市場支配力は一層高まりを見せている。

ウ．日本では、「特定デジタルプラットフォームの透明性及び公正性の向上に関する法律」において、すべてのデジタルプラットフォーマーに対して、利用者に対する取引条件の開示や変更等の事前通知、運営における公正性確保、苦情処理や情報開示の状況などの運営状況の報告を義務づけている。

エ．経済産業省等は、巨大デジタル・プラットフォーマーの特徴として、①社会経済に不可欠な基盤を提供している、②多数の消費者（個人）や事業者が参加する市場そのものを設計・運営・管理する存在である、③当該市場は操作性や不透明性が高い、の3点を挙げている。

解説　プラットフォーマー

ア不適切。「膨大な資金力により購入した」が誤りで、正しくは「さまざまなサービスの提供を通じて収集した」である。プラットフォーマーは、さまざまなサービスの提供を通じて、名前やユーザー名、IPアドレス等の属性データや、購買活動やコミュニケーション等の様々なアクティビティデータを取得している。サービスを利用するユーザー数の多さを考慮すると、これらプラットフォーマーは莫大なデータ量を取得・蓄積していると想定される。近年、GAFAMをはじめとするプラットフォーマーは、収集した膨大なデータをビジネス等に活用することにより、デジタル関連市場で強大な経済的地位を築き、その市場支配力は一層高まりを見せている。

イ不適切。「スイッチング・コストが低い」が誤りで、正しくは「スイッチング・コストが高い」である。プラットフォーマーが提供しているサービスは、スイッチング・コスト（現在利用している製品・サービスから、代替的な他の製品・サービスに乗り換える際に発生する金銭的・手続的・心理的な負担のこと）が高いとされているため、利用者はたとえ他に安くて質の高い代替的なサービスがあったとしても、乗り換えをためらうことになり、サービス間の競争の効果を弱めることになる。

ウ不適切。「すべてのデジタルプラットフォーマー」が誤りで、正しくは「デジタルプラットフォームのうち、特に取引の透明性・公正性を高める必要性の高いプラットフォームを提供する事業者」である。「特定デジタルプラットフォームの透明性及び公正性の向上に関する法律」（令和 2 年法律第 38 号）では、デジタルプラットフォームのうち、特に取引の透明性・公正性を高める必要性の高いプラットフォームを提供する事業者を「特定デジタルプラットフォーム提供者」として指定し、記述の内容を義務づけている。

エ適　切。経済産業省、公正取引委員会、総務省の「プラットフォーマー型ビジネスの台頭に対応したルール整備の基本原則」（2018 年 12 月 18 日）では、巨大デジタル・プラットフォーマーには特に次の特徴があるとしている。

・社会経済に不可欠な基盤を提供している。
・多数の消費者（個人）や事業者が参加する市場そのものを設計・運営・管理する存在である。
・当該市場は操作性や不透明性が高い。

正解　エ

問題 10.　Google に関する以下のアからエまでの記述のうち、最も<u>適切なもの</u>
　　　　　を 1 つ選びなさい。

ア．Google は、「世界中の情報を管理し、世界中の人々がアクセスして使
　　えるようにすること」を自社の使命としている。

イ．Google の子会社である Alphabet（アルファベット）は、決済サービ
　　スを手がける企業である。

ウ．　Google の広告には、広告主向けの Google 広告と広告掲載先（サイ
　　ト運営者）向けの Google アドセンスの 2 種類があり、ネットの検索
　　と連動する広告は費用対効果に優れ、従来型の広告の衰退をもたらし
　　たともいわれている。

エ．Google Play は、アンドロイド向けのオンラインゲームアプリで
　　あり、Google のアカウントがあれば、すべてのゲームを無料で利
　　用することができる。

解説　Google

　ア不適切。「世界中の情報を管理」が誤りで、正しくは「世界中の情報を
　　　　　　整理」である。Google は、「世界中の情報を整理（Organize）
　　　　　　し、世界中の人々がアクセスして使えるようにすること」を自
　　　　　　社の使命としている（Our mission is to organize the world's
　　　　　　information and make it universally accessible and useful.）。

　イ不適切。Alphabet は、Google の持ち株会社で、Google は Alphabet の
　　　　　　子会社という形になる。決済サービスについては、2021 年に
　　　　　　スマートフォン決済を運営する企業である pring（プリン）が
　　　　　　買収されている。

　ウ適　切。記述の通り。広告は、Google の収益の多くを占める事業である。

　エ不適切。Google Play は、オンラインゲームアプリではなく、コンテ
　　　　　　ンツ配信サービスである。コンテンツ配信サービス自体は
　　　　　　無料で使用できるが、コンテンツのダウンロードや使用に
　　　　　　課金される場合がある。

正解　ウ

問題 11.　Airbnb（エアビーアンドビー）に関する以下のアからエまでの記述
　　　　のうち、最も適切ではないものを1つ選びなさい。

　ア．Airbnb のサービスにおける支払は、クレジットカード等の事前オン
　　　ライン決済と、現地での現金支払とを選ぶことができる。
　イ．Airbnb のサービスは、宿泊者と宿泊提供者双方からの手数料が
　　　Airbnb の利益となる仕組みである。
　ウ．Airbnb のサービスでは、宿泊者による宿泊提供者の評価、宿泊提供
　　　者による宿泊者の評価を投稿する仕組みが採用されている。
　エ．Airbnbのサービスは、個人だけではなく法人も利用することができる。

解説　Airbnb

　ア不適切。Airbnb のサービスにおける支払は、クレジットカード等の事
　　　　　　前オンライン決済に限られ、現地でゲストからホストへの支払
　　　　　　いは発生しない。Airbnb サイト外での決済や現金決済は、
　　　　　　Airbnb のサービス利用規約違反であり、Airbnb からの退会措
　　　　　　置が取られる場合がある、とされている。
　イ適　切。Airbnb のサービスは、ゲスト（宿泊者）とホスト（宿泊提供
　　　　　　者）双方からの手数料が Airbnb 自体の利益となる仕組みである。
　ウ適　切。Airbnb のサービスでは、ゲストとホストの信頼性を高めるた
　　　　　　めに、ゲストによるホストの評価、ホストによるゲストの評価
　　　　　　を投稿する仕組みが採用されている。
　エ適　切。Airbnb のサービスは、個人だけではなく法人も利用すること
　　　　　　ができる。ゲストとしては、Airbnb ビジネスプログラムがあ
　　　　　　り、法人アカウントで登録することで、出張先での民泊予約を
　　　　　　行うことができる。ホストとしては、法人アカウントを登録す
　　　　　　ることで法人ホストとなり、複数の宿泊施設や予約をまとめて
　　　　　　管理することができる。

正解　ア

第2課題　DXの技術

問題12.　AIの歴史に関する以下のアからエまでの記述のうち、最も適切ではない
ものを1つ選びなさい。

ア．「AI」という言葉を初めて使用したといわれるアメリカのジョン・
マッカーシー教授は、AIを「知的な機械、特に、知的なコンピュー
タプログラムを作る科学と技術」と説明している。

イ．第一次AIブームは1950年代後半から1960年代にかけて起こり、コン
ピュータによる「推論」や「探索」が可能となったが、さまざまな要
因が絡み合っているような現実社会の課題を解くことはできなかった。

ウ．第二次AIブームは1980年代に起こり、専門分野の知識をAIが自ら学
習する「エキスパートシステム」が生み出された。

エ．第三次AIブームは2000年代から現在まで続いており、AIが自ら膨大
な情報を学習・推論する「ディープラーニング」が可能となった。

解説　AIの歴史

ア適　切。1956年に開催された国際学会であるダートマス会議において、計算機科学者のジョン・マッカーシー教授が「AI」という言葉を初めて使用した。マッカーシー教授はAIを、「知的な機械、特に知的なコンピュータプログラムを作る科学と技術」と説明している。

イ適　切。記述の通り。第一次AIブームは1950年代後半から1960年代に起こり、アメリカやイギリスで迷路やチェスなどの簡単なゲームが開発されたが、現実に起きている問題を自ら解決するまでには至らず、1970年代には下火となった。

ウ不適切。「専門分野の知識を自ら学習する」が誤りで、正しくは「専門分野の知識を取り込んだ上で推論する」である。第二次AIブームは1980年代に起こり、AIが与えられた知識を元に問題解決をする「エキスパートシステム」の研究・開発が行われた。しかし、AIが自ら知識を蓄えることまではできず、人間が大量の知識をインプットしなければならなかった。

エ適　切。記述の通り。第三次AIブームは2000年代から現在まで続いている。この時代には、AI自身が知識を獲得する「機械学習」が実用化され、次いで知識を定義する要素（特徴量）をAIが自ら習得する「ディープラーニング」が登場した。

正解　ウ

問題13. 機械学習の学習法に関する以下のアからエまでの記述のうち、最も適切ではないものを1つ選びなさい。

ア．学習用データの状況によって、機械学習は大きく、教師あり学習、教師なし学習、強化学習の3つに分類される。

イ．「教師なし学習」は、正解のラベルを付けない学習用データが用いられ、「分類」による文字や画像の認識や情報の要約などの用途に用いられる。

ウ．「教師あり学習」は、正解のラベルを付けた学習用データが用いられ、「回帰」による売上げの予測や異常の検知といった用途に用いられる。

エ．「強化学習」は、コンピュータが一定の環境の中で試行錯誤を行うことが学習用データとなり、行動に報酬を与えるというプロセスを繰り返すことで、何が長期的によい行動なのかを学習させるものである。

解説　機械学習

ア適　切。記述の通り。機械学習は、真実のデータや人間による判別から得られた正解に相当する「教師データ」の与えられ方によって分類することができる。

イ不適切。「分類」による文字や画像の認識には、「教師あり学習」が用いられる。「教師なし学習」は、正解のラベルを付けない学習用データが用いられ、データのグループ分けや情報の要約などの用途に用いられる。

ウ適　切。「教師あり学習」は、結果や正解にあたる「学習用データ」が与えられるタイプの機械学習である。

エ適　切。記述の通り。「強化学習」は、コンピュータが一定の環境の中で試行錯誤を行うことが学習用データとなり、行動に報酬を与えるというプロセスを繰り返すことで、何が長期的によい行動なのかを学習させるものである。

正解　イ

問題14. ディープラーニングに関する以下のアからエまでの記述のうち、最も適切ではないものを1つ選びなさい。

ア．ディープラーニングでは、情報抽出を一層ずつ多階層にわたって行うことで、高いデータの具体化を実現する。

イ．ディープラーニングでは、学習対象となる特徴量を人が定義する必要はない。

ウ．ニューラルネットワークは、人間の脳が学習していくメカニズムをモデル化して、人工的にコンピュータ上で再現することで問題を解決しようとする仕組みである。

エ．ニューラルネットワークのうち、中間層（隠れ層）が複数の層となっているものを用いるものがディープラーニングである。

解説　ディープラーニング

ア不適切。「具体化」が誤りで、正しくは「抽象化」である。ディープラーニングでは、情報抽出を一層ずつ多階層にわたって行うことで、高いデータの抽象化を実現する。ディープラーニングにおける「抽象化」とは、データからより高次元、またはより一般的な特徴やパターンを抽出し、理解するプロセスを指す。

イ適　切。従来の機械学習では、学習対象となる変数（特徴量）を人が定義する必要があったのに対し、ディープラーニングは、予測したいものに適した特徴量そのものを大量のデータから自動的に学習することができる。

ウ適　切。ニューラルネットワークは、機械学習のアルゴリズムの一つであり、人間の脳が学習していくメカニズムをモデル化して、人工的にコンピューター上で再現することで問題を解決しようとする仕組みである。

エ適　切。中間層（隠れ層）を2層以上に多層化したニューラルネットワークをディープラーニングという。

正解　ア

問題 15. 生成 AI に関する以下のアからエまでの記述のうち、最も<u>適切ではな</u><u>い</u>ものを 1 つ選びなさい。

ア．文章生成AI「Chat（チャット）GPT」の「GPT」は、「Generative Pre-trained Transformer」の略である。

イ．ChatGPT は、Microsoft の検索サービスである「Bing（ビング）」に搭載されている。

ウ．「Stable Diffusion（ステーブル・ディフュージョン）」は、文章生成 AI ではない。

エ．「Bard（バード）」は、Apple が言語生成モデル「LaMDA（ラムダ）」をベースとして開発した、会話型生成 AI である。

<u>解説　生成 AI</u>

ア適　切。「Generative（生成）　Pre-trained　（事前に学習された）Transformer（トランスフォーマー：自然言語処理に用いられる機械学習モデルの名称）」である。

イ適　切。2023 年 1 月に、Microsoft の検索サービスである「Bing」への ChatGPT の搭載が発表された。

ウ適　切。「Stable Diffusion（ステーブル・ディフュージョン）」は、画像生成 AI である。

エ不適切。「Bard（バード）」は、Google が言語生成モデル「LaMDA（ラムダ）」をベースとして開発した、会話型生成 AI である。Google は 2023 年 12 月に、テキストだけではなく画像や音声等異なるデータを処理可能なマルチモーダル処理性能を向上させた AI モデル「Gemini（ジェミニ）」を発表し、「Bard」に搭載。2024 年 2 月に、「Bard」の名称を「Gemini」に統一した。

正解　エ

問題 16. 現実世界において実際には存在しないものを、表現・体験できる技術に関する以下のアからエまでの記述のうち、最も<u>適切ではない</u>ものを 1 つ選びなさい。

ア．AR を利用したゲームの例として、任天堂株式会社の「ポケモン GO」が挙げられる。

イ．MR は、コンピュータ表示を複数人が同時に同じものを見る業務（紹介、協力作業）に活用される。

ウ．VR 利用の代表的な例として、都市計画等における景観シミュレーションが挙げられる。

エ．xR とは、現実世界において実際には存在しないものを、表現・体験できる技術の総称であり、AR、VR、MR は xR の 1 つである。

解説　xR

ア適　切。AR（拡張現実）は、スマートフォン等を利用して現実の映像の手前にコンピューター画像を表示する技術で、現実の背景の手前に表示されるポケットモンスターを捕獲、交換等するゲーム「ポケモン GO」はその利用例である。

イ適　切。MR（複合現実）は、メガネ等を通して見る視界全体の AR のイメージで、複数名での同時体験が可能である。

ウ不適切。景観シミュレーション（高層ビル、橋梁等の建造物の完成後の景観を確認する作業）には、実際の景観に計画されている建造物を重ね合わせて表示する AR（拡張現実）が向いている。VR（仮想現実）は、現実世界を遮断して仮想世界を体験する技術で、ゲームなどで利用されている。VR（仮想現実）による景観シミュレーションが不可能ということはないが、「代表的な例」として景観シミュレーションが挙げられるのは AR である。

エ適　切。現実世界において実際には存在しないものを、表現・体験できる技術を総称して「 xR 」という。実用化済の xR は、AR（拡張現実）、VR（仮想現実）、MR（複合現実）に大別できるといえる。

正解　ウ

問題 17.　国土交通省の「自動運転車の安全技術ガイドライン」に定義されて
　　　　　いる自動運転化レベルに関する以下のアからエまでの記述のうち、
　　　　　最も<u>適切な</u>ものを1つ選びなさい。

　ア．レベル1は、運転者が全ての動的運転タスクを実行するもので、自動
　　　運転ではない。

　イ．レベル2（部分運転自動化）では、システムが縦方向又は横方向のい
　　　ずれかの車両運動制御のサブタスクを限定領域において実行し、安全
　　　運転に係る監視、対応主体は運転者である。

　ウ．レベル3（条件付運転自動化）では、システムが全ての動的運転タス
　　　クを限定領域において実行、作動継続が困難な場合は、運転者がシス
　　　テムの介入要求等に適切に応答し、安全運転に係る監視、対応主体は
　　　システムであるが、作動継続が困難な場合は運転者となる。

　エ．レベル4（完全運転自動化）では、システムが全ての動的運転タスク
　　　及び作動継続が困難な場合への応答を無制限に実行し、安全運転に係
　　　る監視、対応主体はシステムである。

解説　自動運転車

　ア不適切。記述はレベル0（運転自動化なし）の説明である。レベル1
　　　　　（運転支援）は、システムが縦方向又は横方向のいずれかの車
　　　　　両運動制御のサブタスクを限定領域において実行するものである。

　イ不適切。「縦方向又は横方向のいずれか」が誤りで、正しくは「縦方向
　　　　　及び横方向両方」である。「縦方向又は横方向のいずれか」は、
　　　　　レベル1（運転支援）である。

　ウ適　切。記述の通り。

　エ不適切。記述はレベル5（完全運転自動化）の説明である。レベル5で
　　　　　は、システムが全ての動的運転タスク及び作動継続が困難な場
　　　　　合への応答を無制限に実行するのに対し、レベル4（高度運転
　　　　　自動化）では、システムは応答を限定領域において実行する。

正解　ウ

問題 18. 内閣府の「人間中心のAI社会原則」の内容に関する以下のアからエ
　　　　までの記述のうち、最も<u>適切</u>なものを１つ選びなさい。

ア.「人間中心のAI社会原則」は、「基本理念」、「 Society 5.0 実現に必要
　　な社会変革「 AI-Ready な社会」」、「人間中心の AI 社会原則」から構
　　成されている。

イ.「人間中心のAI社会原則」では、「人間の尊厳が尊重される社会」、
　　「多様な背景を持つ人々が多様な幸せを追求できる社会」、「高度にデ
　　ジタル化された社会」の３つの基本理念が掲げられている。

ウ.「人間中心のAI社会原則」では、「AI-Ready な社会」とは、「AI 活用
　　を志向する社会」を意味する、と述べられている。

エ.「人間中心のAI社会原則」において、「AI開発利用原則」については、
　　「早急にオープンな議論を通じて国際的なコンセンサスを醸成し、規
　　制的で拘束的な枠組みとして国際的に共有されることが重要である」
　　と述べられている。

解説　AI社会原則

ア適　切。「人間中心のAI社会原則」は、AI社会原則の一つの在り方を提
　　　　　示し、AIの研究開発や社会実装において考慮すべき問題を列
　　　　　挙したものである。

イ不適切。「高度にデジタル化された社会」が誤りで、正しくは「持続性
　　　　　ある社会」である。

ウ不適切。「AI 活用を志向する社会」が誤りで、正しくは「AI 活用に対
　　　　　応した社会」である。

エ不適切。「規制的で拘束的な枠組みとして」が誤りで、正しくは「非規
　　　　　制的で非拘束的な枠組みとして」である。「人間中心のAI社会
　　　　　原則」において、「AI開発利用原則」については、「開発者及
　　　　　び事業者において、基本理念及びAI社会原則を踏まえたAI開
　　　　　発利用原則を定め、遵守するべきであり、早急にオープンな議
　　　　　論を通じて国際的なコンセンリスを醸成し、非規制的で非拘束
　　　　　的な枠組みとして国際的に共有されることが重要である」と述
　　　　　べられている。

正解　ア

297

問題 19.　IoT に関する以下のアからエまでの記述のうち、最も<u>適切ではない</u>ものを 1 つ選びなさい。

　ア．特定通信・放送開発事業実施円滑化法では、IoT の実現を「インターネットに多様かつ多数の物が接続され、及びそれらの物に蓄積される大量の情報の円滑な流通が国民生活及び経済活動の基盤となる社会の実現をいう」としている。

　イ．IoT デバイスはサイバー攻撃の脅威にさらされることがある。

　ウ．建物の IoT 化の事例として、家屋の電力制御の HEMS が挙げられる。

　エ．IoT のシステムの構成は「IoT デバイス」、「IoT ゲートウェイ」、「クラウド・データベース」の 3 つの要素に分類することができる。

解説　IoT

　ア不適切。「それらの物に蓄積される大量の情報」が誤りで、正しくは「それらの物から送信され、又はそれらの物に送信される大量の情報」である。特定通信・放送開発事業実施円滑化法では、IoT の実現を「インターネットに多様かつ多数の物が接続され、及びそれらの物から送信され、又はそれらの物に送信される大量の情報の円滑な流通が国民生活及び経済活動の基盤となる社会の実現をいう」としている（附則 5 条 2 項 1 号）。

　イ適　切。IoT 機器は、管理が行き届きにくい、機器の性能が限られ適切なセキュリティ対策を適用できないなどの理由から、サイバー攻撃の脅威の対策強化の必要性が指摘されている。

　ウ適　切。HEMS（Home Energy Management System：ヘムス）とは、家屋の電力制御システムのことである。

　エ適　切。IoT システムの構成は①データを収集するセンサーや結果を表示する「IoT デバイス」、②IoT デバイスとクラウド・データベースをつなげる「IoT ゲートウェイ」、③データを蓄積・分析する「クラウド・データベース」の 3 つの要素に分類することができる。

正解　ア

問題 20.　プライベートクラウドとコミュニティクラウドに関する以下のアか
　　　　　らエまでの記述のうち、最も<u>適切ではない</u>ものを 1 つ選びなさい。

　ア．プライベートクラウドの利用者は、特定の企業などの同一組織に属す
　　　る部門や個人である。
　イ．サーバを自組織の敷地外に設置する場合は、その形態はプライベート
　　　クラウドとはいえない。
　ウ．コミュニティクラウドの提供者は、コミュニティクラウドを構成する
　　　組織または運営を委託された外部組織である。
　エ．各府省が共同で利用する行政クラウドは、コミュニティクラウドに該
　　　当する。

解説　クラウド

　ア適　切。プライベートクラウドは、特定の企業や組織が独自に利用する
　　　　　　クラウドであり、その利用者は、特定の企業などの同一組織に
　　　　　　属する部門や個人である。
　イ不適切。プライベートクラウドは、そのサーバを自組織の敷地内に設置
　　　　　　する場合もあれば、敷地外に設置する場合もある。
　ウ適　切。コミュニティクラウドは、複数の組織、個人で構成される団体
　　　　　　など、コミュニティ（共同体）で利用するクラウドであり、そ
　　　　　　の提供者は、コミュニティクラウドを構成する組織または運営
　　　　　　を委託されたサードパーティである。
　エ適　切。記述の通り。総務省行財政管理局が中心となって、2013 年よ
　　　　　　り政府情報システムをクラウド化した「政府共通プラットフ
　　　　　　ォーム」が運用されている。

正解　イ

問題21. 5Gに関する以下のアからエまでの記述のうち、<u>下線部が適切ではないもの</u>を1つ選びなさい。

ア．政府は、「新しい資本主義」の実現を目指し、<u>デジタル田園都市国家構想</u>を掲げており、同構想の実現のために光ファイバ、5G、データセンター・海底ケーブル等のデジタル基盤の整備が不可欠としている。

イ．5Gの特長の一つに「<u>超高速</u>」があり、5Gでは、2時間の映画を3秒でダウンロードすることができる。

ウ．5Gの特長の一つに「<u>超精緻</u>」があり、5Gでは、ロボット等の精緻な操作をリアルタイム通信で実現することができる。

エ．5Gの特長の一つに「<u>多数同時接続</u>」があり、多数の機器を同時にネットワークに接続することができる。

解説　その他のIT技術：5G

ア適　切。政府は、コロナ後の新しい日本を創り上げるための挑戦として、成長と分配の好循環による「新しい資本主義」の実現を目指し、そのための成長戦略の最も重要な柱として、デジタル田園都市国家構想を掲げている。同構想の実現のためには、光ファイバ、5G、データセンター・海底ケーブル等のデジタル基盤の整備が不可欠の前提であると、総務省の「デジタル田園都市国家インフラ整備計画」（令和4年3月29日）に記されている。

イ適　切。5Gでは、従来の移動通信システムより100倍速いブロードバンドサービスが提供され、例えば2時間の映画を3秒でダウンロードすることができる。

ウ不適切。「超精緻」が誤りで、正しくは「超低遅延」である。5Gでは、利用者が遅延（タイムラグ）を意識することなく、リアルタイムに遠隔地の機器を操作・制御することができ、ロボット等の精緻な操作をリアルタイム通信で実現することができる。

エ適　切。5Gでは、スマートフォン、PCをはじめ、身の回りのあらゆる機器をネットに接続することができ、自宅部屋内の最大約100個の端末・センサーをネットに接続することができる。

正解　ウ

問題22.　DMPに関する次の文章中の（　　　）に入る最も<u>適切な</u>語句の組み合わせを、以下のアからエまでのうち１つ選びなさい。

> パブリックDMPとは、情報を保有する企業が顧客情報や行動履歴の情報を蓄積するためのプラットフォームのことで、ここで管理されるデータは「（　a　）データ」と呼ばれ、CookieやIPアドレスなど個人を特定できない情報で構成されている。2022年4月に施行された改正個人情報保護法により、Cookieは（　b　）と位置づけられ、その利用が制限されるので留意する必要がある。

ア．　a．1st パーティ　　　b．個人関連情報
イ．　a．3rd パーティ　　　b．個人関連情報
ウ．　a．1st パーティ　　　b．個人情報
エ．　a．3rd パーティ　　　b．個人情報

解説　デジタルマーケティング：DMP

　インターネット上のデータを一元管理するプラットフォームのことであるDMP（Data Management Platform）には、プライベートDMPとパブリックDMP（オープンDMP）の２種類がある。個人関連情報は、個人情報保護法において、「生存する個人に関する情報であって、個人情報、仮名加工情報及び匿名加工情報のいずれにも該当しないもの」とされている。

> パブリック DMP とは、情報を保有する企業が顧客情報や行動履歴の情報を蓄積するためのプラットフォームのことで、ここで管理されるデータは「**3rd パーティ**データ」と呼ばれ、Cookie や IP アドレスなど個人を特定できない情報で構成されている。2022年4月に施行された改正個人情報保護法により、Cookie は**個人関連情報**と位置づけられ、その利用が制限されるので留意する必要がある。

正解　イ

301

問題23. MA（Marketing Automation）の対象となる業務に関する以下のアからエまでの記述のうち、最も<u>適切ではない</u>ものを1つ選びなさい。

ア．リードジェネレーションとは、見込み顧客を年代別に分類することである。

イ．リード管理とは、見込み顧客のリストデータを管理することである。

ウ．リードナーチャリングとは、見込み顧客を受注客へと育成することである。

エ．リードスコアリングとは、購入可能性の高い見込み顧客を分類することである。

解説　デジタルマーケティング：MA

MAとは、「Marketing Automation」の略で、マーケティング活動を自動化し、見込み顧客を育成するツールのことである。MAの自動化の対象になるのは、主に以下の4つの業務である。

（1）リードジェネレーション（見込み顧客の獲得）
（2）リード管理（見込み顧客のリスト管理）
（3）リードナーチャリング（見込み顧客の育成）
（4）リードスコアリングまたはリードクオリフィケーション（見込み顧客の分類）

ア不適切。リードジェネレーションとは、見込み顧客を獲得するための活動のことである。

イ適　切。記述の通り。

ウ適　切。記述の通り。

エ適　切。記述の通り。

正解　ア

問題 24. デジタルフォレンジックに関する次の文章中の（　　）内に入る語
句として最も<u>適切な</u>ものを以下のアからエまでのうち1つ選びなさい。

> 経済産業省の「情報セキュリティサービス基準」では、「デジ
> タルフォレンジック」を「システムやソフトウェア等の資源及
> び環境の不正使用、サービス妨害行為、データの破壊、意図し
> ない情報の開示等、並びにそれらへ至るための行為（事象）等
> への対応等や（　　）に際し、電磁的記録の証拠保全、調査及
> び分析を行うとともに、電磁的記録の改ざん及び毀損等につい
> ての分析及び情報収集等を行う一連の科学的調査手法及び技
> 術」としている。

ア．法的紛争・訴訟

イ．技術的措置・改修

ウ．組織的措置・対応

エ．物理的対策・応用

| 解説　セキュリティ |

「Forensic」には、「法的な」「法廷の」という意味があり、犯罪の法的な
証拠を明らかにするための調査を指す。特に、サイバー攻撃による犯罪や
情報漏えいなどコンピュータに関するものは、デジタルフォレンジックと呼
ばれる。

> 経済産業省の「情報セキュリティサービス基準」では、「デジ
> タルフォレンジック」を「システムやソフトウェア等の資源及
> び環境の不正使用、サービス妨害行為、データの破壊、意図し
> ない情報の開示等、並びにそれらへ至るための行為（事象）等
> への対応等や**法的紛争・訴訟**に際し、電磁的記録の証拠保全、
> 調査及び分析を行うとともに、電磁的記録の改ざん及び毀損等に
> ついての分析及び情報収集等を行う一連の科学的調査手法及
> び技術」としている。

| 正解　ア |

第3課題　DXの展開

問題25．DX人材に関する以下のアからエまでの記述のうち、最も<u>適切な</u>もの
を1つ選びなさい。

ア．「DXレポート2」では、「DX人材」を、「自社のビジネスを深く理
解した上で、データとデジタル技術を活用してビジネスを推進する人
材」としている。

イ．DXのDにあたる人材は、デジタルの専門知識や技能を持った人材で
あり、テックリードや先端技術エンジニアなどが挙げられる。

ウ．DXのXにあたる人材は、DXの推進役、取りまとめ役となる、事業の
変革に必要な人材であり、プロダクトマネージャー、ビジネスデザイ
ナー、UI/UXデザイナーなどが挙げられる。

エ．日本企業においては人材の流動性が低く、情報処理推進機構（IPA）
の2019年度調査結果によれば、国内IT人材の約5割にあたる95万
9,000人までがIT企業に所属している。

解説　DX人材

ア不適切。「DXレポート2」における「DX人材」とは、自社のビジネス
を深く理解した上で、データとデジタル技術を活用してそれを
どう改革していくかについての構想力を持ち、実現に向けた明
確なビジョンを描くことができる人材を指す、とされている。
本肢は「改革についての構想力」「ビジョンを描く」件につい
て触れられていない点で誤りである。

イ適　切。記述の通り。

ウ不適切。DXのXにあたる人材は、DXの推進役、取りまとめ役となる、
事業の変革に必要な人材であり、プロダクトマネージャーやビ
ジネスデザイナーなどが挙げられる。UI/UXデザイナーは、
DXのDにあたる人材である。

エ不適切。「約5割にあたる」が誤りで、正しくは「約8割にあたる」で
ある。IPAの2019年度調査結果によれば、国内IT人材125万
3,000人のうち、77%にあたる95万9,000人までがIT企業に
所属している。

正解　イ

問題 26. 次の表は、ユーザー企業に対する人材タイプ別の重要度についての調査で、回答の多かった上位 4 項目を示したものである。表中の（　　）に入る項目として最も<u>適切な</u>ものを、以下のアからエまでのうち 1 つ選びなさい。

ユーザー企業における人材タイプ別の重要度

プロダクトマネージャー	77.9%
データサイエンティスト	74.0%
（　　　　）	73.1%
テックリード	63.6%

出典：IPA　DX 推進に向けた企業と IT 人材の実態調査
〜詳細編〜　令和 2 年 5 月 14 日
（IT 人材白書 2020 調査 データより）

ア．エンジニア／プログラマ

イ．先端技術エンジニア

ウ．ビジネスデザイナー

エ．UI/UX デザイナー

解説　DX 人材

ユーザー企業、 IT 企業のいずれのセグメントにおいても 共通して重要度が高いのはプロダクトマネージャーやビジネスデザイナーである。加えて、 ユーザー企業ではデータサイエンティストの重要度が高い。

ユーザー企業における人材タイプ別の重要度

プロダクトマネージャー	77.9%
データサイエンティスト	74.0%
ビジネスデザイナー	73.1%
テックリード	63.6%
エンジニア/プログラマ	62.7%
先端技術エンジニア	52.9%
UI/UXデザイナー	51.3%

出典：IPA　DX 推進に向けた企業とIT 人材の実態調査
〜詳細編〜　令和2年5月14日
（IT 人材白書 2020 調査 データより）

正解　ウ

問題 27.「DX レポート２」に記されている、DX 人材の確保に関する以下の
　　　　アからエまでの記述のうち、最も適切ではないものを１つ選びなさい。

　　ア．DX を推進するために必要となる人材については、外部のベンダー企
　　　　業に任せるのではなく、企業が自ら確保するべきである。

　　イ．DX の推進においては、企業が市場に対して提案する価値を現実のシ
　　　　ステムへと落とし込む指導者の役割が極めて重要である。

　　ウ．技術者が常に新しい技術に敏感になり、学び続けるマインドセット
　　　　を持つことができるよう、専門性を評価する仕組みや、リカレント学
　　　　習の仕組みを導入すべきである。

　　エ．副業・兼業を行いやすくすることも重要である。

| 解説　DX 人材 |

　　ア適　切。DX は企業が自ら変革を主導することにより達成されるもので
　　　　　　　ある。DX を推進するには、構想力を持ち、明確なビジョンを
　　　　　　　描き、自ら組織をけん引し、また実行することができるような
　　　　　　　人材が必要となる。このため、DX を推進するために必要とな
　　　　　　　る人材については（外部のベンダー企業に任せるのではなく）
　　　　　　　企業が自ら確保するべきである。

　　イ不適切。「指導者の役割」が誤りで、正しくは「技術者の役割」である。

　　ウ適　切。技術者のスキルの陳腐化は、DX の足かせとなってしまう。
　　　　　　　従って、常に新しい技術に敏感になり、学び続けるマインド
　　　　　　　セットを持つことができるよう、専門性を評価する仕組みや、
　　　　　　　リカレント学習の仕組みを導入すべきである。

　　エ適　切。副業・兼業を行いやすくし、人材流動や、社員が多様な価値観
　　　　　　　と触れる環境を整えることも重要である。

| 正解　イ |

問題 28. アジャイル開発に関する以下のアからエまでのうち、最も<u>適切な</u>ものを1つ選びなさい。

ア．アジャイル開発の実践は、ユーザ企業の人材にあっては開発手法を学び、ベンダー企業の人材にあっては開発に従事しながら業務を知ることにつながる。

イ．アジャイル開発を行ううえで重視する価値観を示すものに、12の価値とその価値に由来する4つの原則を示した「アジャイルソフトウェア開発宣言」と「アジャイル宣言の背後にある原則」がある。

ウ．アジャイル開発は、システム開発において、要件が変化することを前提としていない。

エ．アジャイル開発においては、作成プロダクトの内容を事前に固める。

| 解説　改革方法論：アジャイル開発 |

ア適　切。「DXレポート」では、人材確保・育成に向けた対応策についての記述として、「アジャイル開発の実践そのものが、ユーザ企業の人材にあっては開発手法を学び、ベンダー企業の人材にあっては開発に従事しながら業務を知ることにつながり、ユーザ企業・ベンダー企業双方の人材育成にもなる。」としている。

イ不適切。「12の価値とその価値に由来する4つの原則」が誤りである。アジャイル開発を行ううえで重視する価値観を示すものに、4つの価値とその価値に由来する12の原則を示した「アジャイルソフトウェア開発宣言」と「アジャイル宣言の背後にある原則」がある。

ウ不適切。アジャイル開発は、システム開発において、要件が変化することを前提としている。システム開発について、変化が激しい現代においては、要件が変化することを前提としたアジャイル開発が有効であるといわれている。

エ不適切。アジャイル開発は、作成プロダクトの内容を事前に固めることはせず、トライアル・アンド・エラーを繰り返しながら開発を進めていくプロセスとなるため、試験研究の側面もある。

| 正解　ア |

問題 29.　リーンスタートアップに関する以下のアからエまでの記述のうち、
　　　　　最も<u>適切ではない</u>ものを1つ選びなさい。

ア．リーンスタートアップの事業開発手法における3つの過程は、構築、
　　計測、学習である。

イ．リーンスタートアップは、ビジネス創出過程におけるムダとなる要素
　　の発生をおそれず、ムダとなる要素の中からアイデアを生み出す事業
　　開発手法である。

ウ．リーンスタートアップのリーンとは、「痩せた」という意味で、トヨ
　　タ生産方式を研究し編み出されたリーン生産方式にちなんで名付けら
　　れている。

エ．リーンスタートアップの事業開発手法が用いられるようになった背景
　　には、社会環境が大きく変わり不確実性が高まる中で、戦略の構築や
　　市場調査の活用などを行うことで成功の可能性を図ろうとする従来の
　　マネジメント方法が通用しなくなったことがある。

解説　改革方法論：リーンスタートアップ

ア適　切。リーンスタートアップは、構築・計測・学習という過程を繰り
　　　　　返す事業開発手法である。

イ不適切。リーンスタートアップは、ビジネス創出過程におけるムダとな
　　　　　る要素を最小限に抑えながら、素早く改良を続け、ビジネスを
　　　　　成功に導くための事業開発手法のことである。

ウ適　切。記述の通り。「トヨタ生産方式」とは、トヨタ自動車で作り出
　　　　　された経営思想で、「ジャスト・イン・タイム」と「自働化」
　　　　　を2本柱としている。

エ適　切。記述の通り。いち早く顧客の声を拾うことができるというメ
　　　　　リットもある。

正解　イ

問題 30. DX 銘柄に関する以下のアからエまでの記述のうち、最も<u>適切な</u>ものを 1 つ選びなさい。

ア．DX 銘柄に選定される企業は、上場している企業に限られない。

イ．「企業価値貢献」及び「DX 実現能力」という観点で評価が実施され、これらのいずれかの評価が高い企業が DX 銘柄として選定される。

ウ．「DX 注目企業」は、「DX 銘柄」に選定されていない企業の中から選定される。

エ．「DX グランプリ」は、「DX 銘柄」に選定されていない企業も選定の対象となる。

| 解説　DX の制度・政策 |

ア不適切。DX 銘柄に選定される企業は、東京証券取引所に上場している企業から選定される。

イ不適切。「いずれかの評価が高い企業」が誤りである。「企業価値貢献」及び「DX 実現能力」という観点で評価が実施され、これらがともに高い企業が DX 銘柄として選定される。

ウ適　切。DX 銘柄に選定されていない企業の中から、注目されるべき取組を実施している企業については、「デジタルトランスフォーメーション注目企業（DX 注目企業）」として選定される。

エ不適切。企業の競争力強化に資する DX の推進を強く後押しするため、「DX銘柄」選定企業の中から、業種の枠を超えて、"デジタル時代を先導する企業"が、「DX グランプリ」として選定される。

| 正解　ウ |

●DX用語集索引●

デジタルトランスフォーメーション
DXオフィサー認定試験 公式テキスト

2024年5月1日　初版　第1刷発行

編　者　　一般財団法人 全日本情報学習振興協会

発行者　　牧野常夫

発行所　　一般財団法人 全日本情報学習振興協会

〒101-0061　東京都千代田区神田三崎町3-7-12　清話会ビル5F

TEL：03-5276-6665

販売元　　株式会社 マイナビ出版

〒101-0003　東京都千代田区一ツ橋 2-6-3　一ツ橋ビル 2F

TEL：0480-38-6872（注文専用ダイヤル）

03-3556-2731（販売部）

URL：http://book.mynavi.jp

印刷・製本　　大日本法令印刷株式会社